本书受到中国航空综合技术研究所专著资助

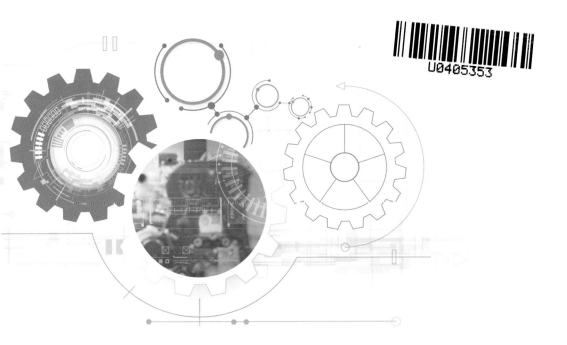

Research on High-quality
Development of Testing, Inspection Industry

检验检测行业高质量发展研究

张 豪 曾照洋 ◎著

北京大学出版社
PEKING UNIVERSITY PRESS

内容简介

检验检测是国家质量基础设施组成部分,也是产业技术基础之一,其作为供给侧赋能工具,在推动产业升级方面,具有"四两拨千斤"的作用。本书立足于中国经济迈向高质量发展的大背景,分析了检验检测行业的起源与发展,总结了现有研究的进展与不足,深入探讨了检验检测管理模式的国际差异,分析了我国检验检测行业发展现状与存在的问题,评估了检验检测行业发展水平并预测了检验检测行业未来的发展规模,同时梳理分析了国内典型检验检测机构促进产业优化升级的经验做法,并提出了政策建议。

本书总结现有检验检测理论研究的前沿进展,梳理检验检测行业发展脉络,提出检验检测测度的科学方法,通过现状与问题分析,为中国检验检测高水平建设与发展提供新思路并寻找可靠可行的政策措施。

图书在版编目(CIP)数据

检验检测行业高质量发展研究 / 张豪,曾照洋著. 北京 : 北京大学出版社,2024.9. -- ISBN 978-7-301-35261-8

Ⅰ. F279.23

中国国家版本馆 CIP 数据核字第 2024PP1630 号

书　　　名	检验检测行业高质量发展研究 JIANYAN JIANCE HANGYE GAOZHILIANG FAZHAN YANJIU
著作责任者	张　豪　曾照洋　著
策划编辑	王　军
责任编辑	耿　哲
标准书号	ISBN 978-7-301-35261-8
出版发行	北京大学出版社
地　　址	北京市海淀区成府路 205 号　100871
网　　址	http://www.pup.cn　新浪微博:@北京大学出版社
电子邮箱	编辑部 pup6@pup.cn　总编室 zpup@pup.cn
电　　话	邮购部 010-62752015　发行部 010-62750672　编辑部 010-62750667
印刷者	三河市北燕印装有限公司
经销者	新华书店
	720 毫米×1020 毫米　16 开本　13.75 印张　270 千字 2024 年 9 月第 1 版　2024 年 9 月第 1 次印刷
定　　价	88.00 元

未经许可,不得以任何方式复制或抄袭本书之部分或全部内容。

版权所有,侵权必究

举报电话: 010-62752024　电子邮箱: fd@pup.cn

图书如有印装质量问题,请与出版部联系,电话: 010-62756370

编 委 会

主 审　张　纲　张晓刚　董乐群
　　　　孙东伟
主 任　张　豪　曾照洋
编 委　赵兰兰　林素玲　李相稹
　　　　周芳芳　万曙峰　窦雯璐
　　　　曹　越　杨晓迎　薛　塬
　　　　李慧娟　李　倩　董文静

序 一

当前，新一轮科技革命和产业变革迅猛发展，加上全球化进程的传播、扩散、冲刷作用，全球科技版图与世界经济结构正在加速重构，科技创新与质量发展在国际竞争与合作中成为焦点。加强国家质量基础设施建设与研究已经成为国际社会广泛共识和重要价值导向。检验检测是国家质量基础设施的重要组成部分，是国家重点支持发展的高技术服务业和生产性服务业，在提升产品质量、推动产业升级、保护生态环境、促进经济社会高质量发展等方面发挥着重要作用。在传统的工农业生产领域，检验检测为生产制造的全过程提供测试、测量、验证、表征等技术支撑服务；在人们物质文化生活领域，检验检测为提升人们的衣食住行、娱乐休闲的质量提供服务；在保障安全方面，检验检测为食品安全、交通安全、信息安全、建筑安全、特种设备安全保驾护航；在支撑国家战略发展方面，无论是在最前沿的基础物理学、生物学、化学研究，还是在航空航天、北斗导航、机器人、物联网、轨道交通、智能网联汽车、5G 通信等重点领域的研究发展中，检验检测都起到不可或缺的作用；无论是大宗工业品制造和销售，还是千千万万个消费者关注的食品质量、机动车安全、装饰装修质量和室内空气质量问题，检验检测都是支撑相关产业技术研发、标准制定，以及产品生产、推广应用和质量保障的坚实基础。

党的二十大报告指出，要加快建设现代化经济体系，加快构建以国内大循环为主体、国内国际双循环相互促进的新发展格局。这是党中央立足国际国内大势变化，着眼中华民族伟大复兴战略全局和世界百年未有之大变局"两个大局"作出的重大战略部署。产业链供应链是大国经济循环畅通的关键，而检验检测作为国家重点支持发展的战略性新兴产业和高技术、生产性服务业，是我国现代产业体系的重要组成部分，也是推动产业链现代化的基础环节，更是推进制造强国、质量强国建设的重要技术支撑。构建新发展格局，满足人民对美好生活向往的需求，必然要求建立与高质量发展需求适配的现代化检验检测产业体系，推动实现其与先进制造业的协同创新、融合发展，形成具有更强创新力、更高附加值、更安全可靠的产业链供应链。

我国检验检测体系总体上呈现"小散弱"的面貌，据统计，96.3%的机构属于"小微型企业"（就业人数少于 100 人），年均营业收入中位值仅为 141 万元，76.94%的检验检测机构仅在本省范围内活动，尚未形成国际知名的检验检测品牌，能在境外开展检验检测活动的机构仅 273 家。世界排名前 20 位的检验检测机构中，尚无一家中国检验检测机构,中国检验检测的国际影响力非常薄弱,与我国经济大国、制造大国的地位极不相称,也严重制约了我国经济的健康发展和对国际市场的拓展,制约着"一带一路"倡议的有效推进。因此,研究检验检测行业高质量发展,做大做强检验检测是新时期重大理论与实践课题。《检验检测行业高质量发展研究》的问世,是国家市场监管总局质量基础设施效能研究重点实验室的一项重要科研成果,其不仅可以为当前从事检验检测研究的人员提供有益参考,也可以为中央、地方政府以及企业进行检验检测相关实践活动提供积极借鉴。

作为一名资历较老的质量工作者,我对检验检测方面的研究与进展非常感兴趣,希望质量基础设施效能研究重点实验室多出高水平研究成果,也希望更多优秀的学者参与到检验检测的相关研究之中,共同推动我国检验检测研究水平的提升,进而为早日实现质量强国,推进高质量发展做出更大的贡献!

张纲 国务院原参事
国家产业基础专家委员会副主任委员
2024 年 1 月

序　二

　　检验检测是国家质量基础设施的重要组成部分，是国家重点支持发展的高技术服务业和生产性服务业，在提升产品质量、推动产业升级、保护生态环境、促进经济社会高质量发展等方面发挥着重要作用。国家市场监管总局认可与检验检测监督管理司曾做过一次调研，调研结果表明，检验检测对重点产业优化升级和质量提升发挥着关键作用。

　　第一，增强企业管理能力和市场竞争力，提升产品及服务质量。检验检测作为"工业之眼"，贯穿生产、流通、销售各个环节，对提升整体供给质量、推动产业优化升级具有重要的规范、支撑和保障作用。《中国制造2025》明确提出，要把开展检验检测等专业化服务，作为完善国家制造业创新体系，夯实质量发展基础的重要举措。高水平的检验检测机构能够为企业和行业提供包括标准、计量、检验检测、认证等的一站式质量技术服务，并参与到产品研发、设计、制造、维修、关键原材料和零部件检测等全链条的各个环节；能够通过专业化、定制化的检验检测服务，以及在检验检测领域积累的质量评价测试经验，有效帮助企业应用新技术、新工艺，节约检测和研发成本，助力企业实现质量提升。

　　第二，促进检验检测技术和设备能力提升，夯实产业发展技术基础。先进的检验检测技术方法和设备是制造业高质量发展的重要技术基础，是促进产业技术创新、保障产业质量水平的重要技术支撑，能够促进重大科学发现和基础研究突破。国际知名检验检测机构的发展经验表明，检验检测机构在服务产业发展，提升自身技术水平的同时，也助力检验检测装备技术水平的提升，成为科技创新发展的强劲动力。

　　第三，制定与完善检验检测技术标准，助力行业高质量发展。检验检测机构在服务产业升级的过程中，需要不断提升自身能力和服务水平，创新检验检测方法，制定完善的标准体系。完善的标准，有利于提高检验检测效率，提高检测技术水平；有利于对产品和服务的合规性进行监督，引导企业依法规范经营；有利于发挥专业性、技术性作用，提高监管的科学性和公正性。

　　尽管检验检测机构在发挥技术优势，助推重点产业优化升级和质量提升方面取得了积极成效；但同时也要看到，检验检测行业自身发展不完善，宏观政策配套和行业法律法规不完善等问题依然存在，亟须通过改革创新予以推动解决。《检验检测行业高质量发展研究》的问世给行业研究者带来了一个新的视角。纵观这本书，其主要围绕检验检测行业的演进、研究现状、制度管理、国际实践和量化评价、行业评估来展开。我非专业研究者，对此不宜多述。但书中关于检验检测的介绍，由浅入深，循序渐进，环环相扣，确有作者匠心独到之处。大凡有志于研究检验检测的爱好者，无论是初学者还是专业人员，都可以从中受益。

这本书可说是为推动检验检测在中国的发展而生的。由于张豪等人的经验、才智和辛勤付出，这本书的指导价值在同类书籍中是不可多得的。希望这本书的问世能够推动我国检验检测研究水平的提升，助力我国质量事业的发展。值此书籍出版之际，也向张豪主任表示热烈的祝贺和衷心的感谢。

董乐群
国家市场监管总局认可与检验检测监督管理司原司长
2024 年 3 月

前　　言

当前，我国经济已进入新发展阶段，我国明确提出要建设质量强国，完善国家质量基础设施，加强其体系和能力建设，推动经济体系优化升级。这是以习近平同志为核心的党中央在精准研判国际国内经济发展形势、科学把握经济发展规律的基础上，经过深思熟虑作出的重大决策部署，具有重大而深远的意义。检验检测是国家质量基础设施组成部分，也是产业技术基础之一，作为供给侧赋能工具，在推动产业升级方面，具有"四两拨千斤"的作用。随着"五深"（深空、深海、深地、深网、深脑）、"五无"（无声、无边、无影、无形、无人）等新技术的发展与应用，检验检测技术加快升级，如出现极限检测、在线快速检测、便携无损检测、重大装备可重用检测、有害物质高效检测、远距离精确检测及超远、超净、超纯检测等技术，有力地促进了战略性新兴产业、传统优势产业及现代服务业的升级。

本书认为，当前检验检测赋能产业升级遇到了三个关键瓶颈。一是检验检测自主创新与产业发展不匹配。我国多数检验检测机构仅够提供检测产业链中的部分服务，远未形成集先进知识和技术的推动者、使用者和传播者于一身的良好运行机制。据统计，有70%的检验检测机构的业务以消费品检测为主，对新兴产业的检测需求研究不多，在为重大装备业、高新技术产业和高端服务行业（如油气田开采、造船、核电、光电、金融等）提供高端检验检测服务方面能力不足。二是我国检验检测体系总体上呈现"大而不强"的面貌。据统计，96.3%的检验检测机构属于"小微型企业"，76.94%的检验检测机构仅在本省范围内活动，尚未形成国际知名的检验检测品牌，世界排名前20位的检验检测机构中，尚无一家中国检验检测机构。三是检验检测设备存在"卡脖子"风险。目前我国检验检测行业高比例配备进口仪器设备，自主发展显现出较高的安全风险，未来一旦先进的检验检测设备被"卡"，我国产业升级的进程必将受阻。

改革开放40多年来，党中央、国务院高度重视检验检测工作，在2016年首次将检验检测服务纳入《战略性新兴产业重点产品和服务指导目录》。当前，国内外形势发生深刻变化，我国经济进入新发展阶段，但我国检验检测行业还难以有效支撑产业升级发展，因此，亟须加快促进检验检测赋能产业升级。

鉴于此，本书立足于中国经济迈向高质量发展的大背景，分析了检验检测行业的起源与发展，总结了现有研究的进展与不足，深入探讨了检验检测管理模式的国际差异，分析了检验检测行业发展现状与存在的问题，评估了检验检测行业发展水平并预测了检验检测行业未来的发展规模,同时梳理分析了国内典型检验检测机构促进产业优化升级的经验做法,并提出了政策建议。全书安排如下。

第1章为起源与内涵,分为四个小节。第一节探讨了检验检测行业的起源,揭示了检验检测行业产生的核心原因以及历史必然性;第二节探讨了检验检测的基本概念界定,分别从检验检测、检验检测机构、检验检测技术以及检验检测分类方式四个方面进行了阐述;第三节探讨了检验检测技术的组成,分别从感官检验法、物理检验法、化学检验法和生物检验法四个方面对其技术构成做了详细分析;第四节讨论了检验检测产业链,分析了检验检测产业链上中下游的关键环节。

第2章为发展与壮大,分为三个小节。第一节探讨了国内外检验检测机构发展历程,主要分析了国外和国内检验检测行业发展的特点;第二节主要介绍了国内外检验检测机构发展实践,并总结了成功企业的发展经验;第三节探讨了检验检测机构品牌发展特点,通过梳理各典型检验检测机构的发展历程,分析了国外和国内检验检测机构发展的差异。

第3章为制度与管理,分为三个小节。第一节探讨了国外检验检测机构管理制度,分别介绍了美国、欧盟、英国和日本的检验检测机构管理制度,总结了它们各自的管理模式;第二节探讨了我国检验检测管理机制现状,主要从管理体制和市场准入机制两个方面阐述了我国检验检测机构管理的特点;第三节对国外和我国检验检测机构管理经验进行了总结。

第4章为现状与问题,分为三个小节。第一节分析了我国检验检测行业发展现状,主要从行业发展规模及我国检验检测行业发展特点两个方面进行了阐述;第二节对我国检验检测行业管理现状进行了调查分析,对调查工作的基本情况及结果进行了全方位分析;第三节主要分析了我国检验检测行业发展存在的问题及问题形成的原因。

第5章为评价与预测,分为三个小节。第一节探讨了检验检测指标体系的现状,分别从国内外典型检验检测指标的研究进展入手,分析了目前检验检测指标体系的研究现状,并对研究进行了评述;第二节探讨了检验检测指标体系的设计思路和原则,以及检验检测主要发展目标和指标的选定;第三节探讨了检验检测主要发展指标的测算并提出了预期目标建议。

第6章为实践与案例,分为三个小节。第一节梳理分析了芯片和集成电路领域典型检验检测机构在促进产业转型升级方面的经验做法;第二节深入分析了航空和航天领域的典型实践情况,在航天领域选择北斗导航应用领域分析了检验检测技术助推卫星导航产业发展壮大的经验做法;第三节聚焦于能源和人工智能领域,以氢能源为切入点,分析了检验检测技术对氢能产业的促进作用,同时分析了我国机器人检测认证行业的发展情况。

第 7 章为思考与建议，分为两个小节。第一节提出了检验检测促进产业升级的瓶颈与对策；第二节提出了关于切实加强我国检验检测仪器设备质量提升的建议。

　　通过七章的系统研究，本书基本实现了总结现有检验检测理论研究的前沿进展，梳理检验检测行业发展脉络，提出检验检测测度的科学方法，探讨检验检测行业未来的增长规模，通过现状与问题分析，为中国检验检测高水平建设与发展提供新思路并寻找可靠可行的政策措施的基本目标。当然，由于时间仓促，本书难免存在一些谬误和不足，恳请读者多提宝贵意见，以便再版时修正。

　　最后，本书由中国航空综合技术研究所筹划和组织编制。

张豪

国家产业基础专家委员会委员

2024 年 5 月书于三元桥畔

目　　录

第1章　起源与内涵 1

1.1　行业的起源 1
1.1.1　国外检验检测行业起源 1
1.1.2　国内检验检测行业起源 2

1.2　基本概念界定 5
1.2.1　检验检测 5
1.2.2　检验检测机构 7
1.2.3　检验检测技术 7
1.2.4　检验检测分类方式 7

1.3　检验检测技术的组成 7
1.3.1　感官检验法 8
1.3.2　物理检验法 8
1.3.3　化学检验法 10
1.3.4　生物检验法 11

1.4　检验检测产业链 12

第2章　发展与壮大 13

2.1　国内外检验检测机构发展历程 13
2.1.1　国外检验检测市场（机构）发展历程 13
2.1.2　我国检验检测市场（机构）发展历程 14

2.2　国内外检验检测机构发展实践 16
2.2.1　国际知名检验集团发展历程 16
2.2.2　国际知名检验集团经营特点 21
2.2.3　我国典型检验检测机构成长路径 23
2.2.4　我国典型检验检测机构发展经验 26

2.3　检验检测机构品牌发展特点 28
2.3.1　国际检验检测行业巨头发展特点 28
2.3.2　我国典型检验检测机构发展特点 29

第 3 章 制度与管理 32

3.1 国外检验检测机构管理制度 32
3.1.1 美国检验检测机构管理制度 32
3.1.2 欧盟检验检测机构管理制度 43
3.1.3 英国检验检测机构管理制度 48
3.1.4 日本检验检测机构管理制度 53

3.2 我国检验检测管理机制现状 61
3.2.1 检验检测行业管理体制 62
3.2.2 检验检测行业市场准入机制 69

3.3 检验检测机构管理经验总结 80
3.3.1 国外检验检测机构管理启示 80
3.3.2 我国检验检测机构存在的问题及管理启示 82

第 4 章 现状与问题 86

4.1 我国检验检测行业发展现状分析 86
4.1.1 行业发展规模 86
4.1.2 我国检验检测行业发展特点 88

4.2 我国检验检测行业管理现状调查分析 96
4.2.1 调查工作基本情况 96
4.2.2 调查分析 99

4.3 我国检验检测行业发展存在的问题与原因分析 101
4.3.1 行业宏观问题 101
4.3.2 调研微观问题 104
4.3.3 原因分析 106

第 5 章 评价与预测 109

5.1 检验检测指标体系现状分析 109
5.1.1 国外典型检验检测指标体系 109
5.1.2 国内典型检验检测指标体系 112
5.1.3 关于检验检测指标的研究现状 116
5.1.4 研究评述 117

5.2 检验检测指标体系设计与构建 118
5.2.1 设计原则与指标体系 118
5.2.2 检验检测主要发展目标和指标选定 122

5.3 检验检测主要发展指标的测算与建议 126
5.3.1 基本数据测算 126
5.3.2 指标说明与测算 128
5.3.3 预期目标 129

第6章 实践与案例 130
6.1 芯片和集成电路领域 130
6.1.1 建设测试专业技术平台,推动"中国芯"发展和自主创新 130
6.1.2 构建工业芯片全产业链检测平台,助力芯片国产化进程 133
6.2 航空和航天领域 136
6.2.1 突破进口管路检测技术,助力大型客机"血管"畅通 136
6.2.2 承担社会责任、助力北斗三号应用高质量发展 138
6.3 能源和人工智能领域 140
6.3.1 以检验检测为核心,为能源产业转型发展提供有力保障 140
6.3.2 创建中国机器人检测评定体系,助力机器人产业质量提升 143

第7章 思考与建议 146
7.1 检验检测促进产业升级的瓶颈与对策 146
7.1.1 存在的问题 146
7.1.2 成因与建议 147
7.2 关于切实加强我国检验检测仪器设备质量提升的建议 147
7.2.1 存在的问题及成因 148
7.2.2 政策建议 149

附录1 检验检测统计报表 150

附录2 我国出台的检验检测行业相关政策 154

附录3 SGS 2005—2021年并购清单 158

附录4 美国《联邦肉类检查法》部分目录 164

附录5 美国谷物检验、批发及畜牧场管理局(GIPSA)对检测机构的指定条件与标准 166

附录6 《消费品安全改进法案》目录 170

附录 7　美国 2008 年《消费品安全改进法案》（CPSIA）的《与第三方合格评定机构有关的要求》规则 172

附录 8　昭和 48 号法第 31 号《消费品安全法》目录 186

附录 9　检验检测行业管理调查结果（2022 年） 187

缩写词目录 196

参考文献 200

后记 204

第1章 起源与内涵

1.1 行业的起源

1.1.1 国外检验检测行业起源

1. 起源阶段

近代检验检测起源于英国。19世纪初,茶叶掺假造假盛行,英国开始大量培养专门的茶叶检验员,对进口茶叶进行质量检验和等级确定。1875年,泰罗制(一种测定时间和研究动作的工作方法)诞生,该方法进一步明确将"操作者的质量管理"转变为"检验员的质量管理",因此出现了专职的检验员和独立的检验部门。19世纪末,随着工业革命的到来,高压蒸汽锅炉带来了巨大风险,欧洲各地出现了专门机构对这些锅炉进行定期检查,以评估其总体状况,预防大型安全事故以及避免巨额赔偿。这些专门机构就是最早的检验检测机构。

1930年,道奇和罗明提出统计抽样检验方法,质量管理由此进入统计管理阶段。随后,这个方法被美国工业界充分运用。20世纪50年代,戴明将抽样检验等统计方法归纳为"戴明循环图"。

在此阶段,全球各领域的测试实验室(公司)纷纷成立,迦勒布雷特于1885年在英国创立了一家海洋测量公司,为船舶货物提供独立的测试和认证。爱迪生于1885年成立了电灯测试局,后更名为"电气测试实验室"(简称ETL)。几家目前全球领先的检验检测机构也在18世纪和19世纪就开始作为船级社向船舶承销商提供有关船舶和设备状况的信息。

2. 发展阶段

20世纪初,人类跨入以"加工机械化、经营规模化、资本垄断化"为特征的工业化时代,检验检测技术蓬勃发展,质量检验手段在工业以外的领域开始普及,认证认可制度逐步建立健全。

经过100多年的发展,认证制度逐步形成以下全球化发展格局。一是一国认证认可制。第二次世界大战以前,一些工业化国家建立起以本国法规标准为依据的国家认证制度,但仅对在本国市场上流通的本国产品实施认证。二是区域认证认可制。

第二次世界大战至 20 世纪 70 年代，随着不同国家之间贸易的发展，一国认证认可制实现对外开放，逐步形成了区域范围内不同国家之间的双边、多边认证认可制，进而发展到以区域标准为依据的区域认证认可制，如以欧洲标准为依据的电器产品、汽车等认证认可制度。三是国际认证认可制。20 世纪 80 年代以来，随着一些国际标准的全球化应用，以国际标准为依据的国际认证认可制逐步形成。

随着经济全球化的发展，供应链变得越来越复杂，检测外包增加、用户质量期望提高，促进了独立检验检测认证（Testing, Inspection and Certification，TIC）服务的发展。生产企业的目标是确保产品、基础架构和过程质量在健康、安全、环保等方面达到标准和法规的要求。独立 TIC 公司的业务模式、社会角色变得更为复杂，除产品质量检测之外，其还协助政府保护消费者免受危险产品的侵害。例如，根据欧盟新方法指令，某些产品类别需要由获认证的独立 TIC 公司（公告机构）进行评估。美国 2008 年颁布的《消费品安全改进法案》规定，某些产品在投放市场之前必须进行第三方测试和认证。

在工业 4.0 背景下，TIC 发展进入新阶段，即智能化检测时代已经到来。第四次工业革命促进了物理和生物系统与数字技术之间的互动，人工智能、区块链、超级计算、云解决方案、生物技术、机器人技术、3D 打印和物联网等快速发展。这些新技术的发展对检验检测和认证的技术、模式产生了新的需求，比较有代表性的检验检测技术有远程检测、在线检测和自动检测等。

联合国工业发展组织（United Nations Industrial Development Organization，UNIDO）发布的《实验室政策：开发和实施指南》（2020）提出，实验室应部署人工智能和机器学习领域的技术，利用数字图像技术提高工业测试速度，利用大数据技术选取需改进的领域和时机。各领域的 TIC 公司及研发机构对检验检测数字化技术早有布局，如必维集团以数字化为基础，建立数字分级、数字孪生和远程调查系统，尼康研发出非接触式激光雷达技术，用于汽车车间在线检测，德国联邦物理技术研究院（PTB）在全面数字化战略的框架下提出了数字校准证书、虚拟测量仪器，以及数字化测试和批准。

1.1.2 国内检验检测行业起源

检验检测一直伴随着人类生产、生活和科研等活动。为了满足生产和交易活动对产品质量控制的需要，规范化、流程化、标准化的检验检测活动日益增多。我国虽然早在汉代就制造出了测量工具——新莽卡尺，但直至清末，以科学方法为指导的质量检验仍然是空白的。20 世纪初，我国民族工业发展壮大，与此时时，对检测认证的需求也与日俱增。1929 年，以农学专家邹秉文为局长、质量专家吴觉农等人为技术核心的五口通商口岸①商品检验局（针对进出口商品）的设立，标志着近代中国在质量检验方面的科学性探索的开端。

1949 年以后，我国开始实行对外贸易的统一管制，逐步建立独立自主的对外贸易管理体系。在对外贸易部下设商品检验总局，统一领导和管理全国的进出口检验机构和开展检验检测工作，我国商品检验制度逐步建立起来。我国检验检测行业是在政府逐步放松管制的基础上逐步发展起来的，其发展历程如表 1-1 所示。

表 1-1 我国检验检测行业发展历程

阶段	时间	主要特点
第一阶段：检验检测初步发展	1949—1983 年	1949 年以后，我国开始实行对外贸易的统一管制，不断强化对检验检测市场的管制，对外贸易部下设商品检验总局，统一领导和管理全国的进出口检验机构和开展检验检测工作。改革开放后，我国检验检测行业特别是进出口商品检验得到了初步发展，奠定了今后市场发展的基础
第二阶段：国家检验检测机构负责所有商品检验	1984—1988 年	1984 年，国务院发布了《中华人民共和国进出口商品检验条例》，规定国家商检局为统一监督管理全国进出口商品检验检测工作的主管机关，各地商检局及其分支机构负责监督管理本地区的进出口商品检验检测工作；规定所有的业务一律由国家检验检测机构实施，还特别规定在中国境内不得设立外国检验检测机构
第三阶段：开始对民间资本开放商品检验检测市场	1989—2001 年	1989 年，我国颁布《中华人民共和国进出口商品检验法》，明确了商检工作的目的是保证进出口商品质量，各地商检机构负责对规定的商品实施强制性检验检测；确定了多种检验主体的合法性，取消了中国境内不允许设立外国检验检测机构的规定。国家商检部门和商检机构可根据需要，通过考核，认可符合条件的国内外检验检测机构承担委托的进出口商品检验测工作。在此阶段，开始对民间资本开放商品检验检测市场
第四阶段：界定了行政执法性质的强制性检验检测与民事行为的检验检测业务	2002—2004 年	《中华人民共和国进出口商品检验法》（2002 修正）进一步明确，列入国家规定的进出口商品检验目录的商品，由商检机构实施检验检测；经国家商检部门许可的检验检测机构，可以接受对外贸易关系人或外国检验检测机构的委托，办理进出口商品检验鉴定业务。还进一步明确了对从事进出口商品检验鉴定经营活动的民事行为的检验资格，明确界定了行政执法性质的强制性检验检测工作与民事行为的检验检测业务，为检验检测市场的对内对外开放奠定了法律基础

---

① 五口通商口岸指中国的五个沿海城市——广州、厦门、福州、宁波和上海。1842 年中英签订《南京条约》，这五个口岸被迫辟为通商口岸。

续表

阶段	时间	主要特点
第五阶段：允许外资检验检测机构进入中国	2005—2013年	2005年12月11日之后，我国政府根据加入世界贸易组织（World Trade Organization，WTO）的承诺，允许外资进入中国的服务贸易市场。外资检验检测机构与民营检验检测机构构成独立第三方检验检测的主体，国有检验检测机构利用其传统优势占据了政府强制性检验检测市场，独立第三方检验检测机构占据了除政府强制性检验检测市场以外的其余市场
第六阶段：政府有序开放检验检测认证市场	2014—2018年	2014年，中央编办、质检总局发布《关于整合检验检测认证机构的实施意见》，提出将有序开放检验检测认证市场，打破部门垄断和行业壁垒，鼓励和支持社会力量开展检验检测认证业务，积极发展混合所有制检验检测认证机构，加大政府购买服务力度，营造各类主体公平竞争的市场环境
第七阶段：市场开始规范化发展	2019年至今	2019年，市场监管总局发布《市场监管总局关于进一步推进检验检测机构资质认定改革工作的意见》，推动实施依法界定检验检测机构资质认定范围，试点告知承诺制度，优化准入服务，便利机构取证，整合检验检测机构资质认定证书等改革措施。2021年在全国范围内推行检验检测机构资质认定告知承诺制，全面推行检验检测机构资质认定网上审批。为了加强检验检测机构监督管理工作，规范检验检测机构从业行为，营造公平有序的检验检测市场环境，市场监管总局在2021年发布《检验检测机构监督管理办法》

我国认证认可事业随着改革开放而迅速发展，虽然起步晚，但起点高，其发展过程可划分为以下三个阶段。

第一阶段，我国认证认可工作的试点和起步阶段（1981—1990年）。1978年9月，我国加入国际标准化组织（International Organization for Standardization，ISO），逐步认识到认证是对产品质量安全进行评价、监督、管理的有效手段，也是各国保证标准实施的有力措施。1981年，我国加入国际电子元器件认证组织，并成立了我国第一个产品认证机构——中国电子元器件质量认证委员会，开始认证试点工作。20世纪80年代中期至20世纪90年代初期，我国在更广泛的领域推行认证制度，相继建立了对家用电器、电子娱乐设备、医疗器械、汽车、食品、消防产品等众多产品的认证制度，涉及进出口商品检验、技术监督、环保、公安、信息产业和宏观政策调控等众多政府管理部门。在管理体系认证领域，我国标准化行政主管部门参考ISO 9000：1987系列标准，于1988年制定并发布了GB/T 10300《质量管理和质量保证》标准，授权中国质量协会等机构对企业质量管理体系进行贯标试点。

总体来看，在这一阶段，我国逐步形成依托国家技术监督局的以 CCEE 为标志和依托国家商检局的以 CCIB 为标志的两套产品认证系统。

第二阶段，我国认证工作全面推行阶段（1991—2000 年）。1991 年 5 月，国务院发布了《中华人民共和国产品质量认证管理条例》，该条例的发布标志着我国的质量认证工作由试点进入了全面推行的新阶段。在这一阶段，除全面实施针对国内市场进行 CCEE 认证和针对进出口进行 CCIB 认证、全面推广强制性产品认证外，我国在管理体系认证领域也取得了重要进展。1992 年 10 月，国家技术监督局按照等同采用的原则发布了 GB/T 19000—1992《质量管理和质量保证》标准，并在全国范围内进行宣传贯彻。1996 年，ISO 14000 环境管理系列标准发布后，我国将其等同转化为国标 GB/T 24001—1996《环境管理体系 规范及使用指南》。1997 年，我国成立了中国环境管理体系认证指导委员会，负责统一指导和管理我国的环境管理体系认证的宣传、实施和推广工作。1999 年，国家经贸委参照 OHSAS 18001《职业健康安全管理体系》要求，于 1999 年 10 月发布了《职业安全卫生管理体系试行标准》，并在安全生产领域实施职业健康安全管理体系认证活动。随着认证活动的广泛开展，我国的认可制度在这一时期也逐步建立并得到快速发展。

第三阶段，我国统一的认证认可制度的建立和形成阶段（2001 年至今）。以国家认监委成立为标志，我国认证认可事业进入了统一管理和监管的新阶段。在这一阶段，我国建立了集中统一的认可制度，实施了强制性产品认证制度，加强了认证认可相关法律制度的建设，成立了认证认可行业自律组织等。同时，我国认证认可的国际化程度日益提高，认证认可活动领域向纵深发展，认证认可活动的吸收、消化和创新机制增强，认证认可的功能在许多重要领域彰显。2018 年 3 月，根据国务院机构改革方案，组建了国家市场监督管理总局，国家认监委的职责被划入国家市场监督管理总局，由其统一管理认证认可检验检测工作。

1.2　基本概念界定

1.2.1　检验检测

国家标准 GB/T 27000—2023《合格评定　词汇和通用原则》将检测定义为："按照程序确定合格评定对象的一个或多个特性的活动"；将检查[①]则定义为："审查产品设计、产品、过程或安装并确定其与特定要求的符合性，或根据专业判断确定其与通用要求的符合性的活动。"

---

① 检查有时也称检验。

检验、检测和认证在国际上也被统称为合格评定[①]，国际标准、国际标准化组织（ISO）等权威机构，以及我国《检验检测统计调查制度》均明确了检验、检测、认证、合格评定等概念，如表1-2所示。总体来讲，检验、检测和认证（或合格评定）就是通过一系列的检验、检测和认证的过程，表明产品、服务、人员、机构或系统符合标准要求。

表1-2 检验、检测、认证、合格评定等概念

概念		国际标准	权威机构	我国《检验检测统计调查制度》
检验检测	检验（检查）	审查产品设计、产品、过程或安装并确定其与特定要求的符合性，或根据专业判断确定其与通用要求的符合性的活动	是对产品的定期检查，以确保其符合指定的标准。例如，定期检查灭火器以保证其可使用	审查产品设计、产品、过程或安装并确定其与特定要求的符合性，或根据专业判断确定其与通用要求的符合性的活动
	检测	按照程序确定合格评定对象的一个或多个特性的活动	是确定对象或产品的一个或多个特征的方法，通常由实验室执行。例如，进行血液检测，了解血液的特性	按照规定程序，由确定给定产品的一种或多种特性、进行处理或提供服务所组成的技术操作
认证		与产品、过程、体系或人员有关的第三方证明	是由独立机构提供的书面保证（证书），以确保所涉及的产品、服务或系统符合特定要求，也称第三方合格评定	
合格评定		与产品（包括服务）、过程、体系、人员或机构有关的规定要求得到满足的证实	合格评定涉及一系列过程，这些过程表明产品、服务或系统符合标准要求。合格评定的主要形式是检验检测和认证	

由表1-2不难发现，检验检测是人们依据相关标准或者技术规范，借助于专门设备，通过一定的技术手段和方法，对被测对象收集信息、取得数量概念，并根据专业判断确定其与通用要求的符合性的活动。根据对象和内容不同，检验检测行业可细分为电子电气产品、日用消费品、食品、药品、新能源产品、农林牧渔、建材

---

① 本文在论述检验检测行业时，尤其是在后面介绍时，会将认证一并介绍。

家具、交通运输等领域；根据使用群体不同，可细分为军用检验检测和民用检验检测两大领域。

1.2.2 检验检测机构

检验检测机构是指依法成立，依据相关标准或者技术规范，利用仪器设备、环境设施等技术条件和专业技能，对产品或者法律法规规定的特定对象进行检验检测的专业技术组织。

1.2.3 检验检测技术

从检验检测定义可知，"技术手段和方法"即检测技术，是检验检测活动得以实现的关键之一，是"利用各种物理化学效应，选择合适的方法和装置，将生产、科研、生活中的有关信息通过检查与测量的方法赋予定性或定量结果的过程"。可见，检验检测技术是产品检验和质量控制的重要手段，它的完善和发展推动着现代科学技术的进步。

1.2.4 检验检测分类方式

检验检测在不同维度上有不同的分类方式：按检验检测的样本数量可分为全数检验检测、抽样检验检测；按检验检测目的可分为生产检验检测、验收检验检测、监督检验检测、验证检验检测、仲裁检验检测；按供需关系可分为第一方检验检测、第二方检验检测、第三方检验检测；按检验检测后检验检测对象的完整性可分为破坏性检验检测、非破坏性检验检测；按检验检测技术方法可分为感官检验法、物理检验法、化学检验法、生物检验法（梁琦，2018）。

1.3 检验检测技术的组成

本书根据检验检测技术方法，将我国检验检测技术分为感官检验法、物理检验法、化学检验法、生物检验法四类，这四类技术的适用范围如表 1-3 所示。

表 1-3 检验检测的类别和适用范围

类别	适用范围
感官检验法	适用于食品、粮食、建筑材料等产品或制件的第一道检验关口
物理检验法	适用于各种材料、制件的力学性能检测、缺陷探测、尺寸测量等
化学检验法	物质成分分析，广泛用于水质、食品、药品、疾控、水处理、化工、环保、原材料等常规分析
生物检验法	针对细菌污染的定性或定量检验，主要用于食品领域

1.3.1 感官检验法

感官检验法,又称官能检验法,是指依靠人的感觉器官来对产品的质量进行评价和判断的方法。比如对于产品的形状、颜色、气味、伤痕、老化程度等,通常是依靠人的视觉、嗅觉等感觉器官进行检查,并判断质量好坏或是否合格的。

感官检验法主要包括视觉检验法、嗅觉检验法、味觉检验法和触觉检验法。

1.3.2 物理检验法

物理检验法是指应用力、电、声、光、热及位移等物理学原理,对被测对象进行检测的技术方法。

根据物理学原理,本书将物理检验法分为力学方法检测、射线检测、声学方法检测、电学方法检测、磁学方法检测、光学方法检测、热学方法检测、渗透检测、泄漏检测九类。

(1)力学方法检测

力学方法检测主要是指根据力学原理对被测对象进行检测的技术方法。力学方法检测主要包括拉伸试验、压缩试验、弯曲试验、剪切试验、扭转试验、硬度试验、冲击试验等。

(2)射线检测

射线法检测按照美国材料与试验协会(ASTM)的定义可以分为:射线照相检测技术[1]、射线实时成像检测技术[2]、射线层析检测技术[3]和其他射线检测技术四类。

(3)声学方法检测

声学方法检测主要包括声发射法检测、声-超声波检测、声振检测、声全息检测、超声波检测及声显微镜检测。其中,超声波检测是五大常规无损检测方法之一。

(4)电学方法检测

电学方法检测主要包括涡流检测、电位差检测、电流微扰检测、微波法检测。

(5)磁学方法检测

磁学方法检测主要包括磁粉检测、漏磁场检测、金属磁记忆检测、巴克豪森噪声检测。

---

[1] 射线照相检测技术是采用适当的检测器拾取射线照射被检工件,得到透射射线强度分布图像,依据所得到的图像对被检工件的质量进行评定。

[2] 射线实时成像检测技术是采用射线探测器,利用电子学方法,随着被检测物体的运动,近于实时地获取物体射线检测图像,从而完成检测的技术。

[3] 射线层析检测技术是采用射线探测器获得物体某一层面射线检测图像的技术。

(6) 光学方法检测

光学方法检测主要包括目视检测、激光全息干涉检测、错位散斑干涉检测。

(7) 热学方法检测

热学方法检测主要包括红外热成像技术等。

(8) 渗透检测

主要的渗透检测是液体渗透检测。

(9) 泄漏检测

泄漏检测主要包括氦质谱检漏、压力变化检漏、卤素检漏、气泡检漏等。

在确定选用哪种检测方法时,要考虑的因素主要有三个:被检系统和示踪流体的物理特性、预计漏道的尺寸、检测目的。

本书对部分物理检测技术的特点、适用范围及应用情况进行了总结,具体如表 1-4 所示。

表 1-4 部分物理检测技术

检测类型	特点	适用范围	应用情况
射线检测	对体积型缺陷比较敏感,如夹渣、气孔、未焊透等	焊接件、铸件、非金属制品和复合材料	已广泛应用于多个领域
超声波检测	对缺陷分辨速度快,定位准确,但难以检测小而薄的复杂零件、多层复合材料、粗晶材料、形状复杂的结构	焊接件、锻件、胶接接头及非金属材料	已广泛应用于多个领域
磁粉检测	对铁磁性材料的表面缺陷灵敏度高,操作简便,直观可靠,不能检测有色金属、奥氏体不锈钢、非金属或非导磁性材料	磁性材料的表面和近表面缺陷	已广泛应用于多个领域
渗透检测	设备简单,操作方便,灵敏度高,可在线检测,可对大型构件和不规则零件检测,不能检测多孔性材料	各种非疏松材质的表面开口缺陷	已广泛应用于多个领域
涡流检测	自动化程度高,不必清理试件的表面,易耦合,快速,成本低,只能探测近表面且形状规则的缺陷	导电体的表面及近表面缺陷	已广泛应用于多个领域
金属磁记忆检测	检测时只能发现缺陷可能出现的部位,不能对缺陷进行定性定量的分析	铁磁性金属构件内部的应力集中区,微观缺陷、早期失效和损伤等	新的检测技术,尚待完善

续表

检测类型	特点	适用范围	应用情况
声全息检测	不需要了解激励源及与之有关的参考信号,可以在很宽的频带范围内研究声源特性	薄壁材料或构件的检测	成果大多是在实验室或较为理想的条件下取得的,真正意义上的工程应用并不多见
声-超声波检测	对粗糙、形状不规则、小、薄或非均质材料难以检查;不适合有空腔的结构	金属、非金属和复合材料等多种试件	国内的研究与应用刚刚起步,且多用于复合材料的研究

1.3.3 化学检验法

化学检验法是一种以物质的化学反应为基础的经典分析方法,是依赖特定的化学反应及其计量关系来对物质进行分析的方法。化学检验法主要包括两大类:化学分析法和仪器分析法。

(1)化学分析法

化学分析法是指利用化学反应及其计量关系来确定被测物质的组成和含量的一类分析方法,主要包括重量分析法和滴定分析法。

① 重量分析法,是指通过物理或化学反应将试样中待测组分与其他组分分离,然后用称量的方法测定该组分的含量。

② 滴定分析法,又称容量分析法,是化学分析法的一种。其具体步骤是:将一种已知其准确浓度的试剂溶液(称为标准溶液)滴加到待测组分的溶液中,直到化学反应完全时为止,然后根据所用试剂溶液的浓度和体积求得待测组分的含量。滴定分析法是一种简便、快速和应用广泛的定量分析方法,在常量分析中有较高的准确度。

(2)仪器分析法

仪器分析法,是借助特殊的光电仪器,通过测量试样的光学性质(如吸光度、混浊度)、电化学性质(如电流、电位、电导)等物理、化学性质,得到待测组分含量的方法。仪器分析法是以物质的物理性质和物理化学性质为基础建立起来的一种分析方法,常常需要使用比较复杂的仪器。仪器分析法主要包括光分析法、电化学分析法、色谱分析法、质谱分析法等。

① 光学分析法,是基于物质对光的吸收或发射等性质而建立起来的一类方法,可分为光谱分析法和非光谱分析法。光谱分析法可以根据光谱来鉴别物质并确定其化学组成。非光谱分析法(或称一般光学分析法),是指检测物质的某种物理光学性质,并进行定量、定性分析的方法。两者的主要区别在于光谱分析法是内部能级发生变化,而非光谱分析法是内部能级不发生变化,仅测定电磁辐射性质改变。

② 电化学分析法，是建立在物质在溶液中的电化学性质基础上的一类仪器分析方法，是由德国化学家温克勒尔在19世纪首先引入分析领域的。

③ 色谱分析法，简称色谱法或层析法，是一种物理或物理化学分离分析方法，该方法利用某一特定的色谱系统（薄层色谱、高效液相色谱或气相色谱等系统）进行混合物中各组分的分离分析，主要用于分析多组分样品。色谱分析法按照两相物理状态分类，可分为流动相和固定相。其中，流动相包括气相色谱、液相色谱、超临界流体色谱等；而固定相包括气-固、气-液、液-固、液-液等。

④ 质谱分析法，通常是指通过制备、分离、检测气相离子来鉴定化合物的一种专门技术。质谱分析法在一次分析中可提供丰富的结构信息，将分离技术与质谱分析法相结合是分离科学方法中的一项突破性进展。在众多的分析测试方法中，质谱分析法被认为是一种同时具备高特异性和高灵敏度，且得到了广泛应用的普适性方法。质谱仪器一般由样品导入系统、离子源、质量分析器、检测器、数据处理系统等部分组成。

光谱、色谱、质谱作为三大名谱，其分析法各有优缺点（见表1-5）。为了能够最大限度地发挥每种分析仪器的最大优势，可通过两种或三种仪器联用来分析样品，联用技术能够克服仪器单独使用时的缺陷，是未来分析仪器发展的趋势所在。

表1-5 光谱、色谱、质谱分析法比较

名称	适用范围	优点	缺点
光谱分析法	定性分析，确定样品中主要基团，确定物质类别	分析速度较快，不需纯样品，灵敏度高，可同时测定多种元素或化合物，样品损坏少	对于非金属和介于金属和非金属之间的元素很难做到准确检测，成本高
色谱分析法	定量分析，可分辨样品中的不同物质	价格低，适用范围广	法定性功能差
质谱分析法	定性、定量分析，可以推测物质的组成	唯一可以确定分子量的方法，灵敏度高	质谱仪器有多种型号，缺点各不相同。例如，四极杆质谱仪的缺点主要包括：无串极能力，定性能力不足；分辨力较低；速度慢

1.3.4 生物检验法

生物检验法，是一种利用生物的方法来对材料进行检测分析的方法，是食品类、药品类和日用工业货物质量检验常用的方法之一。

生物检验法主要包括聚合酶链反应检测、环介导等温扩增检测、脱氧核糖核酸探针技术、生物传感器检测技术、胶体金免疫层析技术、酶联免疫吸附测定技术、免疫印迹法等。

1.4 检验检测产业链

检验检测是基于全社会对于产品及服务的质量（Quality，Q）、健康（Health，H）、安全（Safety，S）、环境（Environment，E）要求而产生的，各国政府关于QHSE立法的不断加强是推动检验检测行业发展的直接原因，产业专业化分工的不断细化及供应链的不断延伸推动了检验检测业务的快速发展。随着产品种类的不断丰富、产品专业化分工不断细化、供应链不断延长，检验检测作为鉴定品质的手段，贯穿于产品生产过程中的各个环节。

从产业链结构来看，检验检测行业上游主要是提供检测设备、测量仪器、化学试剂、智能控制及其他耗材的生产制造商，整体来看相关企业较多，检验检测行业所需的仪器设备、试剂耗材来源广泛，市场竞争较为充分；中游主要是标准的制定方、检验检测机构及相关延伸服务方；下游则是涉及国民经济各个领域的检测报告使用者，包括制造业、建筑业、交通运输业等行业的众多制造商和消费者。

一方面，检测报告使用者是产品或服务质量需求的提出者，是产业链发展的主要驱动力，检验检测机构为满足报告使用者的检测需求，将不断提升产品或服务的质量，以推动产业链的发展。随着下游厂商新产品开发及新市场开拓而不断产生的检测需求，促使检验检测机构持续研发新的检测方法，同时检验检测机构技术水平的提高也有助于下游厂商推广和改进新产品。另一方面，政府、行业协会与行业内技术创新能力较强的大型企业通常会成为行业标准的制定方，通过标准的不断创新提升行业整体技术水平。整体来看，检验检测行业伴随着生产制造业的发展而兴起，同时检验检测行业的发展又推动了生产制造业的发展。

从检验检测机构主体来看，检验检测机构可以分为政府系统检验检测机构、企业内部实验室和第三方检验检测机构三类。政府系统检验检测机构包括国家及各地市场监督管理、生态环境、工业信息化、海关等部门所属的检验检测机构，其通常具有较强的监管服务属性，也参与一定的市场化经营，业务主要涉及市场准入、生产许可证等方面；企业内部实验室的主要作用是辅助企业自身的研发工作和满足生产过程中的质量控制需求，通常因不对外经营而不纳入检验检测行业的统计分析；第三方检验检测机构则独立于市场交易双方之外，既可以参与各级政府部门的监督抽检、监测工作，也可以为企业提供质量控制服务。

第 2 章　发展与壮大

2.1　国内外检验检测机构发展历程

2.1.1　国外检验检测市场（机构）发展历程

国外检验检测市场的发展和经济的发展高度相关，经过上百年的发展，国外发达国家的检验检测市场目前已经基本上进入了成熟阶段。总的来说，国外检验检测市场主要经历了以下五个发展阶段。

1. 萌芽期（19 世纪至 20 世纪初）

在萌芽期，海洋贸易的不断发展，推动了粮食、船舶等检测市场的出现，相应地，市场上也出现了一些检测企业。

2. 动荡期（20 世纪初至 20 世纪 50 年代）

在动荡期，两次世界大战对世界贸易造成了较大的冲击，市场上的检测企业开始寻找新的业务。

3. 发展期（20 世纪 50 年代至 20 世纪 80 年代）

在发展期，世界和平为全球经济的发展提供了非常好的基础，各国经济开始恢复发展，且随着各国基础设施建设的不断加强，建筑、机械等相关行业也迎来了发展期，相应地，检验检测市场也正式迎来了春天。

4. 腾飞期（20 世纪 80 年代至 21 世纪 10 年代）

在腾飞期，冷战结束，全球化开启，全球经济进入高速发展期，科技、文化也迎来了同步发展，除工业领域外，消费、贸易、医疗等领域也都出现了大量新的细分检验检测市场，检验检测行业蓬勃发展。

5. 成熟期（21 世纪 10 年代至今）

在成熟期，世界经济发展到了一个成熟的阶段，数字化、智能化、消费升级成为检验检测市场新的增长驱动力，5G、智能家居、物联网、新能源等成为检验检测市场的新热点。

2.1.2 我国检验检测市场（机构）发展历程

追溯我国检验检测市场（机构）的发展史，一般不像追溯计量发展史那样，从秦始皇实行"车同轨、书同文"，统一度量衡讲起，而是从1949年开始讲起。1949年至今，我国检验检测市场（机构）的发展大致可以分为五个时期：初始期（1949—1979年）、萌芽期（1980—1984年）、成长期（1985—2000年）、繁荣期（2001—2017年）、高质量发展期（2018年至今）。

1. 初始期（1949—1979年）

1949年中华人民共和国成立，初期我们借鉴学习苏联经验，实施计划经济。在计划经济时代，无论是生产性资料还是日用商品，都实行统购统销，大多数工业产品领域都没有现在的第三方检验检测机构。20世纪50年代初，我国在广州、武汉、沈阳、天津、福州等地设立了工业产品检验所（1951年成立的广州工业产品检验所是中华人民共和国成立后的第一个第三方产品质量检验机构），当时工业产品检验所隶属于工业经济部门（20世纪80年代末，国家成立技术监督部门后，这些工业产品检验所陆续划归各地技术监督局，成为最早的第三方综合性产品质量监督检验机构），主要承担政府下达的特定检验任务，以及为工厂开展产品质量检验进行补充。但是，面对大量的技术革新需求和大量的产品质量问题，钢铁、机械等领域产品质量不达标和产品检验机构缺乏的问题逐渐凸显出来。虽然改革开放前，我国第三方检验检测机构的发展乏善可陈，但是，在设立工业产品检验所的同时，我国在一些专业领域设立了一些相应的质量（安全）检验机构。比如，在锅炉和压力容器领域设立了隶属于劳动部门的专业检验机构（1998年后划入质量技术监督局）；在纤维检验、船舶检验、药品检验、进出口商品检验等领域设立了专业检验机构，进行质量（安全）把关。为了在供销社和纺织部门之间搭建一个独立的第三方棉花公证检验部门，国家先后在一些棉花主产（销）地区设立了专业棉花纤维检验机构，负责棉花的第三方公证检验，这种检验制度后来扩展到全国，也就是中国纤维检验局和各地的纤维检验局（所）的由来。前面提到的广州工业产品检验所，于1964年加挂广州纤维检验所牌子（广州纤维检验所1984年与广州工业产品检验所分家，独立建制，2016年与广州质量监督检测研究院分离出来的食品、纺织品业务板块合并，成立了广州检验检测认证集团）。

2. 萌芽期（1980—1984年）

改革开放后，社会经济得到较大发展，社会生产力水平逐年提高，进入20世纪80年代，我国由计划经济向市场经济过渡，告别了商品短缺，市场逐步开始繁荣，但假冒伪劣产品也逐渐增多。为了打击假冒伪劣产品、提升产品质量，我国建立了产品质量监督抽查制度，并以之前设立的位于大城市的工业产品检验所为基础，规划建设一批综合产品质量监督检验机构，依托大城市，辐射周边地区。同时，我国建了一批国家级产品质量监督检验测试中心（第一批112家，名称为"国家××产品质量监督检验测试中心"，带"测试"二字，1999年集中改过一次名称，去掉了"测试"二字）。

3. 成长期（1985—2000年）

1985年是我国检验检测机构（市场）发展史上具有里程碑意义的一年，这一年我国出台了《中华人民共和国计量法》。随后，1987年的《中华人民共和国计量法实施细则》、1988年的《中华人民共和国标准化法》、1990年的《中华人民共和国标准化法实施条例》，给检验检测机构创立了市场准入"计量认证制度"，根据《中华人民共和国标准化法》及其实施条例的相关规定，县级以上标准化行政主管部门根据需要，可以依法设置综合性产品质量监督检验检测机构。于是，很多大中城市将之前设立的工业产品检验所划入质量技术监督局，在此基础上发展设立了综合性产品质量监督检验所（或院）。在国家层面，分3批规划设立了232家国家产品质检中心（截至2020年年底已经发展到860多家）。省级以下质监部门在20世纪80年代至20世纪末，先后设立了1800多家综合性产品质量监督检验检测机构，这些机构经过多年的发展壮大，逐渐成为我国产品质量监督、产品质量提升和相关产品质量鉴定的重要技术支撑。它们一方面做好政府市场监管的技术支撑；另一方面积极开拓检验检测市场，在激烈的市场竞争中赢得市场份额，取得不错的发展成就，成为我国检验检测市场的一支生力军。

与此同时，一些行业主管部门也依托行业科研院所设立了一些行业检验检测机构，卫生、环保、公安、安全生产等领域的公共管理部门也按照四级管理模式设置了专业检验检测机构，加上一些工程建设单位也设立了主要服务于母公司承建的建设项目的工程检测实验室（子公司），到20世纪90年代末，我国以国有事业单位性质的检验检测机构为主（占2/3以上），以国有企业性质的检验检测机构业为辅的检验检测体系初步形成，全国取得资质认定（当时名称为中国计量认证，CMA）的检验检测机构突破2万家。

4. 繁荣期（2001—2017年）

进入21世纪，随着经济的腾飞，我国检验检测市场（机构）进入快速发展轨道，作为国家八大高技术服务业之一，为国民经济高质量发展提供重要保障和支持。2001年，国家质量监督检验检疫总局（以下简称质检总局）成立，同年还成立了国家认证认可监督管理委员会（以下简称国家认监委）和国家标准化管理委员会。质检总局和国家认监委的成立，对于原质量技术监督局系统的质检机构来说意义重大，不仅使其在政策上有了强有力的后盾，还使其在各类资质和监督性抽查任务方面占据了一定优势，这些质检机构在这一时期取得了巨大的历史成就，在与外资和民营机构的竞争中，始终保持优势地位。这一时期，由于中国要兑现"入世"承诺，欢迎外资检验检测机构进入中国市场，因此国际知名检验检测机构大举进入中国，如瑞士通用公证行（SGS）、必维（BV）、天祥（Intertek）、德凯（DEKRA）等著名外资机构，在这一时期（甚至更早）纷纷进入中国市场。这一时期，民营检验检测机构也迅猛发展，占据近半壁江山（2018年，民营检验检测机构的占比为48.72%）。这一时期，我国检验检测市场空前繁荣，竞争空前激烈，一个以国有（事业单位、国企）为主导、民营机构为重要参与者、外资机构为补充的检验检测市场随着我国经济的快速发展而日渐繁荣。

5. 高质量发展期（2018年至今）

2018年，国家市场监督管理总局（以下简称市场监管总局）成立，根据国务院赋予市场监管总局的职责，在延续过去质检总局、国家认监委对全国检验检测机构的资质管理职责的基础上，市场监管总局统一负责完善检验检测体系，推进检验检测市场化改革，规范检验检测市场。2021年，市场监管总局印发《市场监管总局关于进一步深化改革 促进检验检测行业做优做强的指导意见》（国市监检测发〔2021〕55号）。该文件的出台，表明国家主管部门致力于引导检验检测机构向市场化、国际化、集约化、专业化、规范化的"五化"道路迈进。文件指出，要着力深化改革，推动检验检测机构市场化发展；按照政府职能转变和事业单位改革的要求，进一步理顺政府与市场的关系，积极推进事业单位性质检验检测机构的市场化改革。该文件的发布，既是对2001年以来，尤其是2018年以来我国检验检测市场（机构）进入快速发展期的一个总结提炼，也为今后我国检验检测市场（机构）的高质量发展描绘出了蓝图，指引了方向。

2.2 国内外检验检测机构发展实践

2.2.1 国际知名检验集团发展历程

1. 美国保险商实验室

美国保险商实验室（Underwrites Laboratories，UL）从1894年成立至今，已经过一百多年的发展，它是美国最有权威，世界上从事安全试验和鉴定最大的检测认证机构之一，同时也是业内唯一兼具标准制定和检测认证双重性质的机构。与时俱进、不断创新，是UL前期业务不断发展的根本动力，而其后期业务的国际扩张则离不开战略性收购。

通过对 UL 业务发展历程的梳理（见图 2-1），可发现 UL 的发展已经历了初创期、成长期。

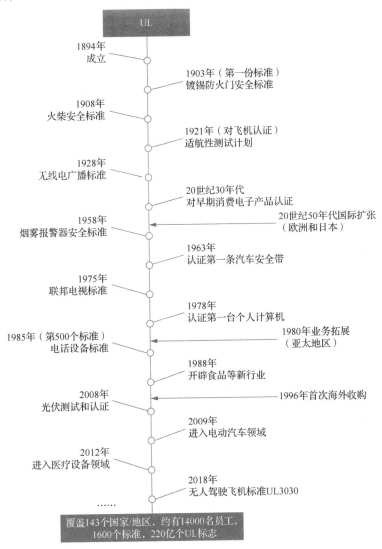

图 2-1　UL 业务发展历程

初创期：1893 年，作为芝加哥博览会的电器检查员，UL 创始人威廉·亨利提出了为保险承销商创建电气测试实验室的想法，他于 1894 年创立保险商电气局（UL 的前身），并于 1901 年在伊利诺伊州注册成立 UL。

成长期：1903 年至今，UL 不断进入新领域并研发新技术，从镀锡防火门到消费类电子产品，从汽车安全带到无人驾驶飞机；与此同时，UL 不断拓展其业务版图，先后两次进行国际扩张，包括 20 世纪 50 年代向欧洲和日本扩张，20 世纪 80 年代向亚太地区扩张。在 1996 年以前的业务拓展中，UL 主要是依靠自身的新技术研发与能力提升来进入新领域和新市场。由于全球技术更新迭代加速，以及行业竞争愈加激烈，UL 于 1996 年首次进行海外收购（收购丹麦国家测试和认证组织 DEMKO）以拓展业务，又于 2009 年进行一系列收购以进入电动汽车领域，通过收购的方式实现了业务与技术的快速发展。

目前，UL 在 143 个国家/地区运营，约 14000 名员工在全球 230 多个地点工作，已帮助制定 1600 个定义安全性、保障性、质量和可持续性的标准，在全球产品上有 220 亿个 UL 标志。虽然已经过一百多年的发展，但 UL 仍被认为处于成长期，而非成熟期，这是因为它仍在不断扩大自身的业务范围，与时俱进，在可预见的未来将不断成长壮大。

从 UL 的发展历程来看，其自身严密的组织管理体制、标准开发和产品认证程序发挥了重要作用。从管理体制来看，UL 由一个包括安全专家、政府官员、消费者，以及教育界、公用事业、保险业及标准部门的代表的理事会管理，其日常工作由总裁、副总裁处理。为配合日益全球化的商业环境，进一步促进业务增长，UL 将全球组织细分为 5 个事业部，分别为：产品安全事业部、UL 大学事业部、环保验证事业部、生命及医疗健康科学事业部和校准服务事业部，UL 在美国有 5 个实验室。作为非上市公司，UL 分非营利（标准部分）机构和营利机构两部分（两部分独立运营），采用矩阵管理和三权分立模式（财务、人事、业务独立），从区域、产品线两个维度进行管理（以区域为主）。作为从事公共安全试验的专业机构，UL 以标准先行，充分发挥了标准制定者的作用。

2. 天祥集团

天祥集团（Intertek）已有一百三十多年的历史，是世界上规模最大的检验检测机构之一，是全球领先的全面质量保障服务机构，其创立与现代测试行业的诞生息息相关，是由众多相关测试公司合并而发展起来的，其发展史如图 2-2 所示。

通过对 Intertek 发展历程的梳理，可发现 Intertek 的发展已经历了初创期、成长期。

初创期：Intertek 创立于 1885 年，其创始人早期在英格兰从事农业生产，同时经营俄罗斯谷物出口业务，他意识到要想规范货物质量，减少与国际贸易相关的商业风险，需有独立公正的货物检验服务，于是他创立海洋测量公司，提供船上货物的独立测试与认证。随着国际贸易的发展，该公司不断扩大经营规模，在越来越多的国家提供检验和实验室服务。1896 年，托马斯·爱迪生成立了电灯测试局（后更名为电气测试实验室，ETL），该实验室后来也成为 Intertek 的一部分。

成长期：Intertek 是 Inchcape 通过收购多家公司创立起来的。2002 年在伦敦证券交易所上市后，Intertek 继续通过收购在测试、检验和认证领域与其互补的公司来扩大规模，并侧重于为更多的行业提供质量和安全服务。2011—2018 年，该公司完成数十次收购，业务范围拓展至全球。

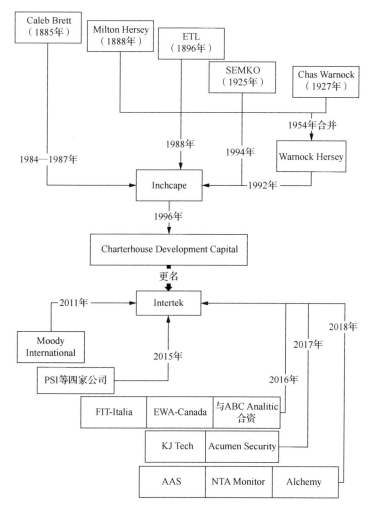

图 2-2　Intertek 的发展史

目前，Intertek 在全球 100 多个国家共有 1000 多家实验室和分支机构，拥有 43000 多名员工，提供保障、测试、检验、认证定制化解决方案，是英国富时 100 公司之一。

Intertek 擅长本地业务和服务于国际零售品牌企业，目前其主要包括商品部、消费品部、工业和保障部、化工与制药部、商用及电子电气部及其他职能部门。

Intertek 在业务扩张模式上以资本整合为主，注重本地化管理，实验室以自建为主，并采用统一的自上而下的管理体系。Intertek 不断拓展业务的过程，也是其持续满足不断变化的客户需求的过程，其业务已超越传统的测试、检验和认证服务，致力于提供全面质量保障解决方案，不但着眼于实物部件、产品和资产的质量和安全，也致力于保障操作流程和质量管理体系的可靠性。

3. 必维国际检验集团

必维国际检验集团（Bureau Veritas，BV）是一家国际知名的提供检验、认证、咨询及工程质量控制服务的机构，它提供全球领先的质量、健康、安全和环境（QHSE）以及社会责任领域的服务。

通过对 BV 发展历程的梳理，以及对其在主要业务领域的发展变革的总结（见图 2-3），可发现 BV 的发展已经历了初创期、成长期。

初创期：BV 的前身是成立于 1828 年的海运保险信息办公室，该办公室为运输保险商提供商务中心使用的最新保险费率信息及准确的船舶和设备状况信息，并创建了评估船舶和设备风险的新方法。1829 年该办公室更名为 Bureau Veritas。

成长期：从集团层面来看，业务不断扩展的过程是 BV 的成长过程，BV 当前已根据终端市场形成了六大业务，包括船舶与海上设施、农产品和大宗商品、工业、建筑工程与基础设施、认证、消费品，其在各个业务方向均保持稳定发展，并处于行业领先地位，因此一定程度上也可认为其已迈向成熟期。但是，从业务层面来看，BV 仍在不断探索新技术的研发与应用（BV 主要业务领域的发展变革如图 2-3 所示），如 3D 数字孪生技术、无人驾驶技术、人工智能技术等的应用，BV 将前沿技术与传统行业相结合，积极创新、与时俱进，因此可认为 BV 的业务发展仍处于成长期。

BV 拥有四大事业部，分别是船级社、消费品事业部、工业与设施事业部、政策服务与国际贸易事业部，涉及南欧、北欧、东欧、拉丁美洲、亚太、北美等地区的重要客户，约有 7600 名员工分布在 140 多个国家。当前 BV 的五大增长业务包括建筑工程、汽车、在役服务（石油与天然气、电力及公共设施、化工）、智能世界和农产品。

BV 是行业内获得世界各国政府和国际组织认可最多的机构之一。在管理体制上，BV 实行矩阵管理，分区域和产品线两个维度，以区域为主。与 UL、Intertek 不断横向拓展新业务领域不同，BV 以纵向深入发展为核心，兼顾横向业务拓展，根植于其具有优势的传统业务，进行技术创新、业务创新、模式创新，以客户为导向，提供传统业务领域的现代化服务。

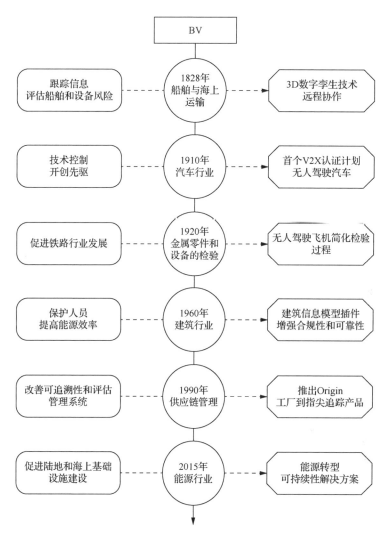

图 2-3　BV 主要业务领域的发展变革

2.2.2　国际知名检验集团经营特点

1. 以保障公共安全或利益为初创目标

通过对 UL、Intertek、BV 三家国际知名检验集团发展历史的深入研究及对其他类似国际检验检测机构发展的了解，可发现它们具有一个共同的初创目标，即保障公共安全或利益，它们的成立与人类生产、生活和科研活动息息相关。例如，UL 创始人作为博览会的电器检查员，萌生了为保险承销商创建电气测试实验室的想法；Intertek 的创立与现代测试行业的诞生息息相关；BV 的成立源于 1821 年冬天发生的一场海上灾难(猛烈的暴风雨席卷欧洲,造成约 2000 艘船只遇难,约 20000 人丧生,保险商也因此遭受沉重打击),之后两家保险商与一位保险经纪人在 1828 年建立了海运保险信息办公室,为运输保险商提供准确的船舶和设备状况信息,并评估它们的风险水平。TÜV 的成立源于对锅炉进行定期检验以防止严重的蒸汽锅炉爆炸事故发生。SGS 的成立则源于为谷物出口商减少在谷物装卸和运输途中产生的损失。DEKRA 的成立是因为当时德国的机动车数量庞大,工业主义者和商人提出为汽车提供自愿技术监督服务。

2. 行业发展与重大科技革命紧密相关

从蒸汽机时代到今天的智能互联时代,每次重大技术革命都改变了人类社会。TÜV 创立于第一次科技革命期间,当时蒸汽锅炉是一种创新技术,为工业革命提供动力。1866 年,一场毁灭性的爆炸事件造成一人死亡,多人受伤,由此成立了第一个蒸汽锅炉检验协会,它标志着德国技术安全的开端。Intertek 的发展则与第二次科技革命紧密相连,爱迪生为人类带来了电和灯泡,他希望通过检验和测试确保产品安全,于是他成立电灯测试局,即后来的电气测试实验室。

当前,国际检验检测机构密切关注新技术与新趋势,争取抢先布局。比如在电动汽车领域,2009 年 UL 通过一系列收购来调整和拓展公司业务,以进入电动汽车领域;2015 年 DEKRA 收购位于西班牙马拉加的测试公司 AT4 wireless,这项收购完善了 DEKRA 在无线通信及电磁兼容性测试领域的服务。

3. 快速响应市场需求以抢占发展先机

国际检验检测机构拥有敏锐的洞察力,能够紧跟技术前沿,通过技术的创新与应用,快速响应不断变化的市场需求,从而抢占行业发展先机,拓展自身业务范围。比如 UL,从镀锡防火门、火柴、自动喷水灭火器,到无线电广播、早期消费类电子产品、新材料等,它是以上诸多领域标准的制定者,而标准恰恰是某一领域关键技术的核心体现,也是该领域的制高点,对该领域发展具有重要的指导作用;又如 BV,随着工业革命的发展,钢铁应用于船舶制造,生产现场的材料检验变得非常关键。1910 年,BV 开发了一项全新服务——材料控制,其目的在于检验从工业设备到柴油发动机、火车机车所使用的所有材料,以及各个工厂本身。与此类似,为了响应保险公司对轿车、客车和卡车定期技术检查的需求,BV 于 1927 年建立了机动车服务项目。由于第一次世界大战后建筑事故数量不断增加,BV 再次响应市场需求,于 1929 年推出了建筑物和民用工程控制服务。20 世纪 80 年代,随着独立的第三方管理体系认证需求的增加,BV 在这一市场中逐渐占据了重要地位。

4. 通过并购及整合进入新领域或新市场

国际检验检测机构大多通过并购或资本整合来保持增长,并购标的遍布世界各地，它们倾向于在精细行业内设立专门的技术公司，以便深度发展。比如，Intertek 的发展本身便是一部并购史。又如，BV 在美国，2003 年收购美国实验室（US Laboratories）后，2004 年又通过并购 Berryman & Henigar 和 Graham Marcus 进一步巩固了其在美国的地位，后两家公司的业务包括标准符合性测试、规划和建筑管理、资产管理与环境服务。此外，BV 于 2005 年收购 Linhart Petersen Power Associate（LP2A），该公司专门为美国市政局提供服务，主要涉及建筑标准符合性。随后，BV 又收购了 Onebeacon 保险集团的检验部门 OneCIS，这项收购为 BV 提供了根据美国 ASME 标准检验并评估压力设备的业务平台。2005 年，BV 还通过收购 Clayton 和 NATLSCO，巩固了其在 QHSE 领域的业务能力。在英国，BV 2002 年收购 weks 集团，获得了显著的环境和地质咨询能力，并得到了建筑材料和分析化学测试实验室；在澳大利亚，BV 2006 年收购 3 家澳大利亚公司，从而建造了 HSE 平台，同时 BV 还获得了采矿行业中强大的检测服务地位。UL、Intertek、SGS、DEKRA 等国际检验检测机构也都采取了类似策略。

2.2.3 我国典型检验检测机构成长路径

2002 年，经过修订的《中华人民共和国进出口商品检验法》规定，经国家商检部门许可的检测机构可以接受对外贸易关系人或外国检验机构的委托，办理进出口商品检验鉴定业务。从此，检验检测行业由国家机构垄断的局面被打破，民营资本正式进入检验检测行业。

1. 中国检验认证集团

中国检验认证集团（中文简称中检集团，英文简称 CCIC）创建于 1980 年，是经国务院批准设立、国务院国资委管理的中央企业，是以"检验、检测、认证、标准、计量"为主业的综合性质量服务机构。经过四十多年的发展，中检集团已经成为世界知名的国际化检验检测认证集团。中检集团在 40 个国家和地区的主要口岸和货物集散地设有机构，拥有 2 万多名员工和数百家实验室，为国内外客户提供"一揽子"解决方案和"一站式""本地化"的综合质量服务。

中检集团的服务范围涵盖农业、工业和服务业三大产业，已形成了覆盖食品、农产品、石化、矿产、工业品、消费品、汽车、金融、物流等多个领域，具备国际公信力的专业资质体系。目前，中检集团持有国际资质 100 余项，国家级资质 300 余项。

中检集团依靠本地化的实验室服务网络，通过在当地设立分支机构和取得所在省市场监管局核发的 CMA 认证证书开展业务；在经济基础较好的地区，甚至在地级市拥有实验室；覆盖多个行业的客户群体，根据客户的委托，为客户提供检测服务并收取检测费用。与传统产业不同，检测服务的客户群体并非特定行业或特定企业类型，从小门店到政府机构等都是检验检测机构的目标客户，客户群体分散的特点决定了检验检测机构单笔业务规模相对较小，客户集中度较低，因此，在检验检测行业品牌影响力和公信力至关重要。中检集团背靠国资委，属于中央直属企业，其品牌所具有的市场公信力和服务质量，直接决定了其较高的市场接受度，因为同类型客户在选择服务商时，会关注服务商过往同类型项目执行经验和执行后的客户评价。

2. 国检集团

中国国检测试控股集团股份有限公司（中文简称国检集团，英文简称 CTC）的总部设在北京，在全国 22 个省份设有 50 余家法人机构、34 个国家及行业产品质检中心，构成检验检测、认证评价、检测仪器及智能制造、计量校准、科研及技术服务五大业务平台。作为建材检测领域的龙头企业，国检集团是中国建材集团三大业务板块之一，属于现代服务业（科研板块）。经过多年的发展，国检集团在建材和建工领域有较强的核心竞争力，作为建材和建工领域最大的综合性检验认证机构，其检测参数全面、布局充分，综合服务能力非常强，目前其布局情况在行业内是领先的。

从建材及建工检验细分领域来看，据统计，服务于此领域的检验认证机构数量为 8000~9000 家（一个机构可能会从事几个细分领域的业务），市场规模在 650 亿元左右，国检集团在此领域的市场占有率约为 1%，下游客户需求稳定、检验检测机构检验能力提高，共同确保了此细分领域检验容量持续增长。国检集团在进入资本市场后，采取重组、并购等方式拓展业务领域，推动公司发展。

国检集团既服务于设计开发、生产制造、售后服务等国民经济"全过程"，又服务于工农业生产、国防建设、基础建设、科研、贸易等国民经济"全领域"。作为建材及建工检验领域龙头企业，国检集团有以下几个优势：首先，国检集团凭借自身的服务优势，既能留住以前积累的老客户，也能在市场竞争中吸引新客户；其次，国检集团通过招投标的方式获得业务资源，如政府抽检、工程项目等；最后，国检集团推广大客户服务，并形成全国性布局，能够为大型施工企业在全国范围内提供一站式服务。国检集团的检测业务按照检测对象可分为建筑材料检测及建筑工程检测；按照检测样品或者检测对象来源可分为送检、抽检和工程现场检测。在送检模式下，检测样品是客户自送样，因此结论仅对送样样品有效。在抽检模式下，检测是针对某一批次产品进行抽样检测。如果检测对象是工程，则要对所检测的工程实体质量进行判定。

一方面，对具有影响力的建材企业或大型工程，国检集团设立了具有针对性的专业营销团队，由各业务部门牵头和配合，开展营销及后续服务。由于这类客户检测量大、金额相对较高，国检集团通常与其签订总体合作协议，检测服务费用采用每月结算或每季度结算的方式收取。另一方面，对于小客户，国检集团利用其品牌影响力吸引客户，通过良好的检测认证质量和售后服务留住客户，从而形成长期合作关系。对于这类客户，国检集团一般实行先付款后服务的收款政策，客户支付检测费用后，国检集团发送检测报告。

3. 华测检测

华测检测认证集团股份有限公司（中文简称华测检测，英文简称 CTI）创立于 2003 年，2009 年在深圳证券交易所上市，是国内检测行业首家上市公司。该公司创立初期以贸易保障检测为主，后来开启跨地域扩张之路，逐步向多个领域拓展。2009—2021 年，华测检测基本上每年保持 20% 以上的营业收入增长率。

华测检测以认证咨询起步，它在中国出口贸易快速增长期，把握住了贸易保障检测需求，基于消费品检测业务量的高速增长而迅速奠定市场地位。后来华测检测通过持续资本投入，不断拓展业务板块，收入由原来的以贸易保障和消费品测试板块增长为主，逐步转变为生命科学检测、工业品测试、贸易保障和消费品测试四大板块共同增长。其中，2024 年上半年，公司生命科学检测板块实现营业收入 12.59 亿元，同比增长 21.68%，毛利率 49.42%；公司工业品测试板块实现营业收入 5.59 亿元，同比增长 13.8%，毛利率 45.45%；工业品测试板块的收入增长主要依赖于并购重组，如 2014 年并购华安检测，2016 年并购华测电子认证有限责任公司；贸易保障和消费品测试板块总体收入增长相对其他板块较慢。

华测检测经过二十多年的快速发展，成为国内资质参数较全的综合性检测机构，在全国设立了 60 多个分支机构，拥有化学、生物、物理、机械、电磁等领域的近 160 间实验室，并在美国、英国、新加坡等国家设立了海外办事机构。据统计，华测检测每年可出具 400 多万份具有公信力的检测认证报告，服务客户 10 万家，其中世界五百强客户逾百家。未来华测检测将致力于加强在食品、环境、电子科技、医药、交通等领域的服务，以及提升运营效率、升级信息化系统等。

4. 金域医学

广州金域医学检验集团股份有限公司（简称金域医学）自 1994 年开始探索医学检验外包服务，以病理诊断起步，2003 年正式成立广州金域医学检验中心，开创了国内第三方医学检验（又称独立医学实验室）的先河。经过多年的发展，通过在广度上扩大实验室网络化布局，在深度上从标准化检验向个性化检验发展，从中低端检验向高端检验发展，金域医学的业务逐渐从病理诊断扩展至理化质谱检验、基因检测等 4000 多项医学检测和病理诊断项目。2017 年 9 月，金域医学在上海证券交易所上市。

金域医学主要采用内生发展的模式，在中国已建成 49 家医学实验室，服务 23000 余家医疗机构，冷链物流网点覆盖 31 个省份，覆盖了全国 90%以上人口所在区域。庞大的连锁实验室网络形成了规模效应，提升了检验效率，为公司建立了有效的竞争壁垒，保证了公司的行业地位。由于检验项目全面，金域医学能够快速响应下游客户多种检验需求，并持续开拓理化质谱检验、基因检测等高端个性化检验项目，不断提升公司竞争优势。

当前金域医学已发展成国内第三方医学检验行业营业规模最大、覆盖市场网络最广、检验项目及技术平台齐全的市场领导企业。随着分级诊疗及医保控费等政策的推进，金域医学作为行业龙头，将有望直接受益于政策落地带来的行业发展机遇。此外，据统计，国内第三方医学检验的渗透率不足 5%，远低于美国（35%）、日本（50%）、欧盟（67%）的渗透率，因此金域医学的发展空间非常广阔。

5. 电科院

苏州电器科学研究院股份有限公司（简称电科院）始建于 1965 年，1982 年被江苏省机械工业厅批准为"江苏省高低压电器及日用电器归口研究所"，2000 年完成转制、改制，2009 年更名为"苏州电器科学研究院有限公司"，2011 年于创业板上市。

电科院是我国检测项目最齐全的电器检测机构之一，建有 45 个专业检测室，覆盖各类高低压电器的电气性能试验、安全性能试验及环境试验，所提供的检测服务可涵盖强制性认证规则所规定的全部低压电器产品的全部检测项目，并可提供 550kV 及以下的高压电器产品的检测。电科院低压电器短路试验电流可达到 420V/450kA，变压器突发短路承受能力可达 500kV/1200MVA，直流试验能力可达 12kV/175kA，其多项检测能力处于国内一流水平。

电科院具备高低压全覆盖的"一站式"检测服务优势，在我国，低压检测业务主要来自强制性检测和委托检测。据统计，2017 年我国低压检测市场规模达 10 亿元，其中电科院占 14%。近年来，电科院市场容量呈相对稳定状态，增量空间来自输配电网建造及产品升级改造。

2.2.4 我国典型检验检测机构发展经验

1. 抓住改革与发展的机遇

改革开放以来，党中央、国务院对民营经济的认识不断深化，对民营经济和民营企业的支持一以贯之。为激发民营经济活力、促进民间投资，我国先后出台了一系列政策文件，大力营造一视同仁的市场环境，以支持民营经济发展；在推进国有企业发展混合所有制经济时，鼓励非公有资本参与国有企业混合所有制改革，并明确提出不得在意向受让人资质条件中对民间投资主体单独设置附加条件；还在落实产权保护、激发企业家精神、深化"放管服"改革、持续减税降费、商事制度改革等方面，出台了一系列政策举措，提振民营经济发展信心。

在改革与发展的大背景下，民营检验检测机构抓住机遇，蓬勃发展。站在行业的角度，从检验检测机构数量来看，据统计，截至2023年年底我国取得资质认定的民营检验检测机构数量达34171家，占全行业的63.47%，超过"半壁江山"；从营业收入来看，民营检验检测机构2023年营业收入增长率为6.13%。

机遇成就了民营检验检测机构的发展，如华测检测抓住我国出口贸易快速增长的机遇，实现消费品检测业务的高速增长，奠定了市场地位，金域医学深耕技术研发与网络建设，与分级诊疗、医保控费等政策不谋而合，发展空间广阔。

2. 采取整合与并购的策略

随着国内资本市场的完善及国际市场参与程度的提高，民营检验检测机构通过资本运作的方式开展融资、并购，实现了综合实力的快速提升。以华测检测为例，在2009年上市之初其实力并不强，总资产仅为7.37亿元，营业收入、净利润[①]分别为2.64亿元、0.57亿元。据统计，华测检测上市以来已累计收购（含参股）约90家公司，业务拓展至环境检测、食品检测、汽车检测、计量校准等众多领域，通过并购，华测检测实现快速扩张。众所周知，检验检测市场横跨众多行业，且各个行业之间相对较为独立，难以快速复制，通过对UL、Intertek等国际知名检测集团发展历程的研究也可发现，这些集团在发展初期还只是通过技术研发开拓新行业与新市场，但伴随着技术更迭周期缩短，它们也采取并购等策略进入新领域，以保持机构的与时俱进及在行业中的领先地位。

3. 发挥技术与网络的优势

民营检验检测机构在不断发展壮大的过程中，十分注重关键检测技术的研发与服务网络的构建，如金域医学已在全国建立了14家分支机构，分布于广州、南京、合肥、郑州、西安、长春、昆明、重庆、福州、济南等地，建立了覆盖范围广、质量控制严的冷链物流系统，物流网点超过2000个，金域医学还将加速建设四级实验室网络，对空白区域进行积极布局，提升检验效率。此外，金域医学在研发和固定资产方面的投入也远超其他同类企业，其通过自主研发和外延合作，不断提高在理化质谱检验、基因检测、病理诊断等高端特检项目上的竞争优势。

---

① 指归属上市公司股东的净利润，下同。

2.3 检验检测机构品牌发展特点

本节将聚焦于 SGS、BV、Intertek 等国际检验检测行业巨头和我国典型检验检测机构,梳理其发展特点,分析其业务布局、经营策略和拓展策略,从而凝练出检验检测巨头的共性发展模式,以汲取先进经验。

2.3.1 国际检验检测行业巨头发展特点

1. 起步阶段:聚焦单一服务领域,逐渐进行行业辐射

SGS 成立的初衷是为谷物出口商减少在谷物装卸和运输途中产生的损失。早期 SGS 为欧洲的粮食出口商提供谷物运输检验服务,以降低出口商的损失。它凭借开创性的农产品检验服务,革新了欧洲的谷物贸易,并在世界各地拓展农产品检验服务。

BV 成立之初聚焦于航运业,为运输保险商提供商务中心使用的费率最新信息,并提供准确的船舶和设备状况信息,它还创建了评估船舶和设备风险的新方法。由于钢铁在造船业和其他工业设备和行业中都有广泛应用,BV 以造船业为基石,以"材料控制"为突破口,自然地将业务辐射到工业设备、柴油发动机、火车机车等领域,从而实现了跨越式发展。

Intertek 早期行业就较多,包括海洋测量、电气测试等。它都是在某一行业占据了绝对领先地位后,才开始向其他行业辐射扩展。

2. 壮大阶段:抓住重要发展机遇,快速响应市场需求

SGS 的发展壮大,主要源于第一次世界大战和第二次世界大战对世界经济格局的重塑,位于中立国的 SGS 未受战争波及,反而借助马歇尔计划,在欧洲提供检验、测试和鉴定等多元化服务,业务覆盖多个行业领域,包括工业、矿产、石化等。

Intertek 的发展历程则与第二次科技革命紧密相连,随着电力的使用,电器产品的安全问题随之而来。电灯测试局,即后来的电气测试实验室(ETL),通过检验和测试来保证电器安全,从而搭上了时代的顺风车。

BV 则以快速响应市场需求著称。为了响应保险公司对于轿车、客车和卡车定期技术检查的需求,BV 于 1927 年建立了机动车服务项目。由于第一次世界大战后建筑事故数量不断增加,BV 再次响应市场需求,于 1929 年推出了建筑物和民用工程控制服务。20 世纪末,随着独立第三方管理体系认证需求的日益增加,BV 在这一市场占据了重要地位。

3. 成熟阶段：通过并购及整合进入新领域或新市场

国际检验检测机构大多采取并购或资本整合的策略来保持增长，并购标的遍布世界各大洲，且倾向于在精细行业内设立专门的技术公司，以便深度发展。例如，Intertek 的创立过程本身便是一部并购史，它通过逐步整合资源，形成行业优势。BV 进入美国、英国、澳大利亚、中国市场，都是通过并购实现的。其代表性的并购案包括：2003 年收购美国实验室（US Laboratories），2002 年收购英国 weks 集团，由此获得了显著的环境和地质咨询能力，以及建筑材料和分析化学测试实验室；2006 年收购 3 家澳大利亚公司，从而建造了 HSE 平台。SGS 更是全球化、资本对接最为成功的检验检测机构之一，它充分利用资本操作实现业务拓展。据统计，2012—2018 年，SGS 进行了 77 起并购，运用市场资金助力业务拓展。以 2018 年为例，SGS 在全球范围内并购多家优质检验检测机构，重点布局美国与欧洲市场，业务涉及材料、3D 计量、食品安全、个人护理等。

2.3.2 我国典型检验检测机构发展特点

1. 粗犷式发展

检验检测行业的高度碎片化使得市场上形成了众多千万美元级别的细分市场龙头企业，并购整合是这些龙头企业增加市场份额的主要方式。随着检验检测市场的逐步扩大和政策的进一步开放，全球市场上并购交易日趋频繁。作为企业扩张的重要手段，国内外检验检测行业巨头纷纷跟进，引发了并购的新一轮浪潮。我国检验检测行业的主要上市公司内生增速维持高位，其并购更多是为了地域和领域的布局。随着龙头企业的多元化发展战略逐步明晰，检验检测行业并购的进度也在逐渐加快。我国检验检测行业的主要上市公司并购力度[①]如图 2-4 所示。

近几年，随着越来越多的检验检测机构上市，检验检测行业的并购数量和金额也逐渐增加。一般来说，资产越轻越偏并购，资产越重越偏自建。从行业集中度提升的逻辑来看，课题组认为目前第三方检测行业处于并购整合初期，国家政策鼓励大型第三方检测机构进行整合。龙头企业目前杠杆率较低，现金流较好，有充分的空间加杠杆或通过股权融资进行并购整合。从各机构每年取得的子公司及其他营业单位支付的现金净额数据来看，华测检测、国检集团、安车检测、多伦科技都加快了并购步伐。

---

① 并购力度是指一个公司通过产权交易取得其他公司控制权的多少。

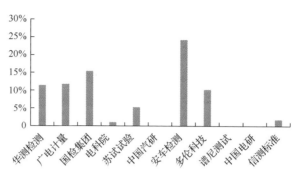

图 2-4 我国检验检测行业的主要上市公司并购力度

建工、建材检测领域适合通过并购驱动公司成长。比如，国检集团所处的建工、建材领域及其目标领域，如环境检测、食品检测领域，具备市场规模大、区域化和标准化程度较高、行业竞争充分、单个检验检测机构体量小等特点，适合通过并购驱动公司发展。根据国检集团公告，其"十四五"整体战略为通过并购加赋能的方式发展，计划在"十四五"期间通过并购形成的营业收入达到每年 2 亿元，该公司在并购方面呈现稳步前进的状态。

机动车检测领域也适合通过并购驱动公司成长。比如，多伦科技及安车检测所处的机动车检测领域具备标准化程度高、市场规模大、区域化程度高、单个检验检测机构体量小、面向 C 端客户等特点，适合通过并购驱动公司成长。预计 2024—2027 年，我国新能源车的检测频次将分别为 928 万辆、963 万辆、1207 万辆、1736 万辆，这一增长趋势反映了新能源车市场的快速增长以及相关检测需求的增加。

2. 跨行业及区域并购

检验检测机构的发展路径包括三种：第一种是从检测设备生产厂商向下游延伸，如苏试试验、安车检测、多伦科技；第二种是从单一检测领域横向扩张到多个检测领域，如国检集团、广电计量、华测检测等；第三种是一直聚焦于单一领域拓展业务，如中国汽研、电科院。

总的来说，我国检验检测机构的并购模式主要有以下两种。

（1）跨行业并购

我国检验检测龙头企业不断进行外延扩张，逐渐发展成业务范围广泛的综合性检测机构。①国检集团收购北京奥达清 60%股权，进军环境检测领域；收购安徽拓维 55%股权，开拓食品、农产品和化工产品检验检测认证市场；收购广州京诚 73.97%股权，进一步拓展环境检测业务；收购湖南同力 72.37%股权，开拓水利工程检测新领域。②华测检测收购 Poly NDT 70%股权，进入新加坡船舶无损检测领域；收购杭州华安 100%股权，进入无损检测市场；收购浙江方圆 13%股权，向电器检测领域布局；收购浙江远鉴 61%股权，进入燃烧测试领域。③广电计量收购方圆广电 56%股权，进入与安规认证相关的检测领域；收购江西福康 100%股权，布局医学健康领域检测业务。④安车检测收购兴车检测 70%股权和临沂正直 70%股权，布局机动车检测站运营市场。

（2）跨地域并购

以建工、建材检测领域龙头企业——国检集团为例。建工检测半径明显，国检集团作为龙头企业，为了提高市场占有率，国检集团积极寻求并购机会。在上市之前，国检集团为扩大业务规模进行了一系列并购或重组，通过陆续收购厦门宏业（2009 年）、上海众材（2011—2012 年）、广东中科华大（2012 年）、江苏国检集团（2012 年）、徐州国检集团（2015 年）和贵州国检集团（2015 年）等在当地建筑工程检测领域处于领先地位的企业，初步完成了其全国整体战略布局。上市之后，国检集团仍积极寻求跨地域扩张，2018 年收购海南忠科 51%股权，2019 年收购云南合信 60%股权，积极拓展西南地区的建工检测业务。

3．"一站式"和"一体化"发展

"一站式"+"一体化"服务模式铸就多元化发展。单一行业检验检测机构容易受到行业景气度影响，而综合检验检测机构受到经济周期波动的影响小。一般情况下，聚焦于单一行业检验检测业务、客户行业集中度较高的检验检测机构更易受到行业周期波动影响；而检验检测业务范围广、客户行业非常分散的综合性检验检测机构受单一行业景气度波动影响较小，抗风险能力强。

以广电计量为例。①它以计量业务起家，成功进入检测市场，业务领域横跨可靠性与环境试验等六大产品线，客户覆盖特殊行业、汽车、电子电器、轨道交通等多个领域。自广电计量成立以来，其有限的 6 次外延都主要是为了区域扩张或进入新领域。②"一站式"+"一体化"塑造企业核心竞争力。广电计量六大产品线包括计量、可靠性与环境试验、电磁兼容、环保、食品、化学分析，其对外能够有效降低客户在寻找不同检验检测机构过程中的成本，增强客户黏性，对内可增强各业务的协同效应。③"一体化"的管控模式能够助力广电计量在技术服务、市场销售、运营三方面实现对广电计量分支机构的管控，使其快速掌握各地实验室的利用情况，协调不同实验室共同承担大客户订单，并能有效避免业务承揽过程中母、子公司之间的内部消耗，保证决策机制的统一高效。

第3章 制度与管理

3.1 国外检验检测机构管理制度

3.1.1 美国检验检测机构管理制度

美国的检验检测[①]市场主要可分为政府和商业两类。政府类检验检测的范围主要包括涉及公众安全、健康的产品，环保产品，军用产品，社会安全产品和一些高额税收产品等，如药品、食品、化妆品、酒、含酒精饮料、棉花、农畜产品、医疗器械、无线电产品及电磁兼容、枪械弹药等。商业类检验检测主要是指美国私人检验检测机构向企业提供产品检测与认证、企业评估等服务，并收取高额、稳定的费用作为机构的收入来源。一般来说，为了提高产品竞争力，降低质量赔偿风险，美国企业主动申请产品认证的积极性很高。此外，美国的行业协会，如纺织协会、冷冻协会等在企业层面拥有较高权威，一般行业协会都有行业标准和标识，会委托关系密切的私人检验检测机构代为开展行业检测和认证工作，因此接受行业协会的委托、授权开展行业检测认证业务也是各私人检验检测机构努力争取的业务项目。

与市场需求相对应，美国的检验检测机构主要分为两类，一类是政府资助的实验室，这类机构为满足政府对产品质量监督执法的需要而设立，只从事实验室管理和检验，检验样品由分布在美国各地的办事处检查人员抽取，检验不收费，实验室经费由政府拨款解决，且不需要获得认可；另一类是私人检验检测机构，既包括如UL、SGS等业务涉足全球的大型跨国检验检测集团，也包括一些中小型私人检验检测机构。在美国有850多家（朱品球，2017）私人检验检测机构为中小企业提供

---

① 检验：检验产品设计、工艺、安装是否符合一般或特殊要求，通常会对装运货物进行检验（如进口检验），以确保整批装运货物与检测样本一致。
检测：根据标准要求来确定产品特征。测试方法可从无损检测（如X射线检测、超声波检测、电气检测等），到破坏性分析（如化学分析、机械分析、物理分析、微生物分析等），或者两种方法兼而有之。

新开发产品的检测服务，减少其投资成本或解决其专业化检测人员不足的问题，这些私人检验检测机构是美国检验检测市场不可替代的力量。私人检验检测机构为企业提供检验检测服务均属商业行为，费用由双方协商确定，各知名检验检测机构的费用水平大体相当。

1. 法律法规

美国现行的与检验检测机构相关的法律法规大致可分为两类：一类是面向官方检验（包括进出口产品检验）的相关产品标准或技术标准，其中囊括了对相应领域检验检测机构的管理制度；另一类是面向商业检测，为规范私人检验检测机构的认可管理而制定的相关规则要求。

美国的官方检验多按品种类别进行专业化分工管理，由不同部、委、局的有关部门负责，相关的检验检测法律、条例和规定分别载于各个部门的相关管理文件中，同时也载入《联邦法规汇编》（Code of Federal Regulations，CFR）。CFR 每年修订补充后重新出版供相关部门依照执行。

美国农业部制定了《非联邦化学实验室的认可》规则，其下属的食品安全检验局（Food Safety and Inspection Service，FSIS）[①]和谷物检验、批发及畜牧场管理局（Grain Inspection, Packers and Stockyards Administration，GIPSA）[②]分管不同的领域，遵循各自的法律法规执行产品检验及机构管理。FSIS 的与检验检测相关的法律法规主要针对产品检验，而不涉及检验检测机构管理，主要有《联邦肉类检查法》（Federal Meat Inspection Act，FMIA）（见附录 4）、《家禽产品检验法》（Poultry Products Inspection Act，PPIA）、《蛋制品检验法》（Egg Products Inspection Act，EPIA）等，以产品检查要求为主要内容，相关的产品检查小组为农业部内设的官方机构；GIPSA 的与检验检测相关的法律法规主要是《联邦谷物标准化法》（United States Grain Standards Act，USGSA），它既包含了农产品的官方定级、检验标准与统一检测方法，也明确了检验检测机构申请成为官方检验检测机构的条件和标准，具体见第 79（f）条（见附录 5）。

美国卫生与公共服务部（Health and Human Services，HHS）制定了《私人、非营利性认可组织的认可或根据批准的国家实验室计划的豁免》规则，其下属的食

---

① FSIS 主要负责肉类、家禽和加工蛋制品的检验工作。
② GIPSA 主要负责美国谷物的出口检验工作。

品和药物管理局（Food and Drug Administration，FDA）①制定的与检验检测相关的法律法规既包括与产品检验相关的《美国联邦食品、药品和化妆品法案》②，也包括与检验检测机构认可管理相关的《认可第三方认证机构进行食品安全审核并颁发证书》规则③，后者包括三部分内容，分别是 FDA 对认可机构的承认授权、经 FDA 授权的认可机构对第三方认证机构的认可与管理、FDA 对第三方认证机构的直接认可与管理，FDA 认可的第三方认证计划如图 3-1 所示。

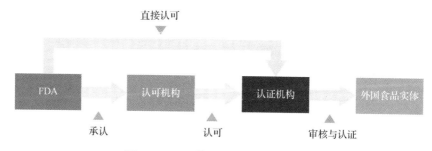

图 3-1　FDA 认可的第三方认证计划

美国财政部下属的烟酒税贸易局（Alcohol and Tobacco Tax and Trade Bureau，TTB）④目前尚没有与检验检测相关的法律法规⑤，且没有对外部检测实验室或检测机构进行认可的计划及相关管理制度。TTB 下设科学服务部，拥有酒类实验室、酒精实验室、合规实验室和烟草实验室，均通过美国实验室认可协会（American Association for Laboratory Accreditation，A2LA）保持了 ISO 17025 认可。

美国商务部针对商业和对外贸易发布了《国家自愿实验室认可计划》（National Voluntary Laboratory Accreditation Program，NVLAP）与《联邦合格评定指南》⑥，其下属的国家海洋和大气管理局（National Oceanic and Atmospheric Administration，

---

① FDA 负责除 FSIS、GIPSA、TTB、NOAA 管理以外的所有食品及药品、动物饲料、化妆品、医疗器械等检验管理工作。
② 美国国会在 1938 年通过的一系列法案的总称。
③ 《认可第三方认证机构进行食品安全审核并颁发证书》于 2015 年 11 月 27 日发布，2016 年 1 月 26 日生效（https://www.federalregister.gov/）。
④ TTB 主要负责烟酒的生产、标签、许可证、安全检验、税收等。
⑤ 1935 年制定《联邦酒精管理法》（Federal Alcohol Administration Act），主要对酒类产品的标签、广告、销售等作出了相关规定。
⑥ 指南介绍了美国国家标准与技术研究院（National Institute of Standards and Technology，NIST）、联邦机构、机构标准执行官的职责等。

NOAA）[①]则与 TTB 类似，目前尚没有与检验检测相关的法律法规，且没有对外部检测实验室或检测机构进行认可的计划及相关管理制度。但 NOAA 本身拥有较为完善的检验服务网络，总部设立在马里兰州银泉市，在东北、东南、西北和西南四个地区分别设有办事处，其中总部负责计划管理和质量保证，地区办事处负责提供检验服务。根据 1946 年美国《农业营销法案》的授权，NOAA 可通过与海产品加工商、外国/国内分销商之间的合同协议为其提供海产品检验服务（包括适用的食品安全法规、产品质量评估、产品分级认证、设施和系统合规性、出口卫生及认证、培训与咨询服务等内容）。

美国国土安全部（Department of Homeland Security，DHS）[②]下属的海关与边境保护局（Customs and Border Protection，CBP）和海岸警卫队（Coast Guard）分别制定了《商业实验室的认可》规则和《独立实验室：接受、认可和终止》规则，前者针对入境商品，经 CBP 认可的实验室可为海关提供专业服务，后者则与运输领域相关，介绍了对设备或材料制造商建议使用的独立实验室进行认可所依据的标准和程序。

美国国防部（Department of Defense，DoD）制定了《环境实验室认可计划》（Environmental Laboratory Approval Program，ELAP），明确了环境实验室的认可要求及认可程序。

美国消费品安全委员会（Consumer Product Safety Commission，CPSC）[③]在对消费品进行检验检测及监督管理的过程中，依据的法律法规主要是《消费品安全改进法案》（Consumer Product Safety Improvement Act，CPSIA，目录见附录 6），该法案第 102 条要求 CPSC 对第三方合格评定机构（通常称第三方测试实验室）进行认可，且进一步要求儿童玩具的制造商和进口商通过经 CPSC 认可的第三方测试实验室对产品进行测试。

除各部委制定的相关法律法规外，美国的一些行业协会及认可机构主要根据国际公认的标准规范或行业要求提供认可服务与机构管理。美国主要协会组织的认可标准、法规如表 3-1 所示。

---

① NOAA 主要负责海产品的出口管理工作。
② DHS 成立于 2002 年，为美国政府在"9·11"事件之后设立的一个联邦行政部门，负责国内安全、应急事务处置及防止恐怖活动。
③ CPSC 成立于 1972 年，是依据《消费品安全法》设立的一个独立的联邦监管机构，主要职责是针对消费品使用的安全性制定标准并监督执行，管理的产品涉及 1500 多种，主要包括家用电器、儿童玩具、烟花爆竹及其他用于家庭、体育、娱乐及学校的消费品。

表 3-1 美国主要协会组织的认可标准、法规

协会组织	认可对象	认可标准、法规
美国国家认可委员会[①]	管理体系认证机构	ISO 9001、ISO 14001、AS9000、TL 9000、ISO/IEC 17021-1
	实验室（DoD ELAP、CA ELAP）	ISO/IEC 17025、ISO 15189
	检验机构	ISO/IEC 17020、ILAC P15、ISO/IEC 17020：2012
	产品认证机构	ISO/IEC 17065
	法医服务提供者	ISO/IEC 17025、ILAC G19、ISO/IEC 17020
	温室气体验证机构	ISO 14065：2013、GHG-PL-701、ISO 14064-3：2019、IAF 强制性文件、ISO 14066：2011
	能力测试提供者	ISO/IEC 17043、EL-V3-2009、ISO/IEC 17025
	标准物质生产者	ISO/IEC 17025、ISO 17034
美国工业卫生协会[②]	环境铅实验室认可计划	ISO/IEC 17025
	环境微生物实验室认可计划	ISO/IEC 17025
	食品实验室认可计划	ISO/IEC 17025
	工业卫生实验室认可计划	ISO/IEC 17025
	其他类型认可计划（消费品等）	ISO/IEC 17025
美国实验室认可协会[③]	测试/校准实验室	ISO/IEC 17025
	检验机构	ISO/IEC 17020

① 美国国家认可委员会（ANSI National Accreditation Board，ANAB）是美国国家标准协会（American National Standard Institute，ANSI）的非营利性全资子公司，签署了 IAF-MLA（国际认可论坛审定与核查机构认可多边互认协议）和 ILAC-MRA（国际实验室认可合作组织互认协议），是北美最大的认可机构，在超过 75 个国家或地区提供服务。

② 美国工业卫生协会（American Industrial Hygiene Association，AIHA）是为职业和环境卫生专业人员服务的最大的国际性协会之一，成立于 1939 年，是一个非营利性组织，有 75 个地方分支机构。AIHA 实验室认可计划有限公司是国际承认的第三方认可机构。

③ 美国实验室认可协会（A2LA）成立于 1978 年，是世界上最大的认可机构之一，也是美国唯一独立的、501（c）3 条款［美国联邦税收法典］列出的非营利性的、国际承认的认可机构，签署了 ILAC-MRA、IAF-MLA、APAC-MRA（亚太认可合作组织互认协议）和 IAAC-MLA（美洲认可合作组织多边协议）。

第 3 章 制度与管理 | 37

续表

协会组织	认可对象	认可标准、法规
	能力测试提供者	ISO/IEC 17043
	产品认证机构	ISO/IEC 17065
	标准物质生产者	ISO/IEC 17034、ISO 指南 34
	临床测试实验室	ISO 15189
	生物银行认可计划	ISO 20387
国际认可服务公司[①]	建筑服务提供商	国际建筑规范、IAS AC251
	校准实验室	ISO/IEC 17025、IAS AC204
	加州环境实验室（CA ELAP）	ELAP 要求、IAS AC89
	大麻检测实验室	ISO/IEC 17025、IAS AC89
	课程开发	IAS AC372
	美国环保署国家领先实验室认可计划	
	结构钢、钢筋和预制/预应力混凝土和木墙面板制造商检验	国际建筑法规、IAS AC157、IAS AC172、IAS AC196
	现场评估机构	NFPA 790、NFPA 791、IAS AC354
	消防和生命安全部门	国际消防法规、国际建筑法规、IAS AC426
	法医实验室和检验机构	ISO/IEC 17020、ISO/IEC 17025、IAS AC204、IAS AC89、IAS AC98
	美国 FDA 认证食品安全现代化法案	IAS AC782
	检验机构	ISO/IEC 17020、IAS AC98
	管理体系认证机构	ISO/IEC 17021-1、IAS AC477
	冷成型钢部件制造商	国际建筑法规、IAS AC473

---

① 国际认可服务公司（International Accreditation Service，IAS）是国际规范委员会（International Code Council，ICC）的子公司，是一家非营利性公司，自 1975 年以来一直提供认可服务，签署了 ILAC-MRA、IAF-MLA 和 APAC-MRA。ICC 是一个非营利性专业协会，是全球建筑施工行业的领导者，拥有 64000 多名成员。

续表

协会组织	认可对象	认可标准、法规
	医学实验室	ISO 15189：2012、IAS AC780
	金属建筑组装商	国际建筑法规、IAS AC478
	金属建筑系统	国际建筑法规、IAS AC472
	国家环境实验室认证	2016 TNI 标准
	人员认证机构	ISO/IEC 17024、IAS AC474
	产品认证机构	ISO/IEC 17065、IAS AC370
	能力测试提供者	ISO/IEC 17043：2010、IAS AC785
	标准物质生产者	ISO 17034：2016、IAS AC784
	特别检查机构	ISO/IEC 17020、国际建筑法规、IAS AC291
	测试实验室	ISO/IEC 17025、IAS AC89
	培训机构	IAS AC371
佩里约翰逊实验室认可有限公司①	测试和校准实验室	ISO/IEC 17025
	环境实验室认可计划（DoD ELAP、CA ELAP）	DoD ELAP 环境实验室质量体系手册
	美国环保署国家铅实验室认可计划	ISO 17011
	消费品安全委员会要求	ISO/IEC17025：2005
	检验机构	ISO/IEC 17020
	能力测试提供者	ISO/IEC 17043
	能源之星——环境保护局"能源之星"计划	ISO 17025
	标准物质生产者	ISO 17034
	现场采样和测量组织	TNI-NEFAP 标准
	大麻检测实验室	ISO/IEC 17025：2017
	食品测试实验室	ISO/IEC 17025：2017
	医学实验室	ISO 15189

① 佩里约翰逊实验室认可有限公司（Perry Johnson Laboratory Accreditation, Inc., PJLA）由佩里·约翰逊于 1999 年成立，该公司总部位于美国，是私人第三方认可机构，签署了 ILAC-MRA 和 APAC-MRA。

综上所述，与美国检验检测机构管理相关的法律法规如图 3-2 所示。

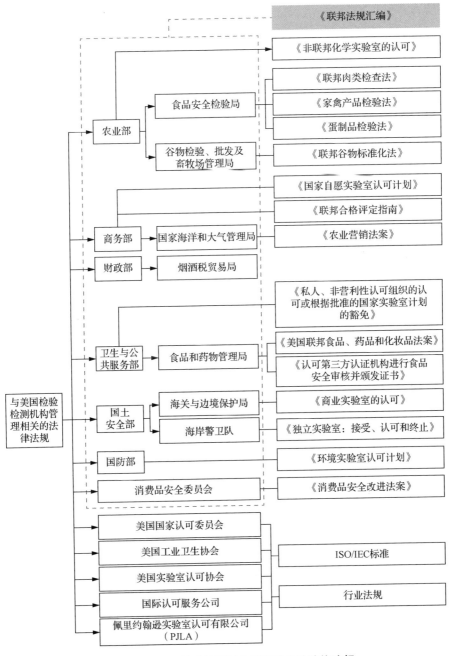

图 3-2　与美国检验检测机构管理相关的法律法规

2. 监督管理

美国政府的主要监管对象为私人检验检测机构,监管内容包括准入管理和业务范围管理。

(1) 准入管理

准入管理包括两个方面。一是检验检测机构的注册管理。与一般企业的注册管理一样,注册非营利性的检验检测机构有两条限制,即股票不上市、不能分红,且要经所在地州政府批准。二是美国私人检验检测机构都要经过美国职业安全与健康管理局(Occupational Safety and Health Administration,OSHA)的批准。OSHA 授权第三方独立实验室作为国家认可实验室,OSHA 要求在工作场合所使用的产品必须经国家认可实验室测试并发证,以保证使用者的人身安全,同时规定 37 类产品[①]必须获得国家认可实验室的认证。在此基础上,为拓展业务范围,与国际需求接轨,私人检验检测机构还可以按照主动性和自愿性原则来获取相关政府部门和一些行业协会的认可。

(2) 业务范围管理

美国政府允许私人检验检测机构参与官方检验,它们为政府机构的检验检疫提供补充,美国政府主要通过采购检测服务和认可注册两种方式来利用私人检验检测机构完成政府质量监管公共服务。采购检测服务是指监管机构通过竞标认定一批拥有检测某项产品资格的第三方实验室,然后每年从这些实验室购买所需的监督抽查检测服务;认可注册是指监管机构认可一批实验室,进入美国市场的各种产品,只要通过这些实验室的检测并获得证书,均被认定为合格,政府不再对该产品进行二次检验。一般情况下,美国各政府部门发布的实验室认可计划也是通过委托认可机构来对相关实验室进行认可,如美国国防部的 ELAP 就是委托授权 ANAB、PJLA 等进行相关实验室的认可。

下面以 CPSC 对第三方合格评定机构的监管为例来介绍相关监管内容。CPSC 根据《消费品安全改进法案》的相关规定,发布了第三方合格评定机构的审查要求、后续审查要求,以及向 CPSC 履行报告的义务等,大致总结如下(规则全文详见附录 7)。

第一部分:市场准入。

(1) 第三方合格评定机构

① 通则。"第三方合格评定机构"是指除以下②、③规定外,不由某一产品的制造商或自有品牌商所拥有、经营或控制,也不由政府全部或部分拥有或控制的独立合格评估机构。

---

① 37 类产品包括打印机、复印机、台式计算机、电话、水冷却器、电加热器、空调、电动机、电动力工业卡车等(朱品球,2017)。

② 防火墙型。由某一产品的制造商或商标持有人拥有、管理或控制，如果符合以下条件，即为防火墙型合格评定机构：(a) 某一产品的制造商或商标持有人直接或间接持有第三方合格评定机构 10%或以上的所有者权益；(b) 第三方合格评定机构与某一产品的制造商或商标持有人属于同一个"母机构"；(c) 某一产品的制造商或商标持有人有能力任命第三方合格评定机构内部高层管理机构（例如但不限于董事会）的任何人员，有能力任命第三方合格评定机构内部高层管理机构的总负责人（例如但不限于主席或总裁），有能力聘用、解聘第三方合格评定机构人员或决定人员的薪酬水平，无论其是否运用过该能力。

③ 政府参与型。由政府全部或部分拥有或控制的实体，如果符合以下条件，即为政府参与型合格评定机构：(a) 政府实体直接或间接持有第三方合格评定机构 1%或以上的所有者权益；(b) 政府实体提供任何直接的财政投资或资金（工作费用除外）；(c) 政府实体有能力任命第三方合格评定机构内部高层管理机构（例如但不限于董事会）的大部分人员；有能力任命第三方合格评定机构内部高层管理机构的总负责人（例如但不限于主席或总裁），及/或有能力聘用、解聘第三方合格评定机构人员或决定人员的薪酬水平；(d) 第三方合格评定机构的管理人员或技术人员包括任何政府职员；(e) 第三方合格评定机构隶属于某个政府实体的外部组织结构（不包括其作为受监管实体与政府监管机构之间的关系）；(f) 除作为监管机构外，政府还可以决定、建立、更改或以其他方式影响第三方合格评定机构的检测结果，第三方合格评定机构的预算或财务决策，第三方合格评定机构是否可以接受特定的工作要约，或第三方合格评定机构的组织结构或存续。

（2）审查方式和要求

① 第三方合格评定机构的认可工作，可由委员会或委员会指定的独立认可组织实施。

② 委员会应定期审查和修订第三方合格评定机构的认可要求，确保第三方合格评定机构具有尽可能高的资质。

③ 第三方合格评定机构必须通过签署了 ILAC-MRA 的认可机构的认可。

（3）通报

委员会应在其网站公布得到认可、用于评估产品符合儿童产品安全规定的第三方合格评定机构的最新名单及认可范围，并定期更新名单，显示相关变动。

第二部分：监督管理。

（1）监管要求

① 第三方合格评定机构必须允许委员会正式指定的官员或员工进入，并根据《联邦法规汇编》第 16 篇第 1118.2 条的规定，对第三方合格评定机构实施检查。不配合检查的，即视为不配合调查，将构成根据第 1112.45 条规定给予暂停的理由。

② 由委员会指定的认可机构对第三方合格评定机构实施定期审查，审查内容包括：(a) 合格评定机构是否仍符合认可要求，且审查应由同一认可机构进行，如果更换则应重新实施认可；(b) 认可机构如果审查认为第三方合格评定机构不符合认可要求，应及时告知委员会。

③ 第三方合格评定机构每年应提交"消费品合格评定机构认可注册表"（简称"CPSC 表 223"）供 CPSC 检查，应保证表格有效，且信息变更时及时提交新的表格。

④ 防火墙型和政府参与型合格评定机构，应由委员会重新评估是否符合上述额外要求。

（2）监管方式

① 随机抽样检测：核实经第三方合格评定机构检测后的儿童产品是否符合安全规定。

② "CPSC 表 223"检查：若认为第三方合格评定机构不符合"CPSC 表 223"要求或其他法规要求，则应告知第三方合格评定机构，并限期整改，如不能解决，则作出相应处罚，甚至可能终止其合格评定资格。

（3）信息披露

① 每份证书均应标明签发证书的制造商或自有品牌商，以及进行测试的第三方合格评定机构。证书至少包括：制造的日期和地点；检测产品的日期和地点；各方的名称、邮寄地址、电话号码，以及负责保留检测结果的个人的联络信息等。

② 每份证书均随附于应用的每个产品或同一证书的每批产品，且证书的副本须提供给产品的每个分销商或零售商。

第三部分：违法违规的处罚规定。

此处的处罚规定主要指认可的撤销。

（1）通则

委员会在经过通知和调查之后，如果发现下列情况，可以撤销得到认可的第三方合格评定机构的资格：①在对儿童产品认证时，制造商、自有品牌商或政府实体对第三方合格评定机构行使了不当影响力，或以其他方式干预或破坏检测过程的诚信度；②第三方合格评定机构在后续审查、检测规程和标准及抽样检测等方面发现不符合本规则的规定。

（2）撤销的程序

委员会在撤销第三方合格评定机构的认可时，应考虑到第三方合格评定机构的行为或不作为的严重性，包括该行为或不作为的结果是否造成伤害、死亡或伤害、死亡的风险，该行为或不作为是孤立事件还是代表某种模式或惯例，以及第三方合格评定机构是否或者在什么时候采取了补救行动。委员会可以永久或暂时不接受第三方合格评定机构的认可，同时制定第三方合格评定机构重新得到认可的要求。

(3) 拒绝合作的处理

如果第三方合格评定机构拒绝在委员会根据本规则进行的调查中与委员会合作,委员会可暂停其认可。

3.1.2 欧盟检验检测机构管理制度

欧盟没有统一的官方检验检测机构,各成员国拥有自己的检验认证机构(唐军、颜才植、陈伦超,2015)。而欧盟的检验检测机构市场准入管理主要通过授权公告机构来实现,即由公告机构承担有关新方法指令中要求第三方参与的合格评定活动[①]。

根据欧盟官网信息,欧盟检验检测机构根据不同产品指令主要分为以下几类:公告机构(Notified Body,NB)[②]、技术评估机构(Technical Assessment Body,TAB)、用户检验机构(User inspectorate,UI)、认可的第三方认证机构(Recognised Third Party Organization,RTPO)。其中,TAB 主要是进行针对欧盟建筑新法规[Regulation(EU)No305/2011]的符合性检验;UI 和 RTPO 主要是进行针对承压设备指令(PED)的符合性检验(UI 主要负责新方法指令第 16 条的符合性检验,RTPO 主要负责新方法指令第 20 条的符合性检验);NB 由各成员国国家主管机关指定,并受到国家主管机关的监管。TAB、UI 检验的产品不能直接加贴 CE 标志,产品要在欧洲范围内流通必须经过 NB 的检验(蓝麒、刘三江,2016)。

截至 2020 年 10 月,欧盟各类检验检测机构的数量如表 3-2 所示。

表 3-2 欧盟各类检验检测机构的数量

检验检测机构类型	数量/家
NB	1447
TAB	56

---

① 1985 年,为了统一成员国的技术法规、标准、合格评定程序,消除欧盟内部技术贸易壁垒,促进商品在欧盟市场内流通,欧盟理事会批准了《关于技术协调与标准新方法》的决议,依据该决议先后出台了 25 个指令,统称新方法指令。欧盟依据新方法指令,围绕技术法规、标准、合格评定程序、CE 标志和市场监督机制,形成了"新方法指令运行"模式。该模式通过授权指定机构依据新方法指令规定的合格评定程序进行合格评定,以保证产品符合指令的要求,同时运用市场监督达到检查指定机构的目的。

② 公告机构,即在欧盟取得合法授权的检测认证机构,是欧盟按照新方法指令实施市场准入管理的重要技术实体。公告机构对公众利益领域负有责任,向成员国主管当局负责,而成员国对公告机构的能力负最终责任。

续表

检验检测机构类型	数量/家
UI	14
RTPO	126

从国家分布来看，欧盟授权的检验检测机构主要分布在欧盟成员国（27国）、英国、冰岛、列支敦士登、挪威、土耳其及通过国际互认协定①的国家（美国、澳大利亚、日本、新西兰、加拿大、瑞士）。表 3-3 为通过国际互认协定的国家的检验检测机构数量。

表 3-3 通过国际互认协定的国家的检验检测机构数量　　单位：家

机构类型	澳大利亚	加拿大	日本	瑞士	新西兰	美国
NB	3	2	2	26	1	18
TAB	0	0	0	1	0	0
UI	0	0	0	0	0	0
RTPO	0	0	0	6	0	0

1. 法律法规

2008 年，欧盟出台了 765/2008/EC 和 768/2008/EC 两项法规，目的在于严格 CE 标志认证规定，以确保产品安全。这两项法规的重点是加强 CE 标志的市场监督，如规定加贴 CE 标志产品的合格评定活动由指定评估机构完成，规定授权评估机构通知欧盟各成员国的程序等。

欧盟的技术法规称为指令。欧盟管理检验检测机构所依据的法律法规融合在各个指令中。当前，欧盟出台的新方法指令涵盖了大部分产品。新方法指令所覆盖的产品都要贴附 CE 标志，都要符合相关指令的基本要求并经过相应的合格评定程序，每个指令中也详细描述了对相应合格评定机构的要求。

目前，欧盟共有 32 个指令基于新方法或全球方法原则。32 个指令覆盖医疗器械、玩具、建筑产品、烟火用品、压力设备、机械、升降机、无线电设备、肥料产品、铁路系统、民用爆破物、压力容器、电磁兼容性、计量器具、无人机系统等多个领域，具体见表 3-4。

---

① 主要包括 MRA（Mutual Recognition Agreements，互认协议）、CETA（Comprehensive Economic and Trade Agreement between the EU and Canada，欧加全面经济贸易协定）。

表 3-4 欧盟检验检测机构进行符合性检验所依据的欧盟指令

序号	指令	涉及领域
1	90/385/EEC	有源可植入医疗器械
2	92/42/EEC	热水锅炉
3	93/42/EEC	医疗器械
4	98/79/EC	体外诊断医疗器械
5	2000/14/EC	户外设备的环境噪声排放
6	2006/42/EC	机械
7	2008/57/EC	铁路系统互操作性
8	2009/48/EC	玩具
9	2010/35/EU	移动式承压设备
10	Regulation（EU）No 305/2011	建筑产品
11	2013/29/EU	烟火用品
12	2013/53/EU	娱乐游艇和个人船只
13	2014/28/EU	民用爆破物
14	2014/29/EU	压力容器
15	2014/30/EU	电磁兼容性
16	2014/31/EU	非自动称重仪器
17	2014/32/EU	计量器具
18	2014/33/EU	升降机
19	2014/34/EU	潜在爆炸环境的设备和保护系统
20	2014/53/EU	无线电设备
21	2014/68/EU	压力设备
22	2014/90/EU	船用设备
23	Regulation（EU）2016/426	燃气具
24	Regulation（EU）2017/745	医疗器械
25	Regulation（EU）2017/746	体外诊断医疗器械
26	Regulation（EU）2016/425	个人保护装备
27	2016/797/EU	铁路系统的互用性
28	Regulation（EU）2019/945	无人机系统
29	Decision 2009/750/EC（Implementing Directive 2004/52/EC）	电子道路收费系统的协调能力
30	Regulation（EU）2019/1009	肥料产品
31	Regulation（EU）2016/424	索道设施
32	Regulation（EC）No 552/2004	欧洲空中交通管理网络的互操作性

这些指令的基本要求可能相互重叠或相互补充，对同一产品，可能要考虑几个指令，此时就要依据所有相关指令进行合格评定。

除需要满足指令要求外，欧盟各成员国还根据 ISO 17021 标准[①]的要求对公告机构进行审查。例如，若某机构希望成为 93/42/EEC 指令覆盖的全部或部分产品的公告机构，则该机构须满足 93/42/EEC 指令附录Ⅺ中关于公告机构的规定和 ISO 17021 标准的相关要求。

2. 监督管理

欧盟认可的检验机构中，公告机构覆盖面最广、综合性最强，更具参考意义，因此本节主要针对公告机构的监管进行研究。

公告机构[②]主要由各成员国指派主管机关[③]（Notifying Authority）批准设立及监管，并通过统一的电子平台向欧盟委员会和其他成员国通报，欧盟委员会给这些公告机构分配一个识别码，并在官方公报上予以公布。

公告机构的业务能力与工作行为会定期受到成员国主管机关与认可组织的监督检查。一旦其不再满足要求或不能履行义务，就将被撤销资格。每个成员国都应将自己确定或撤销公告机构的有关信息向欧盟委员会和其他成员国通报，欧盟委员会则在其官方公报上发布公告机构目录，并不断地进行更新。

欧盟公告机构的管理流程如图 3-3 所示。

下面以欧盟医疗器械检验检测机构为例，对相应管理要求进行详细说明。医疗器械相关法规包括 Regulation（EU）2017/745（涉及医疗器械领域）及 Regulation（EU）2017/746（涉及体外诊断医疗器械领域）。

第一部分：市场准入。

① 根据国家法律设立，应具有法人资格。

② 应为独立于其所评估的组织或产品的第三方机构。

③ 应有能力开展、通报有关的合格评定任务，其工作人员应具有技术知识和

[①] ISO 17021 为《合格评定——对提供管理体系审核和认证的机构的要求》（Conformity assessment— Requirements for bodies providing audit and certification of management systems）。

[②] 公告机构必须设在通报机关的境内，但其工作人员可以到其他成员国或欧盟以外的国家参加评定活动。

[③] 主管机关：成员国若计划将一家合格评定机构评为公告机构，或委任一家公告机构根据法规开展合格评定活动，则应任命一个主管机关，该机关根据国家法律由单独实体组成，负责建立和实施必要的程序，以进行对公告机构的评估和通告及对公告机构的监管，监管对象包括公告机构的分包商和分支机构，此主管机关被称为"负责公告机构的国家主管机构"。主管机关应保证其活动的客观性和公正性，保证与公告机构没有任何利益冲突，无人员交叉，不参与其商业活动。主管机关应拥有足够数量的永久供其妥善履行任务的合格人员。

经验，以执行合格评定活动[①]。

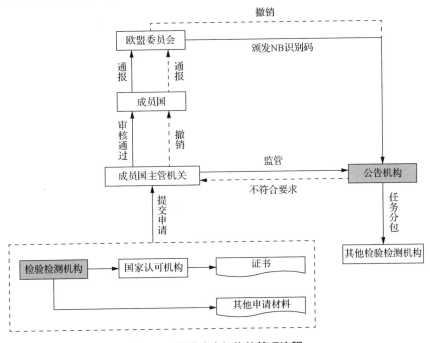

图 3-3 欧盟公告机构的管理流程

第二部分：申请流程。

检验检测机构若想申请成为公告机构，首先，应该根据业务范围选择国家主管机关；其次，应向主管机关提交委任申请书，同时可选择随附一份由国家认可机构发放的能够证明指定机构符合相关准则的认证证书，如果不能提供认证证书，则应向主管机关提供必要的文件证据，以证明其检验、认可和常规监控符合规定要求；最后，应对主管机关及评估小组在评估过程中提出的不符合项进行纠正，并提交纠正和预防性措施计划。

第三部分：监管方式。

主管机关须持续对公告机构进行监管和审核，监管方式主要包括年度评审、再评估，以及技术评估等。

① 年度评估。

主管机关以每年不低于一次的频率对每家公告机构进行审核，有时会对公告机构的分支机构及由其负责的分包商一起审核，评估它们是否符合要求。审核内容包括现场审核、员工审核、追踪投诉等。审核方式包括临时通知、暗访、有因核查等。

[①] 指令对公告机构要求的能力准则包括：人员和设备配备情况；独立性和公正性；相关人员的技术能力；保守机密和诚实性；民事责任保险。

在审核后处理方面，主管机关将记录并存档有关公告机构不符合法规附件所列要求的任何调查结果，并监督公告机构及时采取补救和预防措施。

② 再评估。

除年度评估以外，欧盟成员国的主管机关将指定联合评审小组，全面地重新评估设立于该国境内的公告机构，以确定其是否仍然符合法规的要求。首次再评估时间为公告机构被通告之日（即获得授权）起 3 年后，其后每隔 4 年再评估一次。

③ 技术评估。

除对公告机构本身的评估外，主管机关还将对一定数量的制造商技术文件和包含性能评价的公告机构评估报告进行审核及评估，以验证公告机构根据制造商提供的信息所得出的结论。这类评估既包括现场审核，也包括现场外审核。技术评估也是对公告机构进行重新评估的组成部分。

3.1.3 英国检验检测机构管理制度

英国的检验检测机构主要由私人检验检测机构组成，从而形成了以政府监管和第三方检验检测机构共同参与的检验检测体系。英国皇家认可委员会（United Kingdom Accreditation Service，UKAS）是负责认证机构认可和实验室测量及试验认可的国家专门机构。在英国政府协调下，1985 年，英国国家认可机构和实验室认可机构合并，由原英国贸工部批准正式成立 UKAS。UKAS 一个非营利性私人组织，对外开展有偿服务，但不以营利为目的，与政府签署了谅解备忘录，是代表英国开展合格评定的唯一认可机构。

英国的检验检测机构也包括欧盟直属公告机构（NB）、认可的第三方认证机构（RTPO）、用户检验机构（UI）和技术评估机构（TAB），与欧盟的检验检测机构类型相同。

1. 法律法规

英国与检验检测机构相关的法律法规较少，主要是英国商业、能源与产业战略部（Department for Business, Energy & Industrial Strategy，BEIS）发布的《合格评定与认可政策》[①]，该政策介绍了合格评定与认可的定义、效益、政策原则与应用等内容。该政策的制定主要以欧盟的新立法框架为背景，欧盟新立法框架于 2008 年 6 月获得欧盟理事会通过，旨在消除商品在欧盟内部自由流通的障碍，并在原立法框架上制定出明确的政策，以加强内部市场立法的应用和执行，欧盟新立法框架主要包括法规 765/2008/EC、决定 768/2008/EC、法规 764/2008/EC。

---

① https://www.gov.uk/government/publications/conformity-assessment-and-accreditation-policy-the-uks-quality-infrastructure，2012 年 5 月 4 日发布，2023 年 1 月 10 日更新。

① 法规 765/2008/EC。该法规首次在欧洲范围内建立了认可服务的法律框架，制定了自愿性与强制性合格评定的认可操作规范，要求每个成员国任命一个国家认可机构（在该成员国中）执行该法规中所定义的认可。此外，该法规针对市场监督也制定了类似的框架。根据法规 765/2008/EC 和《2009 年认可法规》（SI No 3155/2009），UKAS 被任命为英国的国家认可机构。

② 决定 768/2008/EC。这一关于商品销售通用框架的决定提供了一个"工具箱"，其中包括一套通用的参考规定（即标准文本）、定义和经济经营者的一般义务。它还提供了一系列合格评定程序，欧盟委员会、理事会和欧洲议会在起草或修订单一市场指令时，可直接参考该决定进行适当选择。该决定对合格评定机构的相关要求作出了规定，决定中的合格评定程序或模块为立法者提供了一种方法，以确保产品完全符合技术协调立法中规定的基本要求。

③ 法规 764/2008/EC。本质上，该法规规定了国家技术规则应用于在另一成员国内合法销售的产品的程序，其依据为《欧共体条约》第 28 条和第 30 条，互认的原则源于欧洲法院的判例法。该法规要求市场监督机构遵循特定的程序（如果这些机构要使用国家技术规则来防止产品在其领土内销售），且要求成员国建立产品联系点，以向企业提供有关国家技术规则的信息。

2021 年 1 月 1 日起，投放于英国市场的大多数产品在新的法律框架下继续运营；大多数合格评定机构在新的框架下自动切换其状态；新的英国数据库替代欧盟的新方法指令和指定机构数据库；UKAS 继续作为英国的国家认可机构。具体情况如下。

① 欧盟市场的合格评定。从 2021 年 1 月 1 日起，欧盟所要求的任何强制性第三方合格评定都必须由欧盟认可的合格评定机构执行，既包括欧盟的机构，也包括与欧盟达成互认协议的国家或地区的机构。除非经过协商，否则英国合格评定机构将不能对投放到欧盟市场的产品进行强制性合格评定。

② 新的英国法律框架。从 2021 年 1 月 1 日起，英国政府建立其国内法律框架，该框架使英国合格评定机构能够继续对投放于英国市场上的大多数产品进行检测认证。在新的英国法律框架下，成为英国认可的第三方认证机构、用户检验机构或技术评估机构的技术要求与原来大致相同。

③ 转换为英国安排。英国大多数合格评定机构根据新的英国法律框架自动转换其身份。设在英国的公告机构成为英国认可的机构，设在英国的 RTPO、UI 和 TAB 分别成为英国认可的 RTPO、UI 和 TAB。

④ UKAS 认可。UKAS 继续作为英国的国家认可机构，以及欧洲认可合作组织（European Cooperation for Accreditation，EA）的成员。UKAS 的国际认可论坛（IAF）和国际实验室认可合作组织（ILAC）的成员资格不会受到影响。

在欧盟立法框架与英国相关法律要求下，UKAS 主要依据国际公认的标准、法规等开展相关认可活动，具体如表 3-5 所示。

表 3-5　UKAS 认可标准规范

认可机构	认可对象	认可领域	认可标准、法规
英国皇家认可委员会（UKAS）	实验室	生物、校准、化学、建筑及建筑产品、电气、环境、消防、纺织品、法医、岩土工程、可再生能源	ISO/IEC 17025
	医学实验室	临床生物化学、血液学、微生物学、组织病理学、免疫学、遗传学、男科、组织相容性和免疫遗传学	ISO 15189
	医学物理与临床工程服务	放射物理、医疗设备管理	BS 70000
	成像服务		QSI 影像质量标准
	生理服务	听力学、心脏生理学、胃肠生理学、神经生理学、眼科和视觉科学、呼吸和睡眠生理学、尿动力学和血管科学	IQIPS[①]标准
	认证机构	管理体系认证（质量、环境、食品安全、信息安全、职业健康与安全、信息技术服务、供应链安全、资产、反贿赂、私人保安公司业务、火灾风险等）	ISO/IEC 17021-1
		生态管理与审核计划（EMAS）	EMAS 理事会法规（EC）1221/2009 号
		产品、工艺和服务认证	ISO/IEC 17065
		人员认证	ISO/IEC 17024
	检验机构	工程检验[②]、建筑和建筑产品、食品检验[③]、石棉调查、军团菌风险评估、卫生和社会保健、护理院检查、核心厂房检查、消防系统、犯罪现场检查、铁路能力、植物健康、环境技术验证	ISO/IEC 17020

① IQIPS：Improve Quality in Physiological Service，提高生理服务质量认可计划。
② 工程检验内容包括压力系统、起重设备/提升机、电气装置、动力压力机、局部排气通风、货物装运前检验、锅炉/压力容器制造、焊接检验、油气计量。
③ 食品检验内容包括食品安全、食品卫生、制造和加工实践、货物检验、动物福利、标签。

续表

认可机构	认可对象	认可领域	认可标准/法规
英国皇家认可委员会（UKAS）[①]	能力测试提供者	植物健康、动物健康、人体液体、法证、气体和排放、食物和水、卫生保健、废水、土壤、玩具、医药品、首饰、化妆品、军团菌	ISO/IEC 17043
	标准物质生产者		ISO 17034
	公告机构		EC 指令/英国法规
	验证机构	温室气体排放、生物甲烷	ISO 14065：2013

2. 监督管理

英国政府对第三方合格评定机构的要求主要包括两个方面：一是需符合欧洲法规；二是需获得 UKAS 的认可。UKAS 不是监管机构，它没有任何法律或法规执行权。但是，UKAS 具有"监督"功能，其努力确保认可的组织符合适用的国际认可标准。

根据 BEIS 制定的《合格评定与认可政策》，对合格评定机构的监管政策应遵循以下原则：①合格评定方案应由市场需求（包括来自最终用户或消费者的需求）驱动，但出于对公共利益的考虑，应由监管机构而非有商业兴趣的人员来进行合格评定；②除非政府具备监管专业知识与职责，否则，出于对最终用户或消费者的合法关注考虑，合格评定应该是自由市场的竞争活动；③合格评定取决于对产品或过程的性能参数的测量，测量或测试结果应可追溯到国家或国际测量标准；④需要合格评定来支持监管时，应尽可能使用不是为监管合格评定而开发的基础设施；⑤合格评定应按照公认的标准进行，最好采用国际的或欧洲的，或其他透明和客观的标准，如非歧视性技术法规；⑥制定合格评定的计划及相关标志，应当是促进而不是阻碍创新和贸易的，或应当用来保护公共利益和最终用户的合法关注（如安全），合格评定计划的制定应遵循欧洲认可合作组织合格评定计划政策；⑦给企业造成的负担最小且能实现目标（如监管信心或产品/工作场所安全）的合格评定程序优先

---

① UKAS 代表以下主管机关提供认可。商业、能源与产业战略部：电气安全（低电压）、电磁兼容性、爆炸性环境用设备、燃气器具、升降机、机械、户外使用设备环境噪声排放、个人防护设备、压力设备、无线电和电信终端设备、游艇、简单压力容器、玩具、特定欧盟/第三国互认协议、烟火用品。交通部：对公路、铁路危险货物的运输罐体实施检验，对公路、铁路危险货物运输的可运输压力容器实施检验；铁路（互操作性）法规 2011 年第 3066 号。社区与地方政府事务部：建筑产品法规。国家计量办公室：非自动衡器和计量仪器指令。海事和海岸警卫队：船用设备指令。

于其他更烦琐的程序；⑧合格评定机构应通过寻求符合欧洲和国际相关标准的认可来证明自己的能力，尤其是符合欧洲标准化委员会或欧洲电工标准化委员会，以及国际标准化组织或国际电工委员会的规范性文件。

此外，对认可机构的监管应遵循以下原则：①认可适用于受监管部门与非受监管部门，除非有特殊法规要求，否则保持自愿性；②认可是控制的最高级别，应提供有关合格评定机构技术能力的权威声明；③国家认可机构应按照法规 EC765/2008 运行（例如，认可是一项公共权力活动，应为公众利益而执行，国家认可机构应当是自给自足的，但应以非营利活动的形式开展；国家认可机构应诚信经营；独立于其认可的组织，不会受到商业压力），国家认可机构应该按照公认统一的标准或其他透明标准操作，遵守适用的技术要求，并在适当情况下通过 EA 的同行评估予以证明；④国家认可机构应共同努力，以促进经认可的合格评定在国际范围内被接受。

检验检测机构获得 UKAS 的认可大致需要经历以下 10 个步骤。

① 考虑能否获得认可

检验检测机构是否在英国？能否提供检测、认证、校准、检验或医疗诊断服务？如果是，获得认可有助于发展检验检测机构业务。

② 购买标准

检验检测机构需要一份相关国际标准的副本。UKAS 根据相关标准授予认可，检验检测机构可以在英国标准协会（British Standards Institution，BSI）网站获得这些标准，相关网站上也列出了相应的标准。

③ 熟悉要求

熟悉标准中的条款，弄清自己已经符合了哪些条款；进行缺口分析，明确可能需要补足的领域；查找获得认可可能需要的 UKAS 相关出版物，这些出版物全部可以在 UKAS 官网上找到。

④ 收集材料

办理申请时，检验检测机构需要准备注册证书、管理体系文件等材料。

⑤ 申请认可

在 UKAS 网站下载申请表，填好后，连同证明材料和申请费一起提交，即可开始办理认可。

⑥ 会见评定经理

UKAS 将为检验检测机构指派一名评定经理，全程提供支持和指导。

⑦ 评定前审查

在 UKAS 收到所有材料后，检验检测机构可以选择预评定，评定经理将对检验检测机构进行拜访，审阅现有的所有材料，找到缺口。

⑧ 正式评定

在启动会议召开及所有安排确定后，UKAS 将审查检验检测机构的程序和记录，与团队会面，了解检验检测机构符合国际标准要求的情况。评定结束后，UKAS 将强调检验检测机构工作中的出色之处，并告知需要改进的地方。

⑨ 授予认可

UKAS 将提供详细的评定报告。检验检测机构将有 12 周的时间提供证据，证明已经处理了需要改进之处。之后 UKAS 将向检验检测机构授予认可，检验检测机构将收到证书和欢迎礼包。

⑩ 宣传认可

检验检测机构获得认可后，即可以使用 UKAS 标志。如果该机构在海外从事贸易，则可以使用 ILAC 或 IAF 标志，表示获得全球承认。最重要的是，其可以享受 UKAS 认可带来的真正商业优势。

3.1.4 日本检验检测机构管理制度

日本的检验检测机构分为官方检验检测机构、半官方检验检测机构和非官方检验检测机构。官方检验检测机构是由国家或地方政府投资，按国家有关法律、法令对出入境商品实施强制性检验、检疫和监督管理的机构，主要负责制定标准、进行法定检验、管理民间机构及承担部分政府工作任务；半官方检验检测机构是有一定权威的、由国家政府授权、代表政府行使某项商品检验或某一方面检验管理工作的民间机构；非官方检验检测机构是由私人创办的、具有专业检验检测技术能力的公证行或检验检测公司（朱品球，2017）。

1. 法律法规

根据日本行政体制，政府各部门在自己分工权限范围内，对相关商品的检验检测实行分工管理，对不同类别检验检测机构的管理制度则载入各部门的相关法律文件中。其中，经济产业省分管所有工业生产和商业、外贸等事务，负责工业品的检验检测管理；厚生劳动省分管医疗卫生事务，负责食品、医药品等卫生方面的检验和管理；农林水产省分管农林牧渔和农产品等的生产，负责农林水产品和食品的检验和检疫管理。

日本通过立法为各部门对检验检测机构的管理提供依据，明文规定检验检测机构或部门的法律权限、义务和责任，以及对违法行为的制裁措施等。日本检验检测机构管理相关法律如图 3-4 所示。

《消费品安全法》是日本对消费品规制的基本法，于 1974 年开始实施，随着时代的发展至今已作了多次修改。特定产品销售前，必须通过依据经济产业大臣规定接受的登记检查机构，进行产品适合性的检查。登记检查机构可以是日本国内登记检查机构或国外登记检查机构。《消费品安全法》第二章第 3~5 节对特定产品的国内及国外检验检测机构的注册进行了说明。《消费品安全法》目录见附录 8。

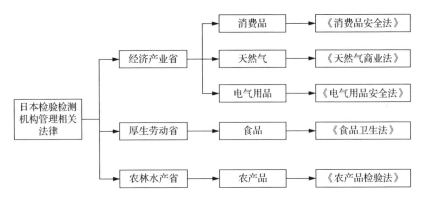

图 3-4 日本检验检测机构管理相关法律

《天然气商业法》是日本规范天然气企业经营活动和天然气用品生产销售的法律，该法要求商家遵守法规，确保产品合规，以保障人类健康和环境安全。制造商和分销商需要对产品进行申报、检测、贴标等，确保产品符合标准要求。指定类与非指定类产品的检测流程存在差异，需要遵守相应技术基准要求。

《电气用品安全法》是一部管控电气用品的制造和销售，推进民间事业者确保电气安全的自主活动，防止电气用品发生危险和故障的法律。《电气用品安全法》第五章对国内外检验检测机构的管理进行了说明。

《食品卫生法》是日本在食品安全方面最主要的监管法规之一。其第 5 章对检验检测机构的管理进行了说明。

《农产品检验法》第 17～42 条对检验检测机构的管理进行了说明。

此外，日本认可机构对检验检测机构进行认可时采用的认可标准如表 3-6 所示。

表 3-6 日本认可机构采用的认可标准

认可机构	认可对象/认可范围/认可计划	认可标准
日本合格评定认可委员会[①]	管理体系认证	ISO/IEC 17021
	人员认证	ISO/IEC 17024
	检验机构	ISO/IEC 17020
	产品认证机构	ISO/IEC 17065
	温室气体验证机构	ISO 14065
	实验室/校准机构	ISO/IEC 17025

---

① 日本合格评定认可委员会（Japan Accreditation Board，JAB）成立于 1993 年 11 月，受 35 个产业团体的帮助而诞生。2010 年 7 月经内阁府公益认证等公益委员会认定，确立了该协会的合法性。日本合格评定认可委员会认证获得日本工业规格、国际标准或法令技术标准及多个国家质量检测局的承认。

续表

认可机构	认可对象/认可范围/认可计划	认可标准
日本合格评定认可委员会	临床实验室	ISO 15189
	能力测试提供者	ISO/IEC 17043
	标准物质生产者	ISO 17034
日本国际认可[①]	实验室/校准机构	ISO/IEC 17025
	标准物质生产者	ISO 17034
	产品认证机构	ISO/IEC 17065

2. 监督管理

在准入管理方面，民间检验检测机构必须通过政府对其在检验技术水平、检验设备手段、检验范围和能力以及组织结构方面的考核认证，才能获得授权。只有获得授权的民间检验检测机构出具的检验报告才具有法律效力，其中具备条件的民间检验检测机构还可申请代表政府执行有关进出口商品的法定检验。在人员管理方面，政府有权对指定检验检测机构的领导人实行任命，相关法律对检验检测机构法人、执行业务董事等人员的从业要求作出了具体规定，对检验检测机构从业人员也有详细的管理方法。

在监管方式上，政府部门主要通过"不定期抽查"的方式对指定的民间检验检测机构的检验业务和检验结果进行监管；在监管力度上，对违规的民间检验检测机构处罚十分严厉，除撤销授权之外，对于违反法律规定的检验检测机构，还可对其法人处以刑事处罚和罚款。

下面将以电气用品为例，详细介绍日本检验检测机构的管理制度，图3-5为日本电气用品检验检测机构注册流程图。

第一部分：电气用品概念。

根据《电气用品安全法》（以下简称电安法）的规定，制造商和进口商有义务对特定电气用品以及特定电气用品之外的电气用品进行技术标准合规性确认和检验，并确保每个电气用品的安全性。特别是对于发生危险或故障可能性较大的特定电气用品，除需由制造商和进口商进行技术标准合规性确认和检验之外，还需从双重检验的角度出发，由国家批准注册的第三方检验检测机构（以下简称检验机构）进行合规性检验。

[①] 日本国际认可（International Accreditation Japan，IA Japan）作为一个政府机构，按照国际标准认可测试实验室、校准机构、产品认证机构、标准物质生产者，保证测试和校准数据的可靠性以及产品质量。

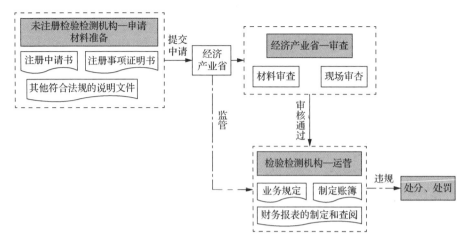

图 3-5　日本电气用品检验检测机构注册流程图

第二部分：市场准入。

（1）注册标准

根据第 29 条第 1 项的规定申请注册的检验机构，只要符合以下所有条件，经济产业大臣必须为其进行登记。在这种情况下，与登记相关的必要手续由经济产业省令规定。

① 作为注册时须具备的主要条件，检验机构须符合 ISO/IEC 规定的产品认证机构相关国际标准。此处的国际标准是指 ISO/IEC 17065 标准，对检验机构进行注册审查时需要确认其是否符合该标准。但由于电安法是日本法律，因此不直接引用国际标准，而是引用国际通用规格 JIS Q17065。

② 依据电安法第 9 条第 1 项的规定，制造或进口特定电气用品的生产商（以下简称被检单位）生产的产品必须接受合规性检验。以下情况中受控于被检单位的检验机构不能申请注册。

（a）申请注册的检验机构为股份公司，其母公司为被检单位；

（b）被检单位的高级职员或普通职员（包括在过去两年内曾是该被检单位的高级职员或普通职员之人）在申请注册的检验机构的高级职员（如果是持股公司，则指执行业务的职员）中所占的比例超过二分之一；

（c）申请注册的检验机构（如果是法人，则指具有代表权的高级职员）为被检单位的高级职员或普通职员（包括在过去两年内曾是该被检单位的高级职员或普通职员之人）。

此外，有下列情形之一的，不予登记。

（a）违反电安法或按照电安法作出之处分，并受到罚款以上的处罚，自执行完毕或停止执行之日起未满 2 年者；

（b）依电安法被撤销注册，自撤销之日起未满 2 年者；

（c）执行业务的任何高级职员（检验机构为法人）符合前两项中的任意一种情况者。

（2）注册所需文件

注册时，除不属于取消资格情况并符合注册标准外，还必须完善并维护法律规定的文件和账簿等。

（3）业务规定

业务规定是指规定注册检验机构业务内容的文件，如合规性检验的实施方法和费用计算方法等，检验机构应在业务开始之日（业务规定发生变化的，自其实施之日）提前 2 周申报。

注册检验机构应根据电安法第 33 条的规定，以经济产业省令规定的方法公平地进行合规性检验。电安法第 9 条第 1 项规定了两种检验：①1 号检验，是指检验"特定电气用品本身"；②2 号检验，是指注册检验机构对单位提交之样品是否符合电安法第 8 条第 1 项规定的技术标准，以及对申报单位的工厂或营业场所的检验设备的持有情况和管理妥当性进行评估，并颁发合规证书。当选择 2 号检验时，如果属于同一类型的检验，则在政令规定的期限内免除合规性检验。因此，有必要评估申报单位是否适当履行电安法第 8 条规定的技术标准的义务，检查人员应检验检测机构是否有能力检验特定电气用品。

另外，在制定业务规定时，应注意下列事项。

① 除根据电安法的规定进行合规性检验外，即使在从事其他业务等情况下，也应单独制定业务规定，而且业务规定被定位为质量手册和其他质量文件的高级文件。

② 内容方面应具体阐述原因、对象、地点、时间、人员、方法（5W1H）等内容，并在详细实施程序中明确说明由谁负责采取什么行动。另外，也可以引用内部通用的质量手册等内部文件。

③ 由于该文件是国内法规定的申报文件，因此必须用日文编写。另外，虽然引用的内部文件可以是外文的，但体制方面应确保在现场检查和会同检验等情况下，可以马上用日语解释。

④ 应说明的事项有 11 项，除有特殊原因外，最好按下列说明顺序编制。（a）进行合规性检验工作的时间及假期的相关事宜；（b）进行合规性检验工作的地点的相关事宜；（c）安排检验员的相关事宜；（d）合规性检验的费用计算的相关事宜；（e）颁发合规性检验证书的相关事宜；（f）检验员任免的相关事宜；（g）保存合规性检验申请书的相关事宜；（h）合规性检验方法的相关事宜；（i）将合规性检验的一部分或全部委托给其他单位的，该单位的名称和地点以及委托的合规性检验的内容；（j）根据经济产业大臣在国际协定等公告中的规定，在充分利用其他单位

的检查结果时,要按照相关要求注明其单位名称;(k)除前述所列事项外,与合规性检验工作有关的必要事宜①。

(4) 财务报表的制定和查阅

注册检验机构应将财务报表等(财产清单、资产负债表和利润表或收支表、业务报告)存放在其办事处五年,并在被检单位或任何其他利害关系人提出要求时,在营业时间内随时向公众开放(电安法第37条、实施规则第26条第2项)。

此外,如果被检单位并非查阅财务报表,而是要求注册检验机构出具书面形式的财务报表等资料时,注册检验机构会因出具书面文件而产生费用,因此,注册检验机构应确定费用金额,被检单位应支付该费用(电安法第37条第2项)。

(5) 账簿的记载内容

注册检验机构应当按照法律法规的要求,制定合规性检验申请的受理和测试结果等账簿,并记录检查结果(电安法第42条第1项、实施规则第27条)。具体包括:①合规性检验申请人的姓名或名称和地址,如属法人,则为其代表的姓名;②收到合规性检验申请的日期;③与合规性检验申请有关的品种,以及电安法第3条第2项的经济产业省令规定的与这些品种有关的型号类别;④已进行合规性检验的特定电气用品的名称、结构、材料及性能概要;⑤进行合规性检验的日期;⑥进行合规性检验的检验员姓名;⑦合规性检验的概要和结果。

当以电磁方式进行记录时,应妥善保管记录,以便必要时可以在其他终端显示。此外,还必须努力确保达到经济产业大臣规定的标准。

第三部分:注册申请。

(1) 注意事项

有意成为注册检验机构的人,应就每个特定电气用品类别提出注册申请。另外,有意成为外国注册检验机构的人,应了解法律规定的制度,若使用在日本流通的CB证书,原则上接受CB证书的日期应为进行合规性检验的日期。由于需要对电气用品进行合规性检验,因此需要适当的日语能力,另外现场调查等也是用日语进

---

① 需要注意的是,(b)项规定的"进行合规性检验工作的地点"是指进行合规性检验工作的营业场所等。(c)项规定的"安排检验员"是指应记录合规性检验员的安排情况,包括从受理申请到颁发证书的一系列相关人员在内。此外,如果在业务规定正文中详细记载个人姓名,则需要根据人员变动申报修改业务规定;(i)项中若未委托给其他单位,则应注明"未委托"。(j)项是指CB证书。若要记载在业务规定中,根据2001年经济产业省第727号公告的规定,必须注明正式名称。另外,即使在使用CB证书的情况下,合规性检验的最终责任也应由注册检验机构承担。因此,应审查CB证书的内容及其在国家之间的差异,并在必要时对CB证书进行适当的验证,如进行额外测试,并说明相关情况。(k)项的"与合规性检验工作有关的必要事宜"是指应说明注册检验机构根据电安法和相关法律法规的要求适当履行服务所必需的事宜。

行的,因此需要确保有翻译人员。

需要注意的是,注册检验机构在被要求进行合规性检验时,必须及时进行合规性检验,必须确保可以对属于注册特定电气用品类别的所有特定电气用品进行合规性检验。

(2)申请材料准备

除注册申请书外,注册检验机构还应准备下列文件。

① 注册事项证明书或等同文件。

② 申请人不属于电安法第 30 条各项规定情形的书面说明文件[①]。

③ 申请人符合电安法第 31 条第 1 项规定的说明文件[②]。

(3)申请时间

申请时间为 6 个月左右,需要经过文件审查、现场调查、纠正措施、在政府公报上发布程序和申报业务规定等程序。

第四部分:现场检查。

为确认申请注册的检验机构是否符合注册标准,现场检查等应在业务规定中要求的进行合规性检验的所有营业场所进行。此外,必要时还可在委托部分业务的其他营业场所进行评估活动。

在现场检查方面,审查文件和其他文件、进入申请人的营业场所和测试区域等、查阅记录、通过与合规性检验员的面谈等确认工作人员的能力、确认检验所需设备的持有和管理情况,以及观察合规性检验(包括现场测试的观察)等规定,因此注册检验机构应根据进行合规性检验工作的规定,让日本经济产业省或独立行政法人产品评估技术基础机构的工作人员进入主要活动现场,并接受其确认。

第五部分:费用和注册许可税。

在日本,政府不得向检验机构索取与注册有关的差旅费等费用。但是,根据注册许可税法的规定,对检验机构的注册可征收下列税款,检验机构必须在注册之日起 2 周内缴纳。

① 检验机构新注册时:9 万日元。

② 检验机构新增注册类别且注册续期时:15000 日元。

③ 注册续期时(不包括上述情况):不征税。

此外,在因注册期间内营业场所搬迁等导致需要检查现场等情况下,经济产业省或独立行政法人产品评估技术基础机构的工作人员对营业场所等进行现场检查时,前往与现场检查有关的营业场所等所需的差旅费由注册检验机构承担(电安法第 42 条第 4 项)。

---

① 该书面文件应制定宣誓书。
② 该文件除制定宣誓书外,还应附上业务规定、质量手册和相关质量文件。

第六部分：注册续期和变更申报。

（1）注册续期

注册有效期规定为 3 年。注册续期的程序与"注册申请"相同，续期申请也应在有效期前 6 个月提出。

（2）营业场所的变更

打算更改已注册人的地址和进行合规性检验的营业场所时[①]，应在打算更改之日前至少 2 周向经济产业大臣提交申报书（电安法第 34 条）。

（3）暂停或取消业务

在暂停或取消合规性检验业务时，应事先以申报书的形式向经济产业大臣申报（电安法第 36 条）。

根据电安法第 33 条第 1 项的规定，暂停或取消业务可被视为不进行合规性检验的正当理由。

第七部分：处分。

（1）日本国内检验机构

日本国内检验机构有下列情形之一的，国家可以撤销其注册或者责令其限期暂停全部或者部分合规性检验业务（电安法第 41 条）。

① 因违反电安法或根据电安法做出的处分而被处以罚款或更高处罚的。

② 违反合规检验义务（电安法第 33 条）、申报变更营业场所（电安法第 34 条）、申报业务规定（电安法第 35 条第 1 项）、申报暂停或终止（电安法第 36 条）、编制财务报表等（电安法第 37 条第 1 项）或账簿记录（电安法第 42 条）等规定的。

③ 无正当理由拒绝利害关系人对财务报表等请求的（电安法第 37 条第 2 项）。

④ 违反合规命令（电安法第 40 条）、改进命令（电安法第 40 条第 2 项）的。

⑤ 以不正当手段获得注册批准（电安法第 9 条的 1 款）的。

（2）外国检验机构

日本对外国注册检验机构采取与国内注册检验机构相同的处分，且对外国检验机构的要求比对日本国内检验机构的要求更严格。涉及处分的情形如下。

① 因违反电安法或根据电安法做出的处分而被处以罚款或更高处罚的。

② 违反合规检验义务（电安法第 33 条）、申报变更营业场所（电安法第 34 条）、申报业务规定（电安法第 35 条第 1 项）、申报暂停或终止（电安法第 36 条）、编制财务报表等（电安法第 37 条第 1 项）或账簿记录（电安法第 42 条）等规定的。

③ 无正当理由拒绝利害关系人对财务报表等请求的（电安法第 37 条第 2 项）。

④ 违反合规命令（电安法第 40 条）、改进命令（电安法第 40 条第 2 项）的。

---

① 营业场所的变更，包括由于行政区划调整合并、建筑物名称变更等原因，仅变更地址记载，不涉及搬迁的情形。

⑤ 以不正当手段获得注册批准（电安法第 9 条的 1 款）的。
⑥ 在国家认为属于①~⑤的情形，限期责令暂停全部或部分合规性检验业务的情况下，但未对此要求作出响应的。
⑦ 国家认为有必要并要求提交有关业务的报告，但未提交报告或提交虚假报告的。
⑧ 当国家认为有必要，有意在外国检验机构的办事处或营业场所对其业务状况或账簿、文件或任何其他物品进行检验或询问时，外国检验机构拒绝、阻碍或逃避检验，或无正当理由未对询问作出陈述或作出虚假陈述的。
⑨ 不承担第⑧项所列会同检验费用的。

第八部分：处罚。
日本国内检验机构违反下列规定的，应当受到处罚。
① 违反停业令者，将被处以 1 年以下有期徒刑或 100 万日元以下罚金，或两者兼而有之。
② 符合下列任何一种情况之人，将被处以 30 万日元以下的罚款。
（a）未申报暂停或取消营业或做虚假申报者；
（b）未在账簿上说明规定事项，或在账簿上做虚假说明，或未保存账簿者；
（c）不作报告或虚报者；
（d）拒绝、阻碍或逃避会同检验，或无正当理由对疑问不作陈述或作出虚假陈述者；
③ 法人等有下列各项之违法行为者，除处罚行为人外，还应对法人处以对应各项规定之罚金，并处以本条规定之罚金。
（a）在上述①的情况下，应处以 1 亿日元以下的罚款。
（b）在上述②的情况下，应处以每项规定对应的罚款。
④ 未编制财务报表等，未载明财务报表等应载明事项或虚报财务报表等，或无正当理由拒绝财务报表等请求者，处以 20 万日元以下的过失罚款。

3.2 我国检验检测管理机制现状

我国对检验检测行业实行市场准入制度。根据《检验检测机构资质认定管理办法》，由市场监管总局统一管理、监督和综合协调检验检测机构的资质认定工作。按照"统一管理，共同实施"原则，我国建立了以市场监管总局作为主管部门，相关部委和单位组成的部际联席会议作为议事协调机构，全国各地认证监管部门作为执法监督主体，认证认可检验检测机构作为实施主体的组织机构体系。

3.2.1 检验检测行业管理体制

在国家层面,我国检验检测行业由市场监管总局统一管理。2018年3月,中共中央印发《深化党和国家机构改革方案》,组建国家市场监督管理总局,国家认证认可监督管理委员会职责划入市场监管总局,对外保留牌子,其相关业务职能由认证监督管理司和认可与检验检测监督管理司承担。

我国建立了"法律规范、行政监管、认可约束、行业自律、社会监督"五位一体的监管体系,对认证机构、认可机构、检验检测机构实行准入管理和事中、事后监管。我国检验检测机构与实验室对外出具检测报告时必须先通过检验检测机构资质认定(获得 CMA 资质)。在此基础上,由于服务对象的不同,存在着中国合格评定国家认可委员会(China National Accreditation Service for Conformity Assessment,CNAS)实验室认可体系、国防科技工业实验室认可体系和军用实验室认可体系,它们各自拥有独立的规章制度,如图 3-6 所示。

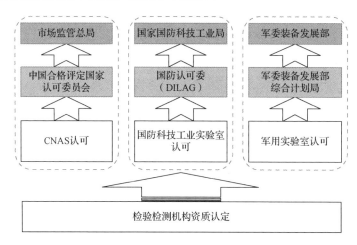

图 3-6　我国检验检测行业管理架构

1. 通用要求:CMA 资质认定

CMA 资质认定,是指市场监督管理部门依照法律、行政法规规定,对向社会出具具有证明作用的数据、结果的检验检测机构的基本条件和技术能力是否符合法定要求实施的评价许可,如图 3-7 所示。检验检测机构依法设立的从事检验检测活动的分支机构,应当依法取得资质认定后,方可从事相关检验检测活动。检验检测机构不符合资质认定条件和要求的,不得向社会出具具有证明作用的检验检测数据和结果。

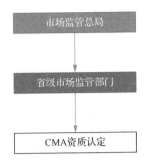

图 3-7　我国检验检测行业通用管理架构

（1）主管单位

市场监管总局主管全国检验检测机构资质认定工作，并负责检验检测机构资质认定的统一管理、组织实施、综合协调工作。

（2）认可机构

市场监管总局或者省级市场监管部门都可以受理检验检测机构资质认定工作。2015 年 8 月，按照国务院减少和下放行政许可项目的部署，质检总局将原有产品质量检验机构计量认证、资格认定、实验室和检查机构认定三项许可合并为检验检测机构资质认定，该认定是根据《中华人民共和国计量法》《检验检测机构资质认定管理办法》等的规定，由省级以上（含省级）市场监管部门对检验检测机构的检测能力及可靠性进行的一种全面的认证及评价。

根据相关规定，只有取得资质认定合格证书的检验检测机构，才能从事检验检测工作，并被允许在其检验报告上使用 CMA 标志，如图 3-8 所示。有 CMA 标志的检验报告可用于产品质量评价、成果及司法鉴定，具有法律效力。

检验检测机构资质认定证书内容包括：发证机关、获证机构名称和地址、检验检测能力范围、有效期限、证书编号、资质认定标志。检验检测机构资质认定标志，由 China Inspection Body and Laboratory Mandatory Approval 的英文缩写 CMA 形成的图案和资质认定证书编号组成。

图 3-8　CMA 标志

2019 年，市场监管总局发布了《关于进一步推进检验检测机构资质认定改革工作的意见》，进一步贯彻"放管服"改革要求，落实"证照分离"工作部署，提出了推动实施依法界定检验检测机构资质认定范围，试点告知承诺制度，优化准入服务，便利机构取证，整合检验检测机构资质认定证书等改革措施。2020 年开始推行远程评审等应急措施，2021 年在全国范围内推行检验检测机构资质认定告知承诺制度，全面推行检验检测机构资质认定网上审批制度。

2. CNAS 实验室管理体系

CNAS 认可是指由中国合格评定国家认可委员会对检测/校准实验室和检验机构有能力完成特定任务作出正式承认的程序，是对检测/校准实验室进行类似于应用在生产和服务的 ISO 9001 认证的一种评审，但要求更为严格。

（1）主管单位

主管单位国家市场监管总局。

（2）认可机构

实验室认可是指实验室认可机构对实验室有能力进行规定类型的检测和（或）校准所给予的一种正式承认。在我国，中国合格评定国家认可委员会（CNAS）是根据《中华人民共和国认证认可条例》的规定，依法经市场监管总局确定，从事认证机构、实验室、检验机构、审定与核查机构等合格评定机构认可评价活动的权威机构。

CNAS 认可用于向社会各界证明获准认可的实验室的体系和技术能力满足实验室用户的需要，被认可的实验室可以使用 CNAS 认可标志（见图 3-9）；并且通过 CNAS 的国际互认协议，被认可的实验室可以使用 ILAC 国际互认联合标志（见图 3-10），从而达到相互承认，减少重复检验。

图 3-9　CNAS 认可标志　　　　　图 3-10　ILAC 国际互认联合标志

值得注意的是，CNAS 认可是自愿性质的。

CMA 资质认定与 CNAS 认可的比较如表 3-7 所示。

表 3-7　CMA 资质认定与 CNAS 认可的比较

项目	CMA 资质认定	CNAS 认可
目的	管理水平和技术能力评定	管理水平和技术能力评定
依据	《中华人民共和国计量法》第二十二条	GB/T 27025—2008（等同采用 ISO/IEC 17025：2017）

续表

项目	CMA 资质认定	CNAS 认可
评审依据	《检验检测机构资质认定评审准则》	CNAS/CL01：2018《检测和校准实验室能力认可准则》（等同采用 ISO/IEC 17025：2017）
性质	强制	自愿
评审对象	向社会出具具有证明作用的数据、结果的检验检测机构	社会各界第一、二、三方检测/校准实验室
类型	国家级和省级两级认定	国家实验室认可
实施机构	国家级和省级市场监管部门	中国合格评定国家认可委员会（CNAS）
考核内容	《检验检测机构资质认定评审准则》内容	公正性和技术能力，CNAS/CL01：2018《检测和校准实验室能力认可准则》（等同采用 ISO/IEC 17025：2017）内容
考核结果	发证书，使用 CMA 标志	发证书，使用 CNAS 标志
使用范围及特点	在通过认定的范围内，可提供公正数据，国内通用	国际通常做法，CNAS 已与亚太认可合作组织和国际实验室认可合作组织签订了互认协议（APLAC-MRA），但不能取代审查认可和资质认定

3. 国防科技工业实验室管理体系

国防科技工业实验室主要指国防科技工业实验室的认可工作是根据《中华人民共和国认证认可条例》的有关规定，为实现"军民结合、寓军于民"的方针，与国家实验室认可工作相结合而产生的一项认可制度，是国家实验室认可工作的重要组成部分，其目的是促进国防科技工业实验室为国民经济服务，同时吸收先进的民用实验室参与国防建设。

（1）主管单位

国防科技工业实验室认可由国家国防科技工业局（简称国家国防科工局）主管。国家国防科工局作为主管国防科技工业的行政管理机关，其主要职责是为国防和军队建设服务、为国民经济发展服务、为涉军企事业单位服务，如图 3-11 所示。同时，国家国防科工局还负责组织协调政府和国际组织间原子能和航天活动方面的交流与合作。国家国防科工局具体负责组织管理国防科技工业计划、政策、标准及法规的制定与执行情况监督。国防科技工业主要涵盖核、航天、航空、兵器、船舶、电子六大行业。

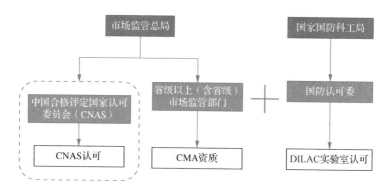

图 3-11 国防科技工业实验室管理架构

(2) 认可机构

科技工业检验检测机构的认可工作由国防科技工业实验室认可委员会（以下简称国防认可委）实施。国防认可委（Defense Science and Technology Industry Accreditation Committee，DILAC）是根据《中华人民共和国认证认可条例》第七十五条的规定，经国防科工委批准设立并授权的认可机构，统一负责承担国防科技工业检测和校准任务的检测和校准实验室认可的相关工作。国防认可委接受国防科工委的领导和监督。

国防认可委于 2004 年 4 月正式成立，下设评定委员会、申诉委员会和秘书处，并成立认可委员会专家组，国防认可委（DILAC）实验室认可依据该委员会 DILAC/AC01：2005《检测实验室和校准实验室能力认可准则》，在涵盖国家标准的基础上，突出国防科技工业对检测和校准实验室的特殊要求。DILAC 认可标志如图 3-12 所示。

图 3-12 DILAC 认可标志

(3) 国防实验室体系

按照检测目的不同，科技工业检测包括质量检测、技术安全与环境检测等，以环境与可靠性检测为核心。我国从 20 世纪 50 年代开始环境试验技术研究工作，在人工模拟试验技术方面，已形成了一批应用于机械产品、电工电子产品、高分子材料、金属材料等领域的试验方法、试验规程和标准。但早期，试验技术研究处于积累基础数据阶段，应用研究水平较为落后，研究领域狭窄，缺乏面向产业应用的综合性科研机构，针对我国特殊环境条件的配套标准较少，试验技术研究与相关设备研制均较为落后。近年来，在产业链下游高速发展、技术进步升级及政策利好等因素的驱动下，我国环境与可靠性试验技术得到了快速发展，已建立起多层次的检验检测机构,这些检验检测机构按照经营性质大致可分为三类,如图 3-13 所示。

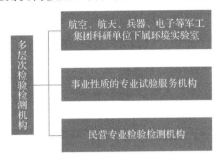

图 3-13　我国科技工业检验检测领域机构分类

① 航空、航天、兵器、电子等军工集团科研单位下属环境实验室。这类实验室主要承载国家重点科研项目的试验任务,经过积累已形成一定规模,同时依托自有的设备资源承揽外单位的试验项目。目前,军工科研单位是科技工业检测行业的主力(约占 40%),主要分布在北京、天津、成都、西安、上海等地。军工科研单位是在计划经济体制下形成的科研体制,以承担国家军工指令性计划的研制任务为主。军工科研单位大多成立较早,在技术层面各有所长,为满足集团公司的检测需求而有针对性地成立。由于其技术背景具有专一性,因此往往以集团公司内部的检测业务为重心,同时随着自身的发展壮大开始逐步进行对外检测业务。

② 事业性质的专业试验服务机构。此类机构包括各地区的计量院、电子检测中心、进出口商品检测中心等,属于由国家成立的事业单位,数量众多、规模较大。这些专业机构都设有对外服务的环境与可靠性试验室。在这类机构中,有些机构规模非常大,如赛宝实验室可靠性与环境工程中心。事业性质的专业试验服务机构分布较为分散。

③ 民营专业检验检测机构。近年来,民营专业检验检测机构快速发展,它们重视高技术、高产品的研发和引进,已经在市场上占有一席之地,打破了国有单位的垄断局面,如已经具备国家与军队双重认可资质的苏试试验。

总的来说,科研单位在核心技术领域更为专注,企事业单位则更注重技术的广阔用途。典型科技工业检测科研单位如表 3-8 所示。

表 3-8　典型科技工业检测科研单位

应用大类	细分领域	单位名称	特有技术
空军装备	航空	中国航空综合技术研究所	航空环境与可靠性试验技术
	航天	北京强度环境研究所	运载火箭、卫星及其地面设备的强度、环境与可靠性研究
		北京东方计量测试研究所	卫星导航产品检测

续表

应用大类	细分领域	单位名称	特有技术
海军装备	船舶	上海船舶设备研究所	船用辅助机电设备环境试验检测技术
		扬州船用电子仪器研究所	海军电子装备可靠性鉴定试验、电磁兼容测试
通用装备	通用	中国船舶重工集团公司第七一八研究所（邯郸净化设备研究所）	机械、温湿度环境应力试验
		武汉船舶通信研究所	复杂电子产品、机电产品检测
		航天科工防御技术研究试验中心	元器件可靠性筛选试验，理化分析及无损检测

4. 军用实验室管理体系

军用实验室主要指军用校准和测试实验室，其认可对象是对军队测试实验室和校准实验室及承担军事装备测试和校准任务的相关实验室的统称，它是确保武器装备和其他军事装备性能符合要求的重要技术支持和保障。

（1）主管单位

军用校准和测试实验室认可由军委装备发展部（原总装备部）主管。军委装备发展部组建于 2016 年 1 月，是中央军委 15 个职能部门之一，主要履行全军装备发展规划计划、研发试验鉴定、采购管理、信息系统建设等职能，着力构建由军委装备部门集中统管、军种具体建管、战区联合运用的体制架构，如图 3-14 所示。

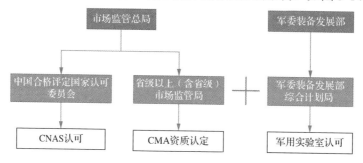

图 3-14　军用实验室管理架构

（2）认可机构

军用实验室认可是由军委装备发展部组织开展的资质认可工作。军用实验室认可于 2018 年首次对民用开放申请，军用实验室认可证书如图 3-15 所示。

图 3-15 军用实验室认可证书

3.2.2 检验检测行业市场准入机制

在我国，国家层面有《检验检测机构监督管理办法》，对检测检验机构开展业务活动时应当遵守的行为规范和不得存在的行为做出了规定。

1. 通用要求：CMA 资质认定

2015 年《检验检测机构资质认定管理办法》开始施行，2021 年 4 月进行了修改。该管理办法对检验检测机构范畴、资质认定范围、资质认定条件和程序、技术评审管理和检验检测机构从业规范做出了规定，并提出了相应的监督管理方法和对应的法律责任。

2015 年，国家认监委还出台了《关于实施〈检验检测机构资质认定管理办法〉的若干意见》，进一步明确了检验检测机构资质认定实施范围、检验检测机构主体准入条件、检验检测机构资质认定的技术评审、检验检测人员的有关要求和检验检测报告或者证书的责任，对调整有关检验检测机构资质、资格许可权限和检验检测机构资质认定分级实施、检验检测机构资质认定分类监督管理进行了说明。此外，国家认监委还出台了《关于实施〈检验检测机构资质认定配套工作程序和技术要求〉的通知》《检验检测机构资质认定评审准则》《关于进一步明确检验检测机构资质认定工作有关问题的通知》等规章制度，对检验检测机构资质认定工作做出了详细规定。

CMA 资质认定的审核依据由 RB/T 214—2017《检验检测机构资质认定能力评价 检验检测机构通用要求》及特定领域的要求组成。2018 年，国家认监委发布《关于检验检测机构资质认定工作采用相关认证认可行业标准的通知》，要求从 2018 年 6 月 1 日起启用 RB/T 214—2017《检验检测机构资质认定能力评价 检验检测机构通用要求》，替代 2016 年 5 月 31 日国家认监委印发的《国家认监委关于印发〈检验检测机构资质认定评审准则〉及释义》。

RB/T 214—2017《检验检测机构资质认定能力评价 检验检测机构通用要求》规定了对检验检测机构进行资质认定能力评价时，在机构、人员、场所环境、设备设施、管理体系等方面的通用要求,该要求适用于向社会出具具有证明作用的数据、结果的检验检测机构的资质认定能力评价,也适用于检验检测机构的自我评价。

2. CNAS 实验室认可要求

CNAS 对检验检测机构的认可规范文件共有 41 项,其中通用规范 3 项,专用认可规范 4 项,基本认可准则 1 项,认可应用准则 21 项,认可指南 12 项。CNAS 对实验室认可规范文件共有 120 项,其中实验室通用认可规则 3 项,专用认可规则 10 项,基本认可准则 9 项,认可应用准则 43 项,认可指南 50 项,认可方案 5 项。

其中,CNAS-CL01:2018《检测和校准实验室能力认可准则》是 CNAS 对检测和校准实验室能力进行认可的基础。该准则等同采用 ISO/IEC 17025:2017《检测和校准实验室能力的通用要求》。准则包含了实验室能够证明其运作力和出具有效结果的要求,规定了实验室的公正性、保密性等通用要求,对人员、设施和环境条件、设备、计量溯源性等实验室资源也作出了规定,并对实验室开展检测活动的过程要求和管理要求作出了要求。

总体而言,在条款内容上,CNAS-CL01:2018 与 RB/T 214—2017 的主体各条款要求基本一致,主要包括:定义、组织和管理、质量体系、审核和评审、人员、设施和环境、设备和标准物质、量值溯源和校准、校准和检测方法、样品管理、记录、证书和报告、校准或检测的分包、外部协助和供给、投诉等内容。它们的核心内容为设备和标准物质、量值溯源和校准、校准和检测方法、样品管理,这些内容的重点是评价实验室校准或检测能力是否达到预期要求。不同的是两个标准在一些细节上的侧重点有所不同,RB/T 214—2017 是从我国检验检测机构的角度出发,更注重符合国内规范要求,而 CNAS-CL 01:2018 更注重与国际接轨,各条款的要求更加具体和详细。RB/T 214—2017 与 CNAS-CL 01:2018 的比较如表 3-9 所示。

表 3-9　RB/T 214—2017 与 CNAS-CL 01:2018 的比较

RB/T 214—2017	CNAS-CL 01:2018
引言	前言
1 范围	1 范围
2 规范性引用文件	2 规范化引用文件
3 术语和定义	3 术语和定义
4 要求	4 通用要求
4.1.4	4.1 公正性
4.1.5	4.2 保密性
4.1 机构	5 结构要求
	6 资源要求

续表

RB/T 214—2017	CNAS-CL 01：2018
4.1.2	6.1 总则
4.2 人员	6.2 人员
4.3 场所环境 4.4 设备设施	6.3 设施和环境条件
4.4 设备设施	6.4 设备
4.4.3 设备管理 4.4.6 标准物质	6.5 计量溯源性
4.5.5 分包 4.5.6 采购	6.6 外部提供的产品和服务
	7 过程要求
4.5.4 合同评审	7.1 要求、标书和合同评审
4.5.14 方法的选择、验证和确认	7.2 方法的选择、验证和确认
4.5.17 抽样	7.3 抽样
4.5.18 样品处置	7.4 检测或校准物品的处置
4.5.11 记录控制	7.5 技术记录
4.5.15 测量不确定度	7.6 测量不确定度的评定
4.5.19 结果有效性	7.7 确保结果有效性
4.5.20 结果报告 4.5.21 结果说明 4.5.22 抽样结果 4.5.23 意见和解释 4.5.24 分包结果 4.5.25 结果传送和格式 4.5.26 修改	7.8 报告结果
4.5.8 投诉	7.9 投诉
4.5.9 不符合工作控制	7.10 不符合工作
4.5.16 数据信息管理	7.11 数据控制和信息管理
4.5 管理体系	8 管理体系要求
	8.1 方式
4.5.1 总则 4.5.2 方针目标	8.2 管理体系文件（方式 A）
4.5.3 文件控制	8.3 管理体系文件的控制（方式 A）

续表

RB/T 214—2017	CNAS-CL 01：2018
4.5.11 记录控制 4.5.27 记录和保存	8.4 记录控制（方式 A）
4.5.10 纠正措施、应对风险和机遇的措施和改进	8.5 应对风险和机遇的措施（方式 A）
4.5.7 服务客户 4.5.10 纠正措施、应对风险和机遇的措施和改进	8.6 改进（方式 A）
4.5.10 纠正措施、应对风险和机遇的措施和改进	8.7 纠正措施（方式 A）
4.5.12 内部审核	8.8 内部审核（方式 A）
4.5.13 管理评审	8.9 管理评审（方式 A）

在通用要求方面，CNAS-CL 01：2018 中的通用要求包括公正性（4.1）和保密性（4.2）的要求，在 RB/T 214—2007 的 4.1 机构中有相关的条款。从保密性条款的比较来看：CNAS-CL 01：2018 要求实验室做出具有法律效力的承诺，RB/T 214—2017 未做要求；RB/T 214—2017 要求建立保护客户秘密和所有权的程序，CNAS-CL 01：2018 未做规定；CNAS-CL 01：2018 将全部客户信息（包括外部渠道获得的客户信息）设为保密对象，并对客户信息公开的条件做了明确规定，RB/T 214—2017 中规定的保密信息限于国家秘密、商业秘密和技术秘密。

在结构要求方面，RB/T 214—2017 的 4.1.3 中对机构和人员做了遵纪守法和履行社会责任的要求，CNAS-CL 01：2018 没有相关要求。CNAS-CL 01：2018 对实验室活动范围进行了规定，并要求制定成文件，RB/T 214—2017 中无相关规定。CNAS-CL 01：2018 要求实验室规定对实验室活动结果有影响的所有管理、操作或验证人员的职责、权限和相关关系，并对人员的职责进行了概括，RB/T 214—2017 中无相关规定。

在资源要求方面，RB/T 214—2017 对人员培训、任职资格都做出了详细规定，CNAS-CL 01：2018 中无相关规定。在设备方面的总体要求基本一致，但在一些细节要求上各有侧重，例如，RB/T 214—2017 对租用设备开展检验检测活动进行了详细规定。RB/T 214—2017 强调检验检测机构不得将法律法规、技术标准等文件禁止分包的项目实施分包，CNAS-CL 01：2018 未做规定。

在过程要求方面，CNAS-CL 01：2018 的过程要求逻辑性更强，从合同评审、方法的选择和实施、检测物品的传递和处置、报告结果，以及检验检测过程中所涉及的不符合工作、投诉、测量不确定度等都进行了详细规定；而 RB/T 214—2017 是基于质量体系对检验检测过程的控制将过程要求分列在了 4.5 管理体系条款下。虽然整体要求基本一致，但侧重点有所不同。

在管理体系方面，在结构分配上，CNAS-CL 01：2018 仅包含 8 项内容，而 RB/T 214—2017 则在 4.5 管理体系条款下列出了 27 条规定，其中包含了 CNAS-CL

01：2018 中的过程要求。CNAS-CL 01：2018 对文件控制有 7 条要求，对纠正措施和改进有详细要求，而 RB/T 214—2017 仅做原则要求。RB/T 214—2017 要求内审由质量负责人策划，CNAS-CL 01：2018 未做此要求。

3. DILAC 实验室认可要求

DILAC 实验室认可的依据是 DILAC/AC 01：2018《检测实验室和校准实验室能力认可准则》，用"A+B"的模式，等同采用 ISO/IEC 17025：2017。其中，A 部分是 ISO/IEC 17025：2017 的全部要求，B 部分是国防科技工业对检测实验室和校准实验室能力的特殊要求。同时，准则包含了检测实验室和校准实验室按管理体系运行、具有技术能力并能提供正确的技术结果所必须满足的基本要求。准则还包含了 ISO 9001 中与实验室管理体系所覆盖的检测和校准服务有关的所有要求。因此，符合该准则的检测实验室和校准实验室，也是依据 ISO 9001 原则运作的。值得注意的是，实验室管理体系符合 ISO 9001 的要求，并不能证明实验室具有出具技术上有效数据和结果的能力。此外，为支持特定领域的认可活动，DILAC 还根据不同领域的专业特点，制定或使用相关领域的应用说明，对准则的要求进行必要的补充说明和解释。

实际上，准则在条款上与 CNAS-CL 01：2018《检测和校准实验室能力认可准则》完全一致。但在部分条款中增加了一些内容，主要包括实验室应采用相关保密措施，遵守军方有关规定，建立起不同的质量检测、运行、管理体系架构。

DILAC/AC 01：2018 与 CNAS-CL 01：2018 的比较如表 3-10 所示。

表 3-10　DILAC/AC 01：2018 与 CNAS-CL 01：2018 的比较

CNAS-CL 01：2018	DILAC/AC 01：2018
4.2 保密性	强调要遵守军方有关规定
5 结构要求	提出实验室作为实体，申请认可时需提供相关证明文件，并建立管理机制
6.2 人员	对监督、检测及管理人员资质提出要求
6.4 设备	要求编制设备清单
6.6 外部提供的产品和服务	对供应商资质提出要求
7.1 要求、标书和合同评审	详细规定"要求"内涵
7.2 方法的选择、验证和确认	对标准和标准物质提出要求
7.4 检测或校准物品的处置	强调要遵守军方有关规定
7.5 技术记录	强调要遵守军方有关规定
7.6 测量不确定度的评定	提出可参考 GJB 3756
7.8 报告结果	是否列入保密信息遵守客户要求

续表

CNAS-CL 01：2018	DILAC/AC 01：2018
7.9 投诉	涉及质量问题应立即调查纠正
7.11 数据控制和信息管理	实施保密措施
8.2 管理体系文件（方式 A）	提出实验室目标应可量化，规定了管理文件形式
8.3 管理体系文件的控制（方式 A）	对文件进行保密处理
8.6 改进（方式 A）	提出要进行承诺

4. 军用实验室认可要求

军用实验室认可的依据标准是 GJB 2725A《军用校准和测试实验室认可通用要求》。该标准由原总装备部组织起草、制定并批准发布，专为军用测试实验室和校准实验室的管理和建设提供依据，也是军事装备认可机构实施实验室认可的依据。其内容共包括五个部分，重点明确了申请认可实验室的基本条件、管理要求和技术要求。

现行的 GJB 2725A—2001《测试实验室和校准实验室通用要求》也是采用"A+B"的模式，等同采用 ISO/IEC 17025 标准，但对应的版本为 1999 版《测试和校准实验能力的通用要求》。GJB 2725A—2001 包含 ISO/IEC 17025—1999 的全部要求，增加了适合军用实验室的特殊要求（B 部分）。同时，该要求也涵盖了 GJB 9001A—2001《质量管理体系要求》中涉及测试、校准或检定有关质量管理体系的要求。

总体而言，军用实验室所从事的检测或校准产品须为军委装备发展部许可的产品，须通过保密资质认证；申请认可的检测方法必须是军标，并经过查新确认为最新标准；需得到军委装备发展部授权许可，对实验室相关的人员进行备案登记和查验符合；实验室的能力验证需要采用军用实验室认可或指定的验证方法实施；设施、样品、人员、信息、报告须保证采取适当的保密措施和可追溯性。

5. 其他准入资质要求

（1）装备承制单位资格审查

根据《中华人民共和国政府采购法》和《军队装备条例》《中国人民解放军装备承制单位资格审查管理规定》等的规定，我国军队实施装备承制单位资格审查制度，实行《装备承制单位名录》管理。军队作为"采购方"，对武器装备"供应商"实施资格审查，对通过资格审查的颁发装备承制单位注册证书，并编入《装备承制单位名录》。

2017 年，中央军委发布《装备承制单位资格审查工作实施细则》，对装备承制单位资格审查申请受理、计划管理、审查实施、名录注册管理、资格监督和审查工作考评做出了详细规定。装备承制是指承担武器装备及配套产品科研、生产、修理、试验和技术服务任务。装备承制单位按承制装备类别分为 A、B 两类：A 类装备承制单位，是指承制军队专用装备的单位；B 类装备承制单位，是指承制军选民用产品的单位。

装备承制单位资格审查工作由军委装备发展部合同监管局归口管理。装备承制单位资格审查申请材料，包括"装备承制单位资格审查申请表"和相关证明文件，具体包括法人资格证明材料、专业技术资格证明材料、质量管理证明材料、财务资金状况证明材料、履约信用证明材料和保密管理证明材料。装备承制单位资格审查分类如表 3-11 所示。

表 3-11 装备承制单位资格审查分类

类型	A 类			B 类
产品用途	军队专用			军选民用
	科研生产许可目录内	科研生产许可目录外		
		涉密	非涉密	
生产许可	需通过武器装备科研生产许可审查	目录外，无须许可审查		无须许可审查
保密资质	涉密，需通过武器装备科研生产单位保密资格认定	涉密，需通过武器装备科研生产单位保密资格认定	非涉密，需要保密承诺书	非涉密，需要保密承诺书
管理体系	按 GJB 9001《质量管理体系要求》建立并有效运行武器装备质量管理体系	按 GJB 9001《质量管理体系要求》建立并有效运行武器装备质量管理体系		按 GB/T 19001《质量管理体系要求》建立并有效运行质量管理体系

此外，如果所受理的装备（产品）或技术服务项目范围在《武器装备科研生产许可专业（产品）目录》内，但尚未取得许可，单位可以提请进行装备承制单位资格审查与武器装备科研生产许可联合审查。

（2）武器装备科研生产许可

2008 年 3 月，中央军委发布的《武器装备科研生产许可管理条例》规定，国家对列入武器装备科研生产许可目录（简称许可目录）的武器装备科研生产活动实行许可管理。许可目录由国务院国防科技工业主管部门会同原总装备部和军工电子行业主管部门共同制定。

2018 年，国家国防科工局和军委装备发展部联合印发了 2018 年版武器装备科研生产许可目录。2018年版许可目录的项目在2015年版的基础上减少了62%，仅保留对国家战略安全、社会公共安全有重要影响的许可项目，大幅度缩减武器装备科研生产许可的管理范围，从2015年11大类（核武器与军用核动力、导弹武器/运载火箭、军用航空器、舰船、兵器装备、军事电子系统及装备、武器装备专用机电设备、空间飞行器、武器装备专用器材、武器装备重大工程管理、武器装备测试与试验）755项许可项目缩减到包括导弹武器与运载火箭等在内的7大类共285项。

根据武器装备及其专用配套产品的重要程度，武器装备科研生产许可分为一类许可和二类许可，具体分类（见表3-12）在许可目录中有详细规定。根据《武器装备科研生产许可管理条例》《武器装备科研生产许可实施办法》等的规定，从事武器装备科研生产许可目录所列的武器装备科研生产活动，应当申请取得武器装备科研生产许可；未取得武器装备科研生产许可的，不得从事许可目录所列的武器装备科研生产活动。

表3-12 武器装备科研生产许可分类

类别	审核部门	申请材料	协同管理
申请一类许可	国家国防科工局	武器装备科研生产许可证申请书 法人证书 相应的质量管理体系认证证书 安全生产达标证明文件 保密资格证书 法律、行政法规规定的环保、消防验收文件或者达标文件 申请单位认为可以证明其能力条件的其他文件、材料	申请材料一式三份（含电子版光盘）并报送军委装备发展部一份
申请二类许可	省、自治区、直辖市人民政府国防科技工业管理部门		
同时申请一、二类许可	国家国防科工局		

（3）武器装备科研生产单位保密资质认证

根据《武器装备科研生产单位保密资格认定办法》的规定，国家对承担涉密武器装备科研生产任务的企业事业单位实行保密资格认定制度，承担涉密武器装备科研生产任务的企业事业单位应当依法取得相应保密资格。取得保密资格的单位，列入《武器装备科研生产单位保密资格名录》。军队系统装备部门的涉密武器装备科研生产项目，应当在列入名录的具有相应保密资格的单位中招标订货。承包单位分包涉密武器装备科研生产项目的，应当从列入名录的具有相应保密资格的单位中选择。

国家保密局会同国家国防科工局、军委装备发展部组织开展全国武器装备科研生产单位保密资格认定工作。省、自治区、直辖市保密行政管理部门会同同级国防科技工业管理部门，组织开展本行政区域内二级、三级保密资格认定工作（见

表 3-13）。武器装备科研生产单位保密资格分为一级、二级、三级三个等级。一级保密资格单位可以承担绝密级、机密级、秘密级科研生产任务；二级保密资格单位可以承担机密级、秘密级科研生产任务；三级保密资格单位可以承担秘密级科研生产任务。

国家保密局会同国家国防科工局、军委装备发展部等部门组成国家武器装备科研生产单位保密资格认定委员会（简称国家军工保密资格认定委员会）。国家军工保密资格认定委员会建立保密资格认定审查专家库，专家库人员由国家军工保密资格认定委员会，省、自治区、直辖市军工保密资格认定委员会组成部门及相关单位推荐，经培训合格后纳入专家库管理。

对通过书面审查的单位，保密行政管理部门将组建现场审查组进行现场审查。现场审查组工作人员从保密资格认定审查专家库中随机抽取，人数为5~8人。

表 3-13　武器装备科研生产单位保密资格审查

类别	审核部门	申请材料	书面审查	现场审查
一级保密资格	国家保密局会同国家国防科工局、军委装备发展部	武器装备科研生产单位保密资格申请书 法人证书 在登记机关备案的章程 上一个年度财务审计报告 场所产权证书或者租赁合同 保密资格认定等级建议表 国家保密行政管理部门要求提供的其他材料	国家国防科工局，承担受理申请和书面审查工作	负责人由国家保密局会同国家国防科工局、军委装备发展部确定
二、三级保密资格	省、自治区、直辖市保密行政管理部门会同同级国防科技工业管理部门		参照一级受理机制设立，已设保密行政管理部门的不做调整	由省、自治区、直辖市保密行政管理部门会同同级国防科技工业管理部门确定

（4）国军标质量管理体系认证

《武器装备质量管理条例》第四十六条规定，国务院国防科技工业主管部门和原总装备部联合组织对承担武器装备研制、生产、维修任务单位的质量管理体系实施认证，对用于武器装备的通用零（部）件、重要元器件和原材料实施认证。未通过质量管理体系认证的单位，不得承担武器装备研制、生产、维修任务。因此，建立并运行质量管理体系是承担武器装备科研生产任务的前提条件之一。

按照"两证合一"后新的资格审查要求，A 类装备承制单位的武器装备质量管理体系（符合 GJB 9001《质量管理体系要求》的武器装备质量管理体系）不再单独进行认证，而是在进行装备承制资格审查时与其他内容一并进行审查。B 类装备承制单位不需要进行武器装备质量管理体系认证，而是需要有 GB/T 19001《质量管理体系要求》或同等效力的相关质量管理体系要求的质量管理体系认证证书。武器装备质量管理体系认证是取得武器装备科研生产许可证的前提条件。

武器装备质量管理体系是依据 GJB 9001《质量管理体系要求》建立、实施并有效运行的质量管理体系。最新标准为 GJB 9001C—2017，采用的国家标准是 GB/T 19001—2016（ISO 9001：2015）。该体系采用"A+B"的模式，是在等同采用国家质量管理体系标准 GB/T 19001 的基础上（A 部分），增加军方参与质量体系管理、"六性"管理、外协外购质量控制、软件质量管理、技术状态管理、风险控制、生产工艺管理、售后服务管理、质量信息管理等方面的特殊要求（B 部分），增加的内容如表 3-14 所示，作为标准的一部分，列在国家标准相应条款之后，作为国家标准的补充条款。

表 3-14 GJB 9001C—2017 在 GB/T 19001—2016 的基础上增加的内容

章节	章节名称	增加的条款	新增章节的主要内容
1	范围	确定范围为军队装备承制单位	
2	规范性引用文件	增加一系列引用标准	
3	术语和定义	明确军队术语采用标准	
4.1	理解组织及其环境	强化组织责任	
4.2	理解相关方的需求和期望	明确承担任务的相关方	
4.3	确定质量管理体系的范围	明确成文信息的内涵	
4.4	质量管理体系及其过程	提出特殊的质量管理体系及过程要求	
5.1.1	总则	进一步明确各方质量责任	
5.1.2	以顾客为关注焦点	明确要建立改进制度	
5.3	组织的岗位、职责和权限	明确要建立相关制度和设置高管	
6.2	质量目标及其实现的策划	进一步明确评价质量目标的方法	
7.1.1	总则	将顾客资源纳入考虑范畴	
7.1.4	过程运行环境	提出要保留相关记录	
7.1.5	监视和测量资源	设备要与要求相适应并保留记录	
7.1.6	组织的知识	要及时掌握产品和服务质量法律法规	
7.2	能力	对高管进行培训，要求持证上岗	
7.3	意识	增加质量文化、岗位职责、相关后果等条款	
7.4	沟通	提出保留记录	

续表

章节	章节名称	增加的条款	新增章节的主要内容
7.5.1	总则	确定成文信息的形式	
7.5.2	创建和更新	增加技术文件等审查要求	
7.5.3	成文信息的控制	对文件的可查询、可追溯提出要求	
7.6	质量信息		质量信息的管理和使用
8.1	运行的策划和控制	提出与特殊质量活动要求相适应	
8.2.1	顾客沟通	增加产品使用、维修和保障需求的沟通内容	
8.2.3	产品和服务要求的评审	增加风险及控制措施要求	
8.2.4	产品和服务要求的更改	提出更改要征得顾客同意	
8.3.2	设计和开发策划	增加人员、程序、规范、材料、保障等设计和开发需求	
8.3.3	设计和开发输入	增加数据和工艺要求	
8.3.4	设计和开发控制	增加特殊质量活动和风险评估要求	
8.3.5	设计和开发输出	增加特殊质量活动和风险分析要求	
8.3.6	设计和开发更改	增加特殊质量活动要求	
8.3.7	新产品试制		提出特殊质量活动要求
8.3.8	设计和开发的实验控制		列出了试验控制程序
8.4.1	总则	提出根据评价结果编制合格名录	
8.4.2	控制类型和程度	完善验证要求，增加采购要求	
8.4.3	提供给外部供方的信息	对外部供方提出质量保证等制度要求	
8.5.1	生产和服务提供的控制	增加了人员、环境、设备、材料等要求	
8.5.2	标识和可追溯性	明确建立批次管理制度	
8.5.5	交付后的活动	提出交付后培训、诊断和服务等内容	
8.5.6	更改控制	更改需审批	
8.5.7	关键过程		应识别关键过程并编制明细
8.6	产品和服务的放行	提出验收要求	

续表

章节	章节名称	增加的条款	新增章节的主要内容
8.7	不合格输出的控制	顾客深度参与不合格品处理	
9.1.2	顾客满意	组织应及时跟进顾客意见	
9.1.3	分析与评价	增加质量经济性分析	
9.2	内部审核	明确组织应确保审核员能力	
9.3.1	总则	重大事故和变化应进行专题评审	
9.3.2	管理评审输入	增加质量经济性和质量问题情况输入	
9.3.3	管理评审输出	增加顾客要求	
10.2	不合格和纠正措施	需根据特殊质量要求建立改进制度	
10.3	持续改进	建立年度计划	

3.3 检验检测机构管理经验总结

3.3.1 国外检验检测机构管理启示

1. 监管原则上遵循行业市场化发展

欧美等发达国家在检验检测机构的监管原则上，普遍遵循市场经济运行和发展需求，对检验检测机构进行科学定位和重点监管。在检验检测机构的定位方面，基本上能够实现政府行为和社会中介行为的有效分离，政府实验室与第三方检验检测机构之间存在明确界限。政府在涉及公益、安全和风险度高的产品领域，如食品、药品、计量校准等领域，均设立了必要的政府实验室，其主要职能包括产品质量监督抽查、重大风险防控、国家标准物质研制和应急事件处置等。为保持独立、公正的地位，政府实验室的经费一般由政府保障，在组织产品质量监督抽查时，不向企业收取费用，此外，政府实验室也不接受企业或社会委托的检验检测。对于其他行业的产品检测，实行放开制度，主要采取市场化方式，由第三方检验检测机构根据市场经济发展要求及有关法律、标准或合同从事委托检验工作。

与此同时，针对政府部门的官方产品检验需求，欧美等发达国家也允许私营机构参与检验，主要通过服务采购或认可注册等方式，引入市场化竞争，建立政府监管与第三方检验检测机构配合的检验检测体系。对政府而言，引入第三方检验检测机构的服务，可减少政府人力、财力、检测设备等的投入，提高时效性，有效整合社会优质资源，并且可使政府部门专注强化监管和公众风险监测评估等；对第三方检验检测机构而言，政府检验的高标准与严格要求也是对机构业务能力的检验，从而敦促第三方检验检测机构提升水平，促进机构之间的良性、公平竞争，并培育具有国际竞争力的检验检测品牌。

2. 监管对象上与具体的产品相融合

在检验检测机构的分类监管方面，不同于我国将检验检测划分为单独的行业进行监管，欧美等国家将检验检测机构的监管融入特定的产品领域，在进行产品监管的同时，也涵盖了对相应检验检测机构的监管。例如，美国农业部下属的谷物检验、批发及畜牧业管理局（GIPSA）在《联邦谷物标准化法》（USGSA）中特别指明了对行业相关检验检测机构的管理制度；美国食品和药物管理局（FDA）针对食品及药品、动物饲料、化妆品、医疗器械等产品的管理发布了《认可第三方认证机构进行食品安全审核并颁发证书》规则，将产品管理与检验检测机构管理相融合。对单个行业来说，此种监管方式的产品质量检测与安全监管更深入全面，适用于涉及公众健康安全、产品风险高的行业。

3. 监管方式上多项举措并行常态化

在检验检测机构的监管方式上，欧美等发达国家将对检验检测机构的监督范围明确划分，并落实认可机构对其所认可的检验检测机构的监督职责，针对检验检测机构的规则遵守情况、业务能力范围、检验结果真实性等方面进行定期或不定期的检查。例如，美国 CPSC 要求其指定的认可机构对第三方合格评定机构实施定期审查，以判断合格评定机构是否仍然符合认可要求，同时要求合格评定机构每年提交 CPSC 表 223 以供检查，并在信息变更时及时提交新表格；日本相关政府部门则主要通过不定期抽查的方式对民间检验检测机构的检验业务和检验结果进行监管。

4. 监管力度上法律监督严格责任化

在检验检测机构的监管力度上，欧美等发达国家一般处罚较为严厉。美国将产品责任的性质确定为侵权的民事责任，强调严格责任和惩罚性损害赔偿，其法律规定，如果消费者由于产品缺陷而发生人身或财产损害，生产商和销售商不论有无过失，或者是否与消费者存在合同关系，都应承担赔偿责任，且赔偿数额巨大。为规避高额的损害赔偿，企业往往选择购买产品质量责任保险，保险公司为正确评估风险和确保保险费率，须对企业的产品质量及质量保证能力进行科学的审核评价，这就对相应检验检测机构的业务能力、结果的公正性提出了要求，侧面推动了对检验检测机构的监督。而日本对违反法律规定的检验检测机构，除撤销授权之外，还可对其法人处以刑事处罚和罚款。

3.3.2 我国检验检测机构存在的问题及管理启示

1. 检验检测机构当前存在的问题

（1）集约化不显

当前我国检验检测行业小而散的现象依然存在，虽然与 2018 年相比，检验检测机构集约化发展有所改善，但与发达国家相比，仍显不足。统计数据显示，2023 年，全国检验检测机构中营业收入在 5 亿元以上的机构有 71 家，同比增加 9 家；营业收入在 1 亿元以上的机构有 685 家，同比增加 76 家；营业收入在 5000 万元以上的机构有 1565 家，同比增加 154 家。该数据表明，在政府和市场双重推动下，一大批规模效益好、技术水平高、行业信誉优的中国检验检测品牌正在快速形成。但从机构人数来看，就业人数在 100 人以下的检验检测机构共 51814 家，占比达到 96.25%，同比增加 2 个百分点，绝大多数检验检测机构属于小微型企业，承受风险能力薄弱；从服务半径来看，仅在本省区域内提供检验检测服务的机构共 38911 家，占比为 72.28%，同比增加 0.07 个百分点，"本地化"色彩仍然浓厚。涉及境外业务的检验检测机构仅有 347 家，占比为 0.64%，同比增加 9.12 个百分点，国内检验检测机构走出国门趋势虽有所向好，但仍任重道远。

（2）专业化不强

检验检测行业主要包含两个维度，一是检测技术与仪器等的研制，二是检测服务的提供。从以上两个维度来看，我国目前均处于偏低端层次。仪器作为检验检测行业的基础，在各检测领域都有着广泛的应用，纵观我国整个仪器应用市场，由于我国科技水平和工业基础仍与世界先进水平有一定差距，关键材料、器件、工艺和设计手段等仍显不足，使得仪器设备的可靠性和稳定性难以满足用户要求，因此国产高端仪器的持有率一直较低，大部分高端仪器都依赖进口。国内各大高校、科研院所实验室及行业、部委所属检验检测机构采购的科研测试仪器设备基本源于美国安捷伦（Agilent）、生命科技（Life Technologies）、赛默飞世尔（Thermo Fisher）、丹纳赫（Danaher）以及日本岛津（Shimadzu）等公司。因专业化不强，我国大多数检验检测机构服务对象较为单一，约 70%的检验检测机构的业务主体以消费品检测为主，对新兴产业的检测需求研究不多，为重大装备业、高新技术产业和高端服务行业，如油气田开采、造船、核电、光电、金融等提供高端检验检测服务方面能力不足，与国外知名检验检测机构的差距仍然较大。

（3）规范化不足

我国检验检测机构数量多，但效率低，规范化建设与发展不足，健康有序的检测市场与竞争秩序尚未形成。这一方面是因为检验检测机构布局不合理，低水平重复建设严重,发展缺乏前瞻性,没有结合地区产业实际形成具有自身特色的品牌,逐利于短期效益好的检测项目,而对检测能力和水平的提升缺乏整体规划,检测资源未得到有效配置,发展后劲不足;另一方面是因为部分检验检测机构在市场化过程中片面追求利益最大化,忽视质检机构的公正性、权威性建设,甚至存在质检机构与不良企业勾结的现象,提供虚假报告,掩盖真实质量信息,损害消费者合法权益,扰乱市场秩序。

(4)市场化不高

与发达国家以民营检验检测机构为主不同,我国检验检测机构以国有及国有控股机构为主要组成部分,直到2019年,民营机构在全行业的比重(52.17%)才首次超过国有和国有控股机构及集体控股机构的比重(44.18%+1.70%=45.88%),市场化程度不高。且从检验检测机构的服务半径来看,服务本市内、本省内及周边几个省的机构占比高达79.25%,而能够在境内外开展检验检测服务的机构仅有381家,占比仅为0.87%。从满足市场需求的角度来看,我国检验检测机构的市场化发展程度较低。

(5)国际化不够

我国检验检测机构服务覆盖网络相对较窄、国际化程度偏低,参与国际标准制修订仍然较少,参与国际市场竞争能力偏弱。我国检验检测机构大多局限在国内或制造业集中地区开展业务,面向国际市场的相对较少。开展检验检测工作时主要以国家标准施检,国际标准采标率偏低,因此,无论是机构发展目标、发展规划,还是专业人员素质,均未能与国际接轨,很难成为具有国际竞争力的检验检测机构。收入来源基本上依赖于检验检测机构所属区域市场,区域外、海外收入在检验检测机构总收入中所占比重很小。

2. 我国检验检测机构管理的启示

(1)机构分级分类,实现有序监管

从监管对象上看,当前我国检验检测机构数量众多,监管难度大,应对检验检测机构进行分级分类,实现重点监管。一方面可通过检验检测机构的业务领域划分类别。另一方面可通过检验检测机构的质量评价划分等级,建立分级分类的监管目录,对业务领域风险低、质量评价等级高的检验检测机构,合理降低抽查比例和频次;对业务领域风险高(如食品、药品等)、质量评价等级低的检验检测机构,则适当增加抽查比例和监管频次。分级分类监管既可以使有关部门合理有效配置监管人力、物力等资源,也可以使低风险领域、高质量评价的机构的被监管成本降低,还可以让高风险领域、低质量评价的机构注重自身业务能力与质量的提升,从而营造良性的行业氛围,促进行业的高质量发展。

（2）引入飞行检查，丰富监管方式

从监管方式上看，我国对检验检测机构的监管主要通过"双随机、一公开"的方式开展专项监督检查，方式较为单一，且在有充分准备的情况下进行抽查的效果尚不显著。因此，一方面，借鉴欧美等国家的机构管理经验及药品等其他行业的监管经验，考虑引入飞行检查等不定期的检查方式，对检验检测机构的诚信服务、技术能力、主体责任落实等情况进行检查，一是可为机构减负，使其按原有节奏正常开展工作，无须提前准备相关汇报材料，二是可突出实效，在无特殊准备的情况下组织专家考察现场，有利于反映机构的真实情况；另一方面，紧跟技术前沿，将大数据、人工智能等新技术融入监管，创新监管方式，如"云监管"，实现对机构风险的监测、识别、预警与处置，强化事中事后监管，提高有关部门的监管效能。

（3）落实主体责任，加大处罚力度

从检验检测机构的监管力度上看，我国当前力度尚且不够。我国检验检测机构数量众多，无序、低价竞争现象突出，且存在数据、报告造假情况，严重影响行业公信力，而根据我国产品质量法[①]，对出具检验结果不实或伪造检验结果的机构以罚款、撤销资格为主，与欧美等发达国家相比，罚款额度小，惩罚力度弱。因此，一方面，应建立检验检测机构对其出具结果、数据及报告的责任制，落实主体责任，实现责任可追溯，机构及其负责人对其出具的数据、结果或报告的真实性和准确性负责，违反相关法律的，应追究相关人员的法律责任。另一方面，应加大处罚力度。欧美国家对产品质量安全的违规处罚力度普遍较大，如美国《消费品安全法》中对相关的违法行为最高处以 1500 万美元罚款[②]，日本违反相关规定的检验检测机构最高可处以 1 亿日元的罚款，而我国对相关违法企业的处罚力度普遍较轻，难以形成震慑作用。

（4）加强监管研究，完善政策工具箱

检验检测机构的监督管理任重道远，应不断加强对相关监管方式方法的研究，完善检验检测机构管理办法，建立较为系统全面的政策工具箱。一方面是对其他国

---

① 《中华人民共和国产品质量法》（2018 年修正）第五十七条规定，产品质量检验机构、认证机构伪造检验结果或者出具虚假证明的，责令改正，对单位处五万元以上十万元以下的罚款，对直接负责的主管人员和其他直接责任人员处一万元以上五万元以下的罚款；有违法所得的，并处没收违法所得；情节严重的，取消其检验资格、认证资格；构成犯罪的，依法追究刑事责任。产品质量检验机构、认证机构出具的检验结果或者证明不实，造成损失的，应当承担相应的赔偿责任；造成重大损失的，撤销其检验资格、认证资格。

② 美国《消费品安全法》第 20 条规定，故意违反第 19 条部分规定的（召回相关、销售不合格产品、储存不合格产品、未在规定时间内告知委员会的），每次（或每天）违法处以 10 万美元罚款，对于一系列知情违法行为，最高可处以 1500 万美元罚款，并追究必要的刑事责任。

家先进管理经验进行研究，本书已对美国、欧盟、英国、日本的检验检测管理制度进行了研究，并总结了一些可借鉴的经验，应在此基础上拓展研究范围，进一步对德国、法国、韩国等其他发达国家进行研究，博采众长，并结合我国国情，为我国的检验检测机构相关管理制度制定提供参考；另一方面是对其他行业优秀监管方法进行研究，一般来看，各国对食品、药品、化妆品、餐饮等涉及民众安全与健康的行业领域的监管制度与方法较为完善，在政府对各行业监管资源合理有效分配的基础上，充分参考其他行业的优秀监管经验，促进检验检测行业监管方法的改进与监管效率的提升。

第4章 现状与问题

4.1 我国检验检测行业发展现状分析

4.1.1 行业发展规模

1. 总体市场规模

检验检测行业总体规模主要受宏观经济状况影响，内包和外包的份额每年都在波动，影响因素主要是政府实施的政策与行业部门业务的变化。以中国为例，随着对外开放的进一步深化，中国部分行业的外包市场不断扩大。从全球检验检测行业市场规模来看，行业保持良好的增长态势，市场规模已突破2000亿欧元。从行业竞争格局来看，行业竞争较为激烈，SGS、BV和Intertek为行业领先的检测机构。从行业应用情况来看，检验检测主要应用于消费品、食品及工业领域。从行业发展趋势来看，全球检验检测市场将稳步发展，其中，第三方检测市场发展迅速，市场占有率将持续提升。

全球检验检测行业具有较强的抗风险能力，即便在2008年至2009年的国际金融危机冲击下，检验检测行业整体市场规模依然有所增长，在全球范围内没有出现破产案件，甚至裁员和重组的现象都很少发生。全球知名调研机构MarketsandMarkets预测，2020—2025年全球检验检测行业将以3.6%的年均复合增长率增长，预计到2025年全球检验检测行业的规模将超过2500亿欧元。从检验检测行业应用分布情况来看，截至2023年年底，消费品和零售、食品及农产品占比相对较大，均为11.5%；石油天然气行业紧随其后，占比达10%；建筑、化工产品、金属和矿物质、工业产品占比分别为9.5%、9.5%、8.5%、8%；其余行业占比相对较小。

随着我国经济的快速发展，工业科技细分领域的不断拓展，国民生活水平的不断提高，以及社会各界对环境保护和质量安全关注度的提升，检验检测服务需求也快速上升。事实上，我国检验检测行业一度带有浓厚的行政色彩，参与机构中事业单位曾占据较大市场份额，但随着行业管理体制改革的持续推进，事业单位的占比不断下降，由于缺乏竞争力，这些单位的营业收入增速持续保持低位。据前瞻产业研究院分析，从头部企业财务数据来看，检验检测行业盈利水平较高，且仍处于上升期，对潜在竞争者和资金的吸引力较大，预计未来会有更多的投资者进入，行业竞争将愈发激烈。

2. 第三方检测市场规模

在第三方检测服务领域，我国检测机构发展历史相对较短。从我国第三方检测的发展历程来看，发展初期国有及国有控股的检测机构数量多于民营企业及外资企业。国有质量检测机构，如威凯、中国家用电器研究院、商检系统下的检测机构、质检系统下的检测机构、各区域国家级测试中心、各县级检测所等是我国质量检验检测市场的领导者，但在整体技术水平和规模方面与国外先进企业（如 SGS、BV、Intertek 等）仍存在较大差距。

机构改革以后，第三方检测获得迅猛发展，特别是随着全国移动互联网快速发展，叠加产业发展政策环境保持良好，我国第三方检测进入高速发展阶段，产业规模持续扩大。数据显示，2023 年我国第三方检测市场规模占整个检验检测行业的 52.9%。其中，民营企业快速发展，以国检集团等为代表的单一赛道头部企业，更是在通过外延并购等手段加速抢占市场份额的同时，切入更多领域，逐渐向综合性第三方检测企业升级发展。整体来看，目前我国第三方检测市场竞争企业虽多，但大部分企业业务规模偏小，市场份额主要被 SGS、BV、Intertek 等国外第三方检测龙头企业占据，我国第三方检测企业在业务规模、品牌影响力等方面都有待进一步发展。未来，国内第三方检测市场竞争或将日益加剧。

第三方检测代替企业自检已成趋势。促进第三方检测代替企业自检的因素主要有 4 个：①第三方检测自由化程度高，政策鼓励使用第三方检测；②第三方检测具有规模效应，检测成本低于企业自检的成本；③产品在研发创新阶段时，交由第三方检测避免了企业内部的利益冲突；④交由第三方检测可以使企业转移部分风险。高质量经济发展要求，扩大了检测的范围，增加了检测的指标数量，第三方检测机构相比于政府检测机构能够提供更广泛的检测范围和更多种类的检测指标；同时，促进了第三方检测需求的增加，并推动了检测价格的提升。

第三方检测市场发展迅速。2014—2020 年，制度红利逐渐释放，检验检测市场规模不断实现突破。2014 年政策放开后，民营资本进入检验检测行业，在稳定推进市场化进程的同时，也推动了行业做大做强。根据市场监管总局的数据，近些年我国检验检测行业整体市场规模逐年增长，始终保持着高于 10% 的增速，特别是在 2014 年和 2018 年达到小高峰，增速分别为 16.62% 和 18.21%。作为行业主要参与者和经营者的检验检测机构数量自 2013 年以来也呈现逐年增加的趋势，年平均增幅为 10%。

未来，随着我国检验检测行业市场化程度提高，在外资以及民营检测机构的推动下，第三方检测的市场规模将快速增长，占检验检测市场的比重也将有所提升。前瞻产业研究院预测，随着我国检验检测市场对第三方检测机构的放开以及检验检测行业自身需求的增长,未来我国第三方检测的市场规模有望保持10%以上的增速,预计到2025年市场规模将达到2285亿元(见图4-1)。

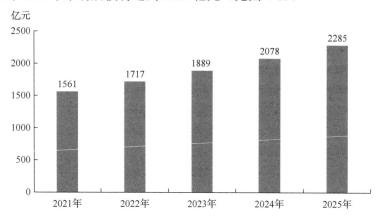

图4-1 2021—2025年我国第三方检测的市场规模预测

4.1.2 我国检验检测行业发展特点

1. 行业发展稳定,增速明显

我国检验检测行业市场规模的增速长期高于我国GDP的增速,据预测,未来我国检验检测行业营业收入增速将为GDP增速的1.5~2倍。2014—2020年,我国检验检测行业营业收入增速和GDP增速如图4-2所示。截至2022年年底,我国共有检验检测机构52769家,同比增长1.58%;实现营业收入4275.84亿元,同比增长4.54%;从业人员154.16万人,同比增长2.07%;共拥有各类仪器设备957.54万台(套),同比增长6.36%,仪器设备资产原值4744.75亿元,同比增长4.84%。2022年,共出具检验检测报告6.5亿份,同比下降5.02%,平均每天对社会出具各类报告178万份。

图4-2 2014—2020年我国检验检测行业营业收入增速和GDP增速

在当前我国经济转向高质量发展的阶段，作为引领质量发展的服务行业，检验检测行业的重要地位不言而喻。课题组认为检验检测行业目前正处于改革整合、转型升级、提质增效的关键节点，检验检测市场的发展仍然会保持较高的增速。

2. 行业集中化程度不断提升

我国检验检测行业处于成长期，市场规模和参与机构数量仍在不断增长，整体来看，检验检测行业属于长尾市场，行业集中化程度较低，规模以下机构占绝大多数，且大部分检验检测机构具有明显的区域性特征，服务范围主要为本省或本市。2022年，我国检验检测行业中，规模以上检验检测机构数量达到7088家，同比增长0.95%，营业收入达到3364.31亿元，同比增长4.21%，规模以上检验检测机构数量仅占全行业的13.43%，但营业收入占比达到78.68%，集约化发展趋势显著。我国检验检测机构中，2022年营业收入在5亿元以上的机构有62家，同比增加6家；收入在1亿元以上的机构有609家，同比增加30家；收入在5000万元以上的机构有1411家，同比增加32家。这表明，在政府和市场的双重推动下，一大批规模效益好、技术水平高、行业信誉优的中国检验检测品牌正在快速形成，检验检测行业做优做强、实现集约化发展取得成效。

事业单位制检验检测机构占比进一步下降，企业制检验检测机构占比持续上升。2022年，我国企业制检验检测机构有39846家，占机构总量的75.51%；事业单位制检验检测机构10389家，占机构总量的19.69%（见图4-3），同比下降1.18个百分点；其他类型机构2534家，占机构总量的4.8%。2013—2022年，我国事业单位制检验检测机构的占比分别为42.55%、40.58%、38.09%、34.54%、31.30%、27.68%、25.16%、22.81%、20.87%和19.69%，呈现出明显的下降趋势，说明事业单位制检验检测机构的市场化改革在有序推进。

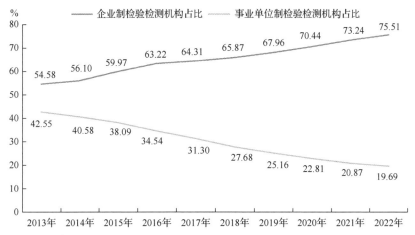

图4-3　2013—2022年我国事业单位制检验检测机构和企业制检验检测机构的占比

3. 第三方检测机构优势显著

2008年，我国第三方检测市场规模仅为157亿元，而2020年已达到1391亿元（见图4-4），年均增速达65.55%。从第三方检测市场结构来看，建筑和建材检测占比最大，为26%；其次是工业品检测，占比为17%；环境与食品检测总计占比为18%，其中环境检测占10%，食品检测占8%；消费品（包含汽车）检测占比为17%，其中汽车检测占比为8%；医学检测占比为6%。

图4-4　2015—2020年我国第三方检测市场规模和机构数量

整体来看，第三方检测的业务主要有以下4个特点：一是客户较为广泛、检测频率较高、单次检测金额较小；二是检测设备一次性投入，同时为了提高检测水平，相关检测设备更新速度较快；三是检验检测行业属于长尾市场，其发展依赖于下游行业的发展；四是公信力是第三方检测的立身之本。第三方检测业务的特点如表4-1所示。

表4-1　第三方检测业务的特点

特点	展开介绍
客户多、频率高、金额小	① 一般情况下，各级产品生产商均是按照客户或政府要求选择检验检测机构的，由于一个产品或一类产品的生产商众多，因此检验检测机构的客户较为广泛 ② 由于每一次改进产品或每推出一个新产品、每一次批量出货均需提供第三方检测报告，因此客户的检测频率较高 ③ 由于每次检测均为抽样检测，样品价值相对于新品价值、出货产品价值极低，检测单价相对于产品价值较低，因此客户对检测单价不敏感

特点	展开介绍
设备一次性投入、更新快	① 专业实验室是检测的基础，它不因检测量的多少而改变，这是因为检测设备均需要一次性投入 ② 为保证检测质量、提高检测水平，检验检测机构需要不断增加投入，购买最新的检测设备 ③ 不同产业产品的检测技术、检测标准不同，检测机构每进入一个新产业或新领域都需要投入大量资金建立专业实验室
依赖于其他行业的发展	检验检测机构服务于其他行业，受到其他行业发展及相关法规的影响。单一领域的检验检测机构易受到某一行业波动的影响，而跨行业的综合性检验检测机构能够避免某一行业的较大波动，抗风险能力较强
公信力是关键	公信力是检验检测机构发展的生命所在，是经过市场长期考验逐渐建立起来的。检验检测机构一旦被发现出具虚假检测报告，其多年培育的市场公信力将会完全丧失，从而失去客户的认同，并且可能被取消检测资格

4. 行业市场化程度不断提升

截至2022年年底，我国取得资质认定的民营检验检测机构共32536家，同比增长5.89%，民营检验检测机构数量占全行业机构总量的61.66%。2013—2022年，民营检验检测机构占机构总量的比重分别为26.62%、31.59%、40.16%、42.92%、45.86%、48.72%、52.17%、55.81%、59.15%和61.66%，呈现明显的逐年上升趋势。2022年民营检验检测机构营业收入1759.23亿元，同比增长6.18%，高出全国检验检测机构营业收入年增速1.64个百分点，如图4-5所示。

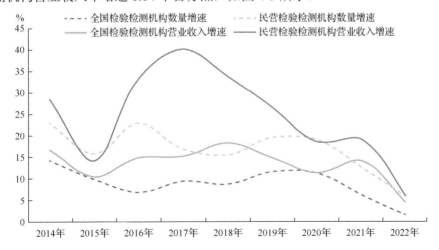

图4-5　2014—2022年我国检验检测机构和民营检验检测机构数量及营业收入增速

在检验检测机构中，法人机构数量占比突破九成。截至 2022 年年底，从事检验检测服务的法人机构有 47859 家，同比增长 2.88%，占机构总量的 90.7%；非法人机构有 4910 家，同比下降 9.59%，占机构总量的 9.3%，如图 4-6 所示。自 2021 年非法人机构数量首次实现负增长后，2022 年继续下降近 10%，表明市场监管总局推动的整合检验检测机构资质认定证书，实现检验检测机构"一家一证"取得成效，未来非法人机构独立对外开展检验检测服务的现象会进一步减少。

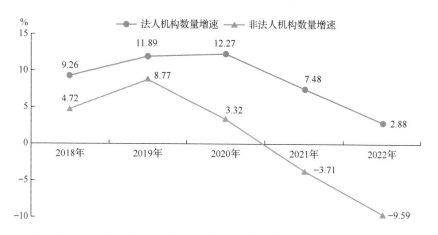

图 4-6　2018—2022 年我国检验检测行业法人机构和非法人机构数量增速

5. 行业发展差异化趋势明显

国家认监委的数据显示，我国检验检测行业发展差异化趋势明显。

从检验检测专业领域来看（见图 4-7、图 4-8），2022 年，检验检测机构数量排在前十位的专业领域为：机动车检验（14880 家），环境监测（8555 家），建筑工程（8212 家），建筑材料（7479 家），其他（5872 家），水质（3556 家），食品及食品接触材料（3447 家），农产品、林业、渔业、牧业（2897 家），卫生疾控（2696 家），司法鉴定（1538 家）。2022 年，营业收入排在前十位的专业领域为：建筑工程（689.45 亿元），环境监测（435.11 亿元），其他（371.21 亿元），建筑材料（359.95 亿元），机动车检验（308.43 亿元），电子电器（240.88 亿元），食品及食品接触材料（206.76 亿元），特种设备（196.30 亿元），机械（包含汽车）（180.47 亿元），卫生疾控（116.36 亿元）。

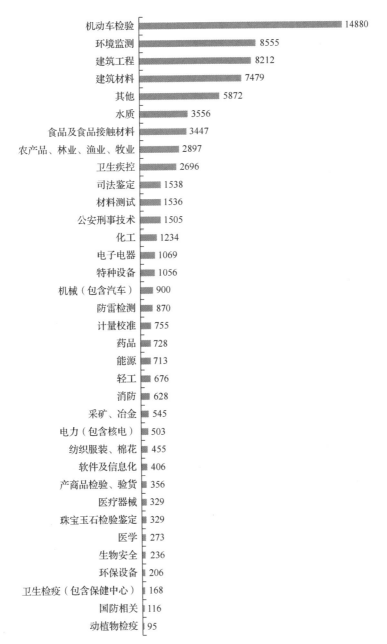

图 4-7 2022 年按专业领域划分的检验检测机构数量分布情况（单位：家）

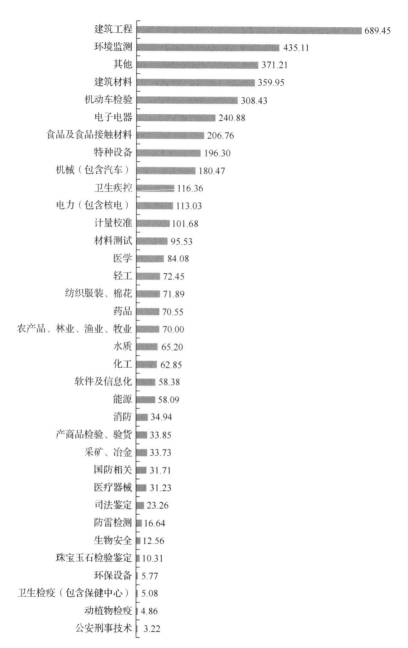

图 4-8　2022 年按专业领域划分的检验检测机构营业收入分布情况（单位：亿元）

从区域来看，2022 年我国六大区域检验检测机构数量占比分别为：华东地区 30.73%，中南地区 25.15%，华北地区 13.64%，西南地区 12.69%，西北地区 9.59%，东北地区 8.18%，如图 4-9 所示。其中，华东地区、中南地区、华北地区三大区域检验检测机构数量占全国检验检测机构总量的 69.52%，同比增加 0.12 个百分点。华东地区占比同比增加 0.02 个百分点，中南地区占比同比增加 0.6 个百分点，华北地区占比同比减少 0.5 个百分点，西南地区占比同比增加 0.28 个百分点，西北地区占比同比减少 0.07 个百分点，东北地区占比同比减少 0.35 个百分点。

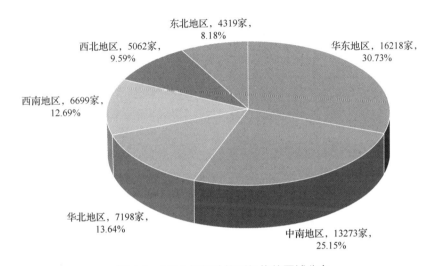

图 4-9　2022 年检验检测机构的区域分布

2022 年，检验检测机构数量排在前十位的省份依次为广东省（4612 家），山东省（3885 家），江苏省（3876 家），河南省（3087 家），河北省（2557 家），四川省（2512 家），浙江省（2323 家），云南省（2039 家）、陕西省（1935 家），湖南省（1864 家）。这十个省份的检验检测机构数量占全国检验检测机构总量的 54.37%。

6. 外企仍占有较高市场份额

近年来我国检验检测市场中的外资检验检测机构数量持续增长。2019 年，我国取得检验检测机构资质认定的外资企业共有 415 家，同比增长 23.51%；从业人员为 4.4 万人，同比增长 19.89%；实现营业收入 238.25 亿元，同比增长 18.71%。2020 年，我国取得检验检测机构资质认定的外资企业共有 456 家，同比增长 9.88%；从业人员为 4.34 万人，同比下降 1.36%；实现营业收入 226.81 亿元，同比下降 4.8%。2022 年，我国取得检验检测机构资质认定的外资企业共有 528 家，同比增长 9.09%；从业人员为 4.69 万人，同比增长 2.5%；实现营业收入 267.91 亿元，同比增长 4.5%。外资检验检测机构发展趋势明显向好（见图 4-10）。

图 4-10　2014—2022 年外资检验检测机构营业收入情况

4.2　我国检验检测行业管理现状调查分析

4.2.1　调查工作基本情况

1. 监管机构的调查情况

为了解检验检测行业管理现状，调查组通过向全国省级、市级、县级市场监管局、市场监管所及以下四级市场监管系统的部门发放问卷，了解检验检测行业管理相关情况。从表 4-2 可以看出，在填报的 2007 份问卷中，省级问卷共 70 份，约占全国同级行政区划单位总数的 71%；市级问卷共 361 份，约占全国同级行政区划单位总数的 70%；县级问卷共 964 份，约占全国同级行政区划单位总数的 36%，市场监管所及以下问卷共 612 份。可见，问卷具有较好的代表性。

表 4-2　检验检测行业管理调查问卷发放情况　　　　　　单位：份

行政区域	省级市场监管局	市级市场监管局	县级市场监管局	市场监管所及以下	各级合计
河南	24	210	304	280	818
山西	4	17	194	75	290
江苏	3	10	75	121	209
江西	2	15	95	23	135
辽宁	7	28	47	0	82
山东	1	9	54	12	76
黑龙江	3	18	47	6	74

续表

行政区域	省级市场监管局	市级市场监管局	县级市场监管局	市场监管所及以下	各级合计
上海	3	8	13	33	57
海南	1	3	34	17	55
福建	1	4	18	17	40
浙江	1	11	18	9	39
北京	3	10	17	5	35
湖北	4	6	10	7	27
河北	0	0	21	0	21
重庆	2	2	5	6	15
广西	1	3	9	1	14
天津	2	4	1	0	7
广东	3	1	1	0	5
新疆	3	2	0	0	5
甘肃	1	0	0	0	1
湖南	0	0	1	0	1
宁夏	1	0	0	0	1
总数	70	361	964	612	2007
占比/%	3.49	17.99	48.03	30.49	100

从经济区域来看，东部地区问卷共544份，覆盖了该地区全部省份；中部地区问卷共1271份，覆盖该地区83.3%的省份；西部地区问卷共36份，覆盖该地区41.7%的省份；东北地区问卷共156份，覆盖该地区66.7%的省份（见表4-3）。

从各经济区域检验检测机构数量来看，调查年份实有检验检测机构数量超过2000家的省份有6个，1000~2000家的省份有12个，小于1000家的省份有4个。

表4-3 各经济区域调查情况

经济区域	行政区域	问卷总数/份	问卷数量占比/%	调查年份实有检验检测机构数量/家	占全国检验检测机构总数的比例/%
东部地区	总数	544	27.11	21987	58.98
	江苏	209	10.41	3413	6.98
	山东	76	3.79	3784	7.74
	上海	57	2.84	1212	2.48

续表

经济区域	行政区域	问卷总数/份	问卷数量占比/%	调查年份实有检验检测机构数量/家	占全国检验检测机构总数的比例/%
东部地区	海南	55	2.74	357	0.73
	福建	40	1.99	1424	2.91
	浙江	39	1.94	2224	4.55
	北京	35	1.74	1286	2.63
	河北	21	1.05	2407	4.92
	天津	7	0.35	654	1.34
	广东	5	0.25	3807	7.78
中部地区	总数	1271	63.33	8856	23.76
	河南	818	40.76	2879	5.89
	山西	290	14.45	1145	2.34
	江西	135	6.73	1449	2.96
	湖北	27	1.35	1655	3.38
	湖南	1	0.05	1728	3.53
西部地区	总数	36	1.79	3241	8.69
	重庆	15	0.75	670	1.37
	新疆	5	0.25	1079	2.21
	广西	14	0.7	1419	2.9
	甘肃	1	0.05	1115	2.28
	宁夏	1	0.05	377	0.77
东北地区	总数	156	7.77	3193	8.57
	辽宁	82	4.09	1812	3.7
	黑龙江	74	3.69	1381	2.82
合计		2007	100	37277	76.2

2. 检验检测资质认定工作情况

《国务院关于在全国推开"证照分离"改革的通知》明确了"证照分离"的4种方式：直接取消审批、审批改备案、实行告知承诺、优化准入服务，同时，明确了4种方式的适用情形，为行政审批改革提供了政策依据。2019年，市场监管总局发布《关于进一步推进检验检测机构资质认定改革工作的意见》，试点推行检验检测资质认定告知承诺制度，推动检验检测机构资质认定改革。2021年，市场监管总局发布新修订的《检验检测机构资质认定管理办法》，在全国范围内推行检验检测机构资质认定告知承诺制度，优化检验检测机构准入服务，激发检验检测市场活力。

目前由专门的行政审批处实施资质认定审批的有 17 个省份，由认监处实施审批的有 14 个省份。在省级资质认定审批层级下放方面，有 5 个省份全部下放，分别是浙江、山东、陕西、天津、云南，有 16 个省份部分下放，10 个省份尚未下放。

4.2.2 调查分析

1. 检验检测机构服务当地经济社会发展的整体成效明显，机构技术支撑能力整体较强

调查结果表明，从全国范围来看，85%的受访者认为检验检测机构服务当地经济社会发展的整体成效好，近半数受访者认为当地的检验检测机构技术能力非常好，检验检测机构服务经济社会发展有明显的成效，机构技术支撑能力整体较强。从经济区域来看，不同经济区域对当地检验检测机构服务能力的评价有所差别，中部地区对当地检验检测机构整体评价较其他地区高。从行政级别来看，市级市场监管局对检验检测机构服务经济社会发展整体成效评价较高，而市场监管所及以下部门对检验检测机构技术支撑能力评价较高。

2. 检验检测机构资质认定（CMA）审批权下放至市县级市场监管局，检验检测机构资质认定审批权限有待规范

检验检测机构资质认定制度是目前我国检验检测市场的基本准入制度。对于目前的检验检测机构的准入门槛，省级市场监管局认为目前准入门槛偏低，其余各级监管部门均认为目前准入门槛合适。针对检验检测机构资质认定审批权下放问题，71%的受访者认为检验检测机构资质认定审批权最低可以下放至市县级，其中赞同下放至市级市场监管局的占 38.66%，赞同下放至县级市场监管局的占 32.93%。从行政级别来看，除省级市场监管局外，各级监管部门均倾向于将检验检测机构资质认定审批权下放至本级。针对检验检测机构资质认定审批权限，64.67%的受访者认为审批工作应由检验检测相关业务处室负责，25.26%的受访者认为应由行政审批处（科、股）室负责。各级监管部门均有超半数人员认为检验检测相关业务处室是最适合承担审批的部门（见图 4-11）。

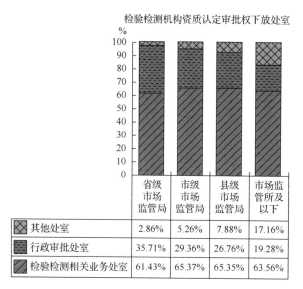

图 4-11 检验检测机构资质认定审批权下放调查情况

3. 检验检测机构资质认定统一清单、告知承诺、网上审批等制度持续推进，审批程序逐步规范化、便利化、透明化

统一清单和告知承诺制度，一方面优化了检验检测机构资质的申报模式，改变了传统检验检测资质审批模式门槛高、手续烦琐、重审批的缺点，简化了检验检测资质申报的手续和材料，提高了检验检测机构资质审批速度，使得检验检测机构可以更快速地通过审批。调查发现，48.68%的受访者所在单位已制定统一的检验检测机构资质认定许可范围清单，超半数受访者所在单位已推行告知承诺制度。84.25%的受访者赞成对检验检测机构资质认定实施"告知承诺"审批方式，在推行方式上，省级市场监管局认为应逐步、有序推进，市级及以下部门认为应尽快全面推行。网上审批是优化政务服务，促进政府依法行政的重要方式，调查表明 64.87%的受访者所在单位实现了检验检测机构资质认定网上审批，其中省级受访者所在单位实现网上审批的比例达到 90.16%。65.33%的受访者所在单位提供检验检测机构资质认定证书及机构能力附表网上查询服务。受访者对当地检验检测机构技术能力的评价越好，所在单位承担的检验检测机构资质认定职能越多，开通资质审批和查询服务的单位的占比越高。

4. 评审准则和专业技术人员是检验检测机构资质认定评审的重要依据和公正性保障

此次调查中，15%的受访者所在单位承担检验检测机构资质认定技术评审工作，评审的主要依据为检验检测机构资质认定评审准则。受访者认为开展检验检测机构资质认定评审工作应以检验检测专业技术人员为主（见图 4-12），以保证评审的公正性。

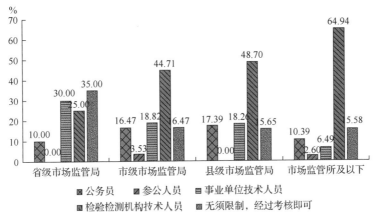

图 4-12 检验检测机构资质认定评审工作承担人员调查情况

4.3 我国检验检测行业发展存在的问题与原因分析

4.3.1 行业宏观问题

党中央、国务院高度重视我国检验检测行业的改革发展。2016 年我国就提出，政府要为企业发展营造良好环境，加快推进审批制度改革，减少重复检测认证。国务院出台一系列政策文件，明确提出要营造行业发展良好环境，推动检验检测服务业做强做优做大。在国务院统一部署下，我国检验检测机构改革与整合成效明显，市场活力不断提升，产业布局和产业结构持续优化，机构竞争力有所提升。截至 2020 年年底，共有具备资质的第三方检测机构 4.4 万余家，从业人员超 130 万人，年出具检验检测报告 5 亿多份，营业收入超 3200 亿元，市场规模约占全球市场的 20%，是全球范围内增长最快、最具潜力的检验检测市场，且预计未来几年仍将保持这一发展态势。同时也要看到，我国检验检测行业还存在国际领先品牌缺乏、技术短板凸显、制度性话语权较弱、市场秩序不够规范等问题。

1. 国际领先品牌缺乏

检验检测行业作为技术密集型产业，服务网络、信誉和品牌是其主要的进入壁垒和领先发展的关键因素。尤其是在发生重大产品质量争议时，如 2021 年 4 月发生的"特斯拉车主维权事件"，如果有具备足够公信力的第三方技术机构站出来，从专业技术角度对争议产品的质量安全问题进行权威性裁决，就能避免政府及相关部门经常被推到维护国产品牌和贸易稳定的第一线。

近年来，我国检验检测市场品牌化、集约化发展趋势明显。2019 年，全国规模以上（年收入 1000 万元以上）检验检测机构有 5795 家，占全行业的 13.2%；营业收入超过 1 亿元的有 423 家，上市企业有 100 家，一大批规模大、水平高、能力强的中国检验检测品牌正在快速形成（如无特殊说明，以下均为 2019 年统计数据）。但与国际先进同行相比，我国仍然缺少在国际上被高度认可的行业品牌，能够"走出去"在境外拓展国际业务的检验检测机构少之又少，与发达国家或地区实现检验检测结果互认还任重道远。据统计，我国最大的国有检验检测机构年营业收入不到 80 亿元，最大的民营检验检测机构年营业收入不到 40 亿元，而有些国际知名检验检测机构的年营业收入已近 500 亿元。世界综合排名前二十位的检验检测机构中，尚无中国检验检测机构。在轻工、棉纺、电子电器等大宗商品出口检验检测领域，外资检验检测机构更是占据垄断地位。随着我国检验检测市场在更高水平上扩大开放，我国检验检测机构竞争力整体偏弱的问题将会更加凸显。

2. 技术短板凸显

先进的检验检测技术能够带动从基础材料、基础元器件到重大装备、关键工艺乃至最终产品及整个产业链的质量提高，能够提高产品和服务的附加值，在推动经济转型升级、实现内涵集约式发展方面发挥重要的基础保障作用。检验检测技术水平不仅决定检验检测行业自身的发展上限，还对相关产业的优化升级起着重要的引领支撑作用，对推动产业升级具有"四两拨千斤"的效果。

经过多年发展，我国已形成规模庞大、覆盖面广的检验检测行业体系。2019 年，全行业共拥有各类仪器设备 710.82 万台（套），仪器设备资产原值 3681.17 亿元，分别较上年增长 15.20%、23.13%。检验检测高新技术企业数量从 2016 年的 998 家增长到 2019 年的 2220 家，占比由 3%提升至 5.04%。新兴业务领域整体营业收入达到 562.94 亿元，同比增长 23.16%，远高于传统领域的营业收入增速（9.89%）。我国检验检测的技术实力和创新能力持续进步，但与国际先进技术相比，技术水平还不够高，基础技术储备还存在不足，具体表现在以下方面。

一是检测仪器设备质量良莠不齐。目前我国国产检测仪器设备质量普遍不高，设备的可靠性、一致性、稳定性与国外同类设备相比存在较大差距。质量的差距直接导致我国国产检测仪器设备单位价值低，品牌认可度差。比如，我国仪器仪表中工程仪器和水文仪器合格率近几年均低于 90%，2019 年，我国仪器仪表出口单位价值为 88.66 美元/千克，而同期瑞士为 319.54 美元/千克，美国为 200.94 美元/千克，日本为 167.56 美元/千克，德国为 162.51 美元/千克，英国为 122.56 美元/千克。可见，我国检验检测设备质量与发达国家之间相比仍有较大差距。

二是高端服务供给不足。我国 70%检验检测机构的业务以消费品检测为主，材料测试、医学、电力、能源、软件及信息化等新兴领域的营业收入只占检验检测行业总营业收入的 16.26%。核电、光电、重大装备制造业等高技术产业严重缺乏相应领域的检验检测服务提供者，部分新兴产业、新产品领域存在"检不了、检不出、检不准"的情况。即使是作为检验检测技术高地的国家质检中心，在支撑监管、提供高端服务方面也有很大提升空间。调查结果显示，国家质检中心存在的问题，除区域分布不合理外，还有技术服务水平不够高、支撑监管不够有力和高新领域高端检验检测能力供给不足等。

三是关键技术装备存在短板。2018年，习近平同志在中央财经委员会第二次会议上强调，关键核心技术是国之重器，必须切实提高我国关键核心技术创新能力，把科技发展主动权牢牢掌握在自己手里。然而，我国检验检测部分关键技术和手段还受制于人，特别是高端检验检测仪器设备基本被国外品牌垄断。2016—2019年，我国大型科研仪器整体进口率约为70.6%，质谱仪器、色谱仪器进口率分别达到89.59%和88.45%。2019年，全国检验检测机构共拥有进口仪器设备62.63万台（套）、进口仪器设备原值1423.85亿元（见表4-4），分别占全国仪器设备总数量和原值的8.8%、38.7%。由于进口仪器设备比例高，我国检验检测行业不仅存在国外出口限制和技术封锁的"卡脖子"风险，也存在极大的信息泄露、网络攻击等威胁经济安全的隐患。

表4-4 我国检验检测行业仪器设备情况

年份	全国仪器设备数量 /万台（套）	进口仪器设备数量 /万台（套）	全国仪器设备原值 /亿元	进口仪器设备原值 /亿元
2015	446.38	44.37	2372.02	1049.48
2016	526.63	51.07	2597.63	1101.3
2017	575.65	57.73	2916.54	1241.02
2018	633.77	59.47	3195.55	1332.00
2019	710.82	62.63	3681.17	1423.85

3. 制度性话语权较弱

2015年，习近平同志在中共中央政治局第二十七次集体学习时指出，数百年来列强通过战争、殖民、划分势力范围等方式争夺利益和霸权逐步向各国以制度规则协调关系和利益的方式演进。国家间的竞争，不仅是产品和服务的竞争，更是市场规则的竞争。当前，我国检验检测国际话语权还不高，大部分国际标准、规则和互认安排由欧美发达国家主导建立，我国仅有数十人在相关国际组织和区域组织中担任各级各类选任或委任职务，与我国的贸易大国地位不相符，同时这也会对我国出口贸易产生不利影响。

据统计，我国有近1/3的出口企业受到国外技术性贸易措施不同程度的影响，年出口贸易直接损失额超过3000亿元。有的国外采购商会直接指定国外检验检测机构品牌，我国出口企业往往只能被动接受。比如，非洲、中东等地区一般仅在BV、SGS、COTECNA、Intertek等外资检验检测机构中指定1~2家实行政府合约装运前检验。又如，2020年我国口罩出口遭遇欧美认证制度壁垒，韩国KC认证未在我国指定实验室导致我国某些企业检测受骗等事件，都在不同程度上反映了我国在检验检测领域国际话语权不高的现实。

4. 市场秩序不够规范

市场监管总局高度重视检验检测监管工作，2018年9月市场监管总局成立不久就在全国范围内组织开展"认证检测乱象"专项整治行动，2019年和2020年市场监管总局又会同生态环境部等相关部门联合开展"双随机、一公开"监督检查。经过整治，检验检测市场秩序有所好转，但部分领域不规范现象仍然存在，尤其是环境监测、机动车安检中的尾气检测领域，机构造假情况屡禁不止，扰乱了市场竞争秩序。据统计，2018—2023年，市场监管部门累计检查检验检测机构4.5万家次，近三成机构受到不同程度的行政处理。机动车检验和生态环境监测领域分别有40.9%、39.2%的被抽查机构被发现存在违法违规行为，引起社会各界广泛关注。

4.3.2 调研微观问题

1. 制度层面的问题

一是上位法依据不足。调查显示，53.36%的受访者认为，检验检测资质认定改革最应该解决"上位法依据不足"的问题。检验检测机构资质认定许可制度实施至今，该项制度的上位法及管理方式并未同步调整，亟须完善相关法律法规，理顺检验检测机构资质认定的上位法依据。

二是缺少统一的资质认定范围清单。检验检测机构资质认定目录未统一。不足半数的受访者所在单位有统一的检验检测机构资质许可清单，超过1/3的受访者认为资质认定范围不够清晰是检验检测机构资质认定实施告知承诺制度和评审面临的主要困难。45%的基层受访者提出，建议总局研究制定检验检测机构资质认定实施范围清单。

三是相关配套措施不完备。告知承诺的具体指导性措施较少，在实施过程中难以操作。调查发现，33.73%的受访者表示，检验检测机构资质认定审批告知承诺制度的实施程序不明确，38.22%的受访者表示，评审标准或依据不够明确。

2. 市场环境问题

一是准入门槛问题。调查发现，对本地区检验检测机构准入门槛进行评价时，超过60%的省级机构受访者认为准入门槛低，大部分省级以下机构受访者认为准入门槛适中。同时，省级机构受访者对本地机构服务经济社会发展的总体评价相对较低，认为机构能力不足的比例也较高。受访者表示，要提高行业准入门槛，特别是涉及人身安全健康的检验检测领域，要通过提高准入门槛，使检验检测机构规范化。

二是退出机制不完善。基层受访者表示，目前检验检测机构退出机制不完善。

36.57%的受访者表示，检验检测领域存在处罚、撤证依据不足等情形，资质认定证书注销、撤销、吊销等制度不健全，可操作性不够强。

三是存在无序竞争。30.59%的受访者表示，检验检测市场存在的最主要的问题是无序竞争，即各机构会打价格战，存在"劣币驱逐良币"的现象。

四是政务服务有待加强。根据《中华人民共和国行政许可法》第四十条的规定，行政机关作出的准予行政许可决定，应当予以公开，公众有权查阅。根据调查显示，34.67%的受访者反映所在单位未提供检验检测机构资质认定证书及机构能力附表网上查询等服务。检验检测机构资质认定信息公开与政务信息服务工作有待进一步规范和加强。

3. 行业监管的问题

一是监管权限不明确。43.25%的受访者认为，应明确资质认定监管边界。目前，对于能力的评价许可和相关行业准入的监管权限不明确，市场监管部门和相关准入和结果采信部门的监管权限如何界定，监管责任如何划分，仍然不明确，如市场监管部门与公安、环保等部门对机动车检验机构和环境监测机构的资质认定的责任界线。

二是不同层级监管职责不统一。调查发现，不同层级机构所承担的检验检测机构资质认定工作不一样，即便是同一层级的机构，各地区的差异也很大。各地区各层级负责检验检测机构资质认定审批的部门也存在较大差异，对于下放层级的意见也较为分散。审批权限在省级及以上的，经常会出现信息不畅的情况，从而导致监管真空。

三是处罚力度不够大。32.34%的受访者认为，违法成本偏低，震慑力不够。调查发现，目前检验检测机构资质认定管理办法对机构管理力度偏弱，处罚力度不足，无法满足日常监管要求。应加大对违法违规机构的处罚力度，增加其违法成本。

4. 人才队伍问题

一是基层监管能力不足。调查发现，37.72%的受访者认为监管人员数量不足，33.88%的受访者认为监管人员能力水平不够。检验检测工作专业性强，监管人员需要体系化的培训以提升能力，33.08%的受访者表示，要加强检验检测监管人员培训。完善监管体系，避免因人员调动而出现工作衔接问题。有市县级机构受访者表示联系不到专家，很难做好日常监管工作，因此会产生许多监管问题。

二是评审队伍技术水平不足。50.62%的受访者认为目前评审人员数量或技术能力不足，27.6%的受访者认为评审专家的公正性难以保证，如会出现评审人员擅自减少审核工作日的现象。大量受访者表示，要加大对评审人员的培训。

三是奖惩机制不健全。调查发现，目前人才队伍奖惩制度不完善。基层监管人员工资待遇水平不高，监管任务重，同时能力不一，这导致了"多干少干一个样，干好干坏一个样"的不利局面。

4.3.3 原因分析

我国检验检测行业存在的诸多问题，虽然有行业发展历史相对较短、技术沉淀不足、品牌效应尚未充分形成等客观原因，但也充分暴露出我国检验检测市场发育不成熟、管理体制机制存在制度性缺陷等问题。

1. 供给体系总体落后

检验检测属于生产性服务业，与相关产业的发展水平具有较强的关联性。虽然近些年我国供给侧结构性改革已取得重大成效，但我国产业总体上仍处于国际分工产业链、价值链的中低端。供给体系总体质量不高的现状客观上也制约了相关检验检测技术的发展。我国是贸易大国，但出口以中低端产品为主，贸易顺差已持续多年并且整体上呈扩大趋势。由于外资检验检测机构在出口贸易中具有天然优势，贸易顺差扩大客观上会对我国检验检测机构抢占国际市场份额、提升国际竞争力造成困难。

2. 基础研究投入不足

检验检测主要依赖仪器设备开展工作。检验检测仪器设备研制难度大、门槛高、开发周期长，一般需要5～10年的持续资金投入和技术积累；迭代更新速度快，一般3～5年需要更新一次，行业先发优势明显，这就导致市场牵引机制失灵，社会资本研发投入积极性不足。大多国产仪器设备生产企业缺少和进口品牌一争高下的决心，将产品定位于低端市场，价格战是市场竞争的主要手段，这就导致企业利润低，研发投入不足，从而形成恶性循环。近年来，我国不断加大检验检测装备技术研发投入，但投入强度与国外相比仍有很大差距。据了解，"十三五"期间，国家相关部门共投入仪器研发经费86亿元，仅相当于美国赛默飞、安捷伦两家仪器设备公司2018年全年的研发投入（见表4-5）。国产仪器设备发展整体水平大约落后国外先进仪器设备两代，另外，仪器设备质量和可靠性问题需要得到根本性解决。

表4-5 2018年国外部分公司仪器设备研发投入情况

序号	公司名称	仪器研发经费
1	赛默飞（美国）	9.67亿美元
2	安捷伦（美国）	3.85亿美元
3	是德科技（美国）	3.2亿美元
4	丹纳赫（美国）	3.1亿美元
5	岛津（日本）	2.2亿美元

3. 产权制度改革进展缓慢

受体制机制和社会环境等因素的影响,事业单位制检验检测机构转企改革压力大、步伐小,机构和从业人员对转企改革普遍信心不足,检验检测领域的事业单位改革有待加快。2019—2023 年,我国事业单位制检验检测机构的比重分别为25.16%、22.81%、20.87%、19.69%、18.96%,呈现明显的逐年下降趋势。受行政区域建制和行业部委建制的影响,事业单位制检验检测机构业务往往集中于某一行政区域和某一行业,营业收入过于依赖政府委托业务,主动开拓市场的能力较弱,较少跨行业、跨区域经营,也就难以形成跨行业、跨区域的品牌。由于政企不分,事业单位制机构还往往难以自主经营、自负盈亏,无法确立市场竞争的主体地位。此外,事业单位制检验检测机构因其与主管部门的隶属关系,容易获得保护性优惠待遇,有些甚至利用与监管部门的特殊关系搞垄断性经营,与民争利,妨碍企业之间的公平竞争,从而导致检验检测市场的条块分割和行业、区域壁垒问题。

4. 市场发育不成熟

一是市场边界不清。由于检验检测结果和数据具有较强的外部效应,各行业主管部门普遍对本领域检验检测行业采取许可限制措施。据统计,目前国务院各部门共对 15 大领域实施 27 项许可,涉及 32 部法律、43 部行政法规。这些法律法规对各领域检验检测的概念界定不一,如有检验、检测、检定、检疫、监测、鉴定、测试等;在市场准入上也规定了审核、认定、指定、认可、认证等不同许可项目。对于哪些领域检验检测市场已向社会放开,是否需要以及需要获得何种准入许可,检验检测机构和监管部门经常有不同理解。概念不清则道理不明、职责不定,这是检验检测领域法治建设首先要解决的问题。

二是市场规则不明。由于检验检测领域尚无专门的、统一的上位法,相关规定散见于数量众多的法律、行政法规及部门规章、规范性文件中,对检验检测机构准入条件、管理要求和法律责任的规定有时会有较大差异,对不同性质的检验检测行为规定却又较为笼统。检验检测行为及检验检测报告除涉及检验检测的委托方、受托方(即检验检测机构)外,还可能涉及特定的第三方,如政府监管部门、政府采购部门,以及不特定的第三方,如消费者或社会大众。对于各方在检验检测市场中应承担的权利和义务、法律责任,以及争议救济渠道,目前还缺乏合理的分类和明确的规定,一旦出现纠纷,各方经常选择通过信访举报渠道来解决,这既给检验检测市场及相关商品的交易安全带来隐患,也给市场监管部门带来沉重的工作负担。

三是业务赛道单一。我国检验检测市场最大的业务份额,来自政府部门的监督检查,以及基于监管要求的电商平台、规上企业等委托的标准符合性检验,业务"赛道"单一,技术含量相对较低,导致难以形成差异化竞争。由于市场竞争激烈及缺乏相应的激励机制，即使是理应优先承担公益性业务的事业单位制检验检测机构等也不太愿意走出"舒适圈"，加大资金、人员和技术投入，与时俱进地跟随产业技术发展或为满足新型监管需要而提供高端技术服务，这就造成整个行业创新驱动发展动力和能力不足。

四是市场采信机制不够健全。部分行业的检验检测服务招投标机制不健全，招投标只重视价格而忽视质量，缺乏采信监督机制。低价竞标导致中标成本远远低于实际需要的检验检测成本，有些机构甚至通过造假、漏检项目或与企业串通等方式来获得利润。

5. 行业管理与队伍建设有待加强

检验检测是基础性服务业，广泛服务于产品质量监督、环境保护、交通运输、医药卫生、农林建筑、工业信息、国防军工等多个领域，不同领域往往有各自的专业准入要求，也有相应的监管措施，对监管人员的专业性、技术性要求很高，但由于统一管理和分工负责的机制尚未建立，综合监管与专业监管未能实现有效衔接，个别领域存在相互推诿的情况。检验检测机构的部分重复许可问题经过多轮改革已得到改善，但重复评审、重复监管仍然较为普遍，还存在不少针对检验检测机构的行政审批项目或者其他隐性的行政管理制度，这都增加了制度性交易成本。我国在检验检测机构准入方面实施资质认定制度，该制度在规范检验检测机构基本技术条件及管理要求上发挥了重要作用，但在实施中存在法律依据不足、发证边界不清、评审质量不高、尺度把握不一、准入门槛过低等问题。此外，基层监管力量薄弱，缺乏懂技术、懂行业的监管人员队伍，在市县级监管人员配置方面"人少、不专"，人员流动大，专业培训少，难以对体量庞大的检验检测市场实施有效的属地监管。

6. 法治建设不够健全

一是对检验检测违法违规行为的法定处罚力度偏轻，如《中华人民共和国环境保护法》规定"监测机构及其负责人对监测数据的真实性和准确性负责"，但缺少相应的法律责任条款。现有检验检测机构监管的主要依据是《检验检测机构资质认定管理办法》《检验检测机构监督管理办法》，二者均属部门规章，法律层级较低，上位法支撑不足，处罚力度不够。二是法律制度缺乏协调统一，如《中华人民共和国道路交通安全法实施条例》规定由质量技术监督部门负责对机动车安全技术检验机构实行计量认证管理，但《中华人民共和国道路交通安全法》规定撤销检验机构资格的实施主体是公安部门。三是失信惩戒机制不健全，尤其是在机动车检验、环境监测领域尚无对检验检测人员严重违法行为实施从业禁止管理的明确规定。

第5章 评价与预测

5.1 检验检测指标体系现状分析

5.1.1 国外典型检验检测指标体系

全球检验检测行业发展历史悠久。随着人类社会进入工业时代，检验检测开始作为一个独立的行业不断发展壮大。目前，欧美等发达国家培养了一批受到全球认可的大型检验检测机构，且已形成了较为规范的检验检测市场。这些检验检测市场都已充分市场化，行业内机构多属于第三方机构，检验检测行业一般作为技术服务业类别或其他服务业类别被政府管辖，而不会作为特定行业与政府保持特定关系，因此在行业统计方面与其他服务业并无二致。但不同的统计人出于不同的统计目标，会以不同的统计方式对检验检测行业进行统计分析。

1. 德国物理技术研究院（PTB）质量基础设施量化指标体系

PTB 在 2005 年发布了一篇科学量化质量基础设施的研究报告"Measurement of Quality Infrastructure"，报告从认可、计量、标准、认证四个维度分析了 OECD 国家的质量基础设施能力水平。该报告的作者在其 2019 年的论文"Measurement and performance of Quality Infrastructure"中对认可指标进行了进一步优化，如表 5-1 所示。比较遗憾的是，这一指标体系中并没有涉及检验检测的指标。

表 5-1 PTB 关于认可的指标体系

要素	2005 年指标观测变量	2019 年指标观测变量的变化
认可	LAF、ILAC 国际组织在职人数	仍为 LAF、ILAC 国际组织在职人数
	MLA、MAR 签署协议数	换成国际组织被认可的成员数
	区域互认协议数	删去

2. 美国研究机构 Anything Research 检验检测指标体系

国外有诸多行业研究机构对检验检测行业进行研究，它们建立了相应的评价框架，为客户提供行业预测分析。这类研究主要测算行业经济情况，评价体系逻辑架构较为全面，数据来源多元，以此保证评价结果的客观性和可靠性。以美国研究机构 Anything Research 对美国建筑行业检测服务评价为例，其评价体系涵盖了机构数量、人员、薪资、不同工种收入等指标，以此预测美国建筑行业检测服务业的发展趋势与消费者可重点关注的行业投资机会。Anything Research 检验检测指标体系如表 5-2 所示。

表 5-2 Anything Research 检验检测指标体系

指标	观测变量
市场规模	检验检测市场规模（总收入）
	检验检测行业平均收入
财务收益	检验检测行业盈利水平（盈利能力和估值比率）
	检验检测行业效率比率（关键绩效指标）
政府投入	美国联邦政府在测试实验室上的支出总计
	美国联邦政府与测试实验室签订合同份数

3. 世界银行检验检测诊断工具指标体系

世界银行在 2019 年的报告 "Ensuring Quality to Gain Access to Global Markets: A Reform Toolkit" 中，详细介绍了检验检测的功能作用，并提出了诊断一国质量基础设施发展水平的指标体系，其中涉及的检验检测指标如表 5-3 所示。该诊断模型和指标体系已经在亚非拉等地区进行了广泛的应用实践，世界银行将实践案例汇编成册，供其他国家借鉴使用。

表 5-3 世界银行检验检测指标体系（节选）

类别	信息来源	指标	指标观测变量
认可	认可法案、法令、条例或类似规定；相关组织章程；国家认可机构（NAB）/美国注册机构认可委员会（RAB）理事会或委员会政策文件；NAB/RAB 网站和年报关于公共实体的政府法规；NAB/RAB 理事会或委员会结构	认可战略	一国是否制定了认可战略
		认可法律	认可法律法规数量
		认可治理水平	私营领域是否有代表加入委员会或理事会
		财务可持续性	是否为 NAB/RAB 的国际和区域承诺设立了专项资金
		技术水平	评定师和技术专家数量
		国际承认	NAB/RAB 是否由来自相关区域合作机构或团体的专家小组进行了同行评审

续表

类别	信息来源	指标	指标观测变量
检验检测	相关政府政策、战略及实施计划 对政府实验室能力范围的审查 相关国家部委（如贸易和工业部、科技部等）网站 国家部委相关立法文书 监管领域指定实验室的官方名单	检测战略	一国是否制定了检验检测服务战略
		出口市场检测实验室	政府和私营领域是否在积极寻求和协调承认安排，以使国家实验室在出口市场获得承认
		检验检测法律	检验检测法律法规数量
		检验检测市场	检验检测在近期（五年）的总价值
		财务可持续性	是否为检验检测实验室的持续认可设立了专项资金，如检验检测服务收入，或来自政府、任何其他一个或多个实体或专项基金的资金
		组织结构	检验检测实验室是否设有不同的部门，每个部门分别负责一个特定检验检测范围，以促进认可

4. 日本统计局（JBS）检验检测统计指标体系

JBS将检验检测行业列为服务业，因而在进行服务业调查时会涉及商品检验检测服务的数据统计。JBS每年年初会发布统计报告，其中对检验检测行业的数据分析主要涵盖了行业的市场规模、机构数量、从业人员等指标（见表5-4），这些指标基本上反映了行业的市场、财务和实际业务情况。

表5-4 JBS检验检测指标体系

指标	指标观测变量
市场规模	检验检测行业营业收入总额
	检验检测行业平均营收额
机构数量	检验检测行业机构数量
从业人员	检验检测行业从业人员数量
	检验检测行业平均薪资水平

5. 荷兰阿姆斯特丹咨询机构（ASDReports）检验检测指标体系

ASDReports是国际知名咨询公司，其下属部门Marketsandmarkets定期发布行业报告。其在报告"Testing, Inspection, and Certification Market—Growth, Trends, Forecasts（2020—2025）"中用"检验检测认证市场排名前十的机构销售收入增长

率"来衡量一国检验检测行业发展水平（见表5-5）。测算当期销售收入增长率的计算公式为：

销售收入增长率=（本期期末销售收入金额-去年同期销售收入金额）/
去年同期销售收入金额×100%

将销售收入增长率进行标准化处理，可得出对应分值。虽然这一指标包含了认证，但是也不失为衡量检验检测行业发展水平的一个良好指标。

表 5-5　ASDReports 检验检测指标体系

指标	指标观测变量
行业发展水平	检验检测认证市场排名前十的机构销售收入增长率

5.1.2　国内典型检验检测指标体系

与国外检验检测市场充分市场化、集约化不同，我国检验检测行业还存在市场化不充分、从业机构过于分散等问题。我国检验检测行业整体与政府关系较为密切。

1. 国家认监委合格评定发展指数指标体系

国家认监委从 2016 年开始组织开展认证认可强国评价指标研究，通过制度建设、服务发展、产业实力、创新驱动、国际影响、基础能力六个二级指标，构建了相对科学、系统和完整的指标体系。2019 年，国家认监委将检验检测指标纳入认证认可强国评价指标，形成合格评定发展指数指标体系（见表5-6）。其中，对于检验检测有两个创新观测变量：一个是机构实力中的"一国全球 TIC[①]市场排名前十的 TIC 机构销售收入"；另一个是技术创新中的"一国检验检测仪器出口单价"。

表 5-6　国家认监委合格评定发展指数指标体系

一级指标	二级指标	三级指标	观测变量
合格评定发展指数	制度建设（7.5%）	法律法规	一国合格评定的法律（法规）部数
			一国法律框架解决纠纷的实际效力
	服务发展（22.5%）	贸易促进	一国商品进口过程中满足文件合规要求所需时间
			一国商品出口过程中满足文件合规要求所需时间
		安全保障	一国出口商品召回指数
		社会治理	一国采信的认可结果数

---

① TIC 是 Testing, Inspection and Certification（检验、检测和认证）的简称。

续表

一级指标	二级指标	三级指标	观测变量
合格评定发展指数	产业实力（25%）	产业规模	一国颁发的体系认证证书总数
			一国检验检测仪器出口总额
		机构实力	一国全球 TIC 市场排名前十的 TIC 机构销售收入
			一国全球 TIC 市场排名前十的 TIC 机构销售收入增长率
		质量效益	一国出口商品质量溢价指数
	创新驱动（15%）	技术创新	一国原创的认证检测制度数
			一国检验检测仪器出口单价
		专业主导	一国在国际电工委员会（IEC）合格评定体系中的提案数
			一国主导制定的国际标准数
	国际影响（22.5%）	服务输出	一国在关于电工产品测试证书的相互认可（IECEE-CB）体系中得到国外采纳的证书数
		国际互认	一国颁发的 IEC 合格评定体系证书数
		机构任职	一国在国际认证认可组织中任职人员数
	基础能力（7.5%）	人才培养	一国每十亿服务业从业人员中的认可同行评审专家人员数

2. 原质检总局检验检测"十三五"规划指标体系

2016 年 11 月，质检总局、认监委等 32 个部委联合发布了《认证认可检验检测发展"十三五"规划》，明确提出 2016－2020 年认证认可检验检测行业发展的指导思想、发展目标、战略任务和改革举措。该规划确定了"十三五"主要发展指标（主要从服务发展、创新驱动、产业水平和国际合作 4 个维度设立），如表 5-7 所示。

其中，涉及检验检测的指标主要有对外出具检验检测报告数、主导制定认证认可检验检测国际标准项数、从业机构高新技术企业认定占比、检验检测认证服务业营业总收入、双边国际合作协议数和加入国际互认体系检测认证机构数。其数据主要来源于国家市场监管总局认可与检验检测监督管理司和认证认可技术研究中心。

表 5-7　检验检测"十三五"主要发展指标

指标	指标名称
服务发展	有效认证证书总数
	对外出具检验检测报告数
	认证覆盖率
	对 GDP 的贡献率
创新驱动	主导制定认证认可检验检测国际标准项数
	绿色产品认证服务覆盖领域
	从业机构高新技术企业认定占比
产业水平	检验检测认证服务业营业总收入
国际合作	双边国际合作协议数
	加入国际互认体系检测认证机构数

3. 市场监管总局检验检测"十四五"规划指标体系

2022 年 8 月，市场监管总局印发《"十四五"认证认可检验检测发展规划》（以下简称《规划》），落实《中华人民共和国国民经济和社会发展第十四个五年规划和 2035 年远景目标纲要》和《"十四五"市场监管现代化规划》的相关部署要求，就"十四五"时期认证认可检验检测行业发展作出统筹安排，检验检测"十四五"主要发展指标如表 5-8 所示。

《规划》明确了"十四五"时期认证认可检验检测发展的总体要求、发展目标、发展任务和保障措施。按照"坚持党的领导、坚持系统观念、坚持市场主导、坚持统筹兼顾、坚持多元共治"的基本原则，加快构建统一管理、共同实施、权威公信、通用互认的认证认可检验检测体系，努力实现"市场化改革取得新进展、国际化发展实现新突破、专业化提升达到新水平、集约化整合形成新格局、规范化发展呈现新面貌"等发展目标。在推进市场化改革方面，深化强制性产品认证、认证机构资质审批、检验检测机构资质认定等领域改革，有效激发市场活力；在推进国际化发展方面，全面提升我国认证认可制度的国际互认度、合格评定机构的国际化业务水平，形成一批具有国际影响力的制度品牌和机构品牌；在推进专业化提升方面，全面提升认证认可检验检测服务供给能力，关键领域认证认可检验检测技术实现安全可控；在推进集约化整合方面，检验检测认证行业"小散弱"现象得到明显改观，结构布局更加合理；在推进规范化发展方面，完善以法律规范为准绳，以行政监管为主导，以认可评价为约束，以行业自律为基础，以社会监督为制约的监管体系，认证认可检验检测行业的社会公信力明显提升。

表 5-8　检验检测"十四五"主要发展指标

指标	指标名称
服务效能	有效认证证书总数
	获得认可的认证证书数量
	获证组织总数
	对外出具检验检测报告数
行业环境	获得批准的认证机构数量
	获得资质认定的检验检测机构数量
	获得认可的合格评定机构数量
	认证从业人员数量
	检验检测从业人员数量
	检验检测认证服务业营业总收入
国际合作	双边国际合作安排数
	加入 IEC 互认体系合格评定机构数
	参与制定合格评定国际标准项数
	检验检测认证机构国际认可互认占比
	合格评定认可制度国际互认度
基础支撑	合格评定国家标准数
	合格评定行业标准数
	获得高新技术企业认定的机构数
	国产检验检测仪器设备资产原值占比
	国家质检中心数量

4. 市场监管总局检验检测行业统计报表

统计报表虽然不是指标，但是对指标的形成有参考价值。2019 年，市场监管总局制定了新的《检验检测统计调查制度》，并由国家统计局批准发布。《检验检测统计调查制度》设计了检验检测机构基本情况表、财务状况表和业务状况表，按 GB/T 4754—2017《国民经济行业分类》对行业代码为 745 "质检技术服务"的检验检测机构（全国范围内向社会出具具有证明作用的数据和结果的检验检测机构）进行全面调查，由市场监管总局负责实施，并实行年报制度。

2020 年，市场监管总局制定了新的《认证认可统计调查制度》，由国家统计局批准发布。《认证认可统计调查制度》也包含机构基本情况表、财务状况表和业务状况表，对认证机构 [全国范围内经市场监管总局（国家认监委）批准，向社会提供证明产品、服务、管理体系符合相关技术规范、相关技术规范的强制性要求或者标准的合格评定活动的认证法人单位]与认可机构[全国范围内经市场监管总局（国家认监委）确认，对认证机构、检验机构、实验室的技术能力，实施合格评定并予以承认的认可法人单位]进行全面调查。该制度由市场监管总局负责实施，并实行年报制度。

5. 中国工程院制造业质量发展指标体系

中国工程院在启动制造强国指数测评研究课题时，在质量领域曾构建制造业质量发展指标体系，从质量水平、质量基础、重点行业质量和质量环境的视角，探讨制造业质量发展水平。其中，在质量基础评价维度下，用"认证国际互认率"（见表5-9）表征认可，用"第三方检测比例""国家监督检验的覆盖率"表征检验检测。

表5-9 中国工程院制造业质量发展指标体系

评价维度	具体指标
质量基础	国家标准平均标龄、实施率，中国主导制定国际标准的比例
	国家计量基准、标准物质和量传溯源体系覆盖率，国际承认的校准项目数，国家计量基准实现国际等效比例
	认证覆盖率，认证国际互认率
	第三方检测比例，国家监督检验的覆盖率

5.1.3 关于检验检测指标的研究现状

近年来，随着检验检测行业地位不断提高，通过建立指标体系对行业进行定量分析的研究也逐渐增多。

1. 指标设计兼顾生产性服务业和高技术服务业特征

在生产性服务业特征方面，研究人员重点关注检验检测行业市场化程度、服务能力等方面的研究。比如，董宝平、刘烨（2015）选取综合基础服务能力、检测技术服务能力、经营服务能力和可持续服务能力等维度，构建起生产性检测服务能力指标管理体系，对检验检测机构的服务能力进行评价。该指标体系便于企业或者个人对检验检测机构进行服务能力评价，也有利于检验检测机构通过比对来改进自身不足，同时突出优势，提升机构服务能力。

在高技术服务业特征方面，研究人员以检验检测机构或行业本身竞争力为落脚点进行研究。比如，姜悦（2014）从检测能力、服务能力、研发能力、人力资源以及市场经营能力出发，构建起检验检测机构竞争力评价指标体系，并得出我国某市检验检测机构信息网络化程度普遍较低、研发能力较弱、研发经费投入不足等结论。王腊芳等（2016）从生产要素、需求要素、市场要素等方面出发，对检验检测行业整体竞争力进行了评价分析。结果表明,从生产要素来看,中国检验检测机构科技人员数量有待增加,检测技术水平提升空间也较大;从需求要素来看,中国检验检测机构的需求竞争优势不明显;从市场要素来看,中国检验检测行业服务覆盖面较窄,欠缺核心检验检测研发能力和品牌知名度,国际市场公信力不高。此外,还有研究人员提出用以技术进步、组织创新、专业化和生产创新等为来源的全要素生产率(TFP)法计算检验检测行业创新的统计研究思路。

2. 指标设计因地因业制宜

有些研究人员从某些地区或特定行业的检验检测机构发展现状的量化评价入手进行了研究。比如,何佳星(2019)从基础能力、技术人才、科研能力、技术服务能力、影响力和权威性五个方面对河北检验检测机构综合能力进行研究,构建了符合河北实际情况的综合能力评价体系。陈泉宇(2019)通过问卷调查法,就机构人员概况、在职员工学历与职称、实验室检测仪器设备、实验室检验资质、实验室面积、科研平台和信息化能力建设状况对浙江、湖南、广西等地的医疗器械检验检测机构现状进行了调查,并重点评估了广西医疗器械检验检测机构的检测能力建设现状。

3. 指标设计倾向综合性、体系化设计

在构建检验检测行业综合评价体系方面,研究人员采用了不同的方法,并在各自方法的基础上对我国检验检测细分行业进行了深入研究。

有些研究人员突破传统服务业评价方法,选择从不同主体视角分别构建评价指标体系,进而获取整个行业的量值评价。比如,商泰升等(2014)针对监管部门、从业机构和获证组织三类主体,分别构建了检测认证服务业统计指标体系。

有些研究人员在传统服务业评价方法的基础上构建综合性评价指标体系,并进一步对检验检测行业在经济社会发展中所体现的作用进行分析。比如,李细梦(2016)以中国检验检测行业发展水平评价指标体系为基础,从系统论的角度出发,构建了系统内部协调发展状况的协调评价模型。杜文婷(2018)从检验检测行业评价指标体系出发,研究了检验检测行业对制造业质量竞争力的影响。

5.1.4 研究评述

一般来讲,建立行业统计指标体系的目的在于客观、综合评价行业整体发展状况,指标设计越全面,越有利于找准行业发展薄弱点,分析行业发展趋势,总结行业发展经验。而政策规划体系指标多为目标导向,重在明确未来发展方向,确定行业发展任务,指标设计重在突出代表性。虽然两者构建方法和重点不同,但前者有助于对行业进行客观综合评价,更准确地把握行业整体发展方向,并且前者可以为后者的主要发展指标的确定提供思路。

就检验检测行业而言,建立行业统计指标体系的基本遵循应是全面考虑行业的特殊性质,即检验检测行业是与贸易高度相关,在我国与政府关系较为密切,需要不断推动科技创新和深化市场化改革的高技术与生产性服务业。"十四五"期间检验检测主要指标的选定,一要基于其发展方向,二要在行业统计指标体系的基础上选取、组合具有代表性和实际操作性的典型指标。

5.2 检验检测指标体系设计与构建

应在充分借鉴国外检验检测指标体系的基础上,参考我国各类经济社会发展规划和质量发展规划指标体系研究成果,在新发展阶段,贯彻新发展理念,以构建新发展格局的思路,设计、研究、形成我国市场监管检验检测现代化体系框架,构建评价我国检验检测的指标及测评维度。

5.2.1 设计原则与指标体系

1. 设计原则

一是综合性和代表性原则。行业发展涉及一个行业的方方面面,涉及的相关指标数量庞大,每项指标都与行业发展有着或强或弱的联系,因此,所构建的评价指标体系应尽可能反映行业发展的全貌,能够反映行业的各个侧面,以免影响评价结论的客观性与可靠性。但在实际工作中,要避免过于机械地理解评价指标体系的"全面性",不能简单将之理解为"指标越多越好",应根据研究分析的需要,选择那些综合性强、具有较高代表性的指标,保证评价对象的每个侧面都有"若干个代表性指标"来反映。

二是逻辑性和客观性相结合的原则。只有选取合理的、代表性强的指标,并将其科学、系统地组合为一个有机整体,才能构建出一套科学有效的行业发展综合评价指标体系,才有可能得到合理可信的评价结论。因此,不但要根据各要素本身所固有的性质和特点,系统有序地选择评价指标,而且要重视指标之间的内在联系,注意指标的动态性和结构的合理性,要使总量指标与人均指标、数量指标与质量指标、结构指标与效益指标达到有机的结合与辩证的统一,体现出指标选取的科学性原则。同时,为了体现行业发展指标的客观性,避免专家调查等方式可能产生的随意性,对于一些难于量化的要素或者要素的某个方面,应尽可能减少软指标的数量。

三是理论要求和实际可操作性相结合的原则。用于评价行业发展的理想指标不仅要有足够的评价力度,还要有良好的可操作性以及可靠的数据来源。但实际上,大量的原始指标无法同时具备以上两个条件。一般而言,当一个指标体系中出现不可操作的指标时，应考虑寻找替代指标，或寻找专门调查搜集指标的途径，或寻找统计估算的方法，而不应"一删了之"，否则将有损评价的全面性。在很多情况下，选取指标时需要对指标的合理性和可操作性进行权衡：凡是需要又能直接利用的指标应尽量直接采用；凡是需要却不能直接利用，但是可以加工成理想指标的，应根据评估的需要，选择相关指标并将其加工成理想指标；而有些指标虽然理论上符合要求，但数据来源不可靠，则应舍弃，用接近的可操作性好的指标代替。

四是现实性与前瞻性相结合的原则。行业发展评价是一项长期的工作，为了与行业发展的现实状况和未来走向相适应，在选取指标时既要考虑当前的实际要求，也要考虑未来的发展方向，即指标应具有一定的前瞻性，这些在指标体系设计过程中应当予以考虑。

五是动态监测与持续改善原则。为了有效监测检验检测行业发展情况，需要选取动态监测指标，尽可能及时反映检验检测行业变化情况，还要根据不同时期、不同需求进行适当的调整和改善，保证监测指标具有较好的时效性。

2. 指标体系设计

（1）指标维度划分

本书根据党中央、国务院的相关规定和国民经济"十四五"规划，结合今后一段时间我国检验检测工作重点，构建检验检测工作成效监测与评价指标体系。检验检测指标维度划分如表 5-10 所示。

表 5-10　检验检测指标维度划分

"三定"职能	维度
拟订实施检验检测监督管理制度	法律法规及制度建设
组织协调检验检测资源整合和改革工作	市场化改革
	集约化整合
规划指导检验检测行业发展	产业发展
	专业化提升
协助查处检验检测违法行为	规范化监管
组织参与检验检测国际或区域性组织活动	国际合作

（2）指标维度说明

第一，在已有行业评价研究中，虽然在不同研究中评价总体目标所分解出的二级评价目标个数以及不同二级评价目标的名称并不完全一致，但从二级评价目标所考察的内容来看，不论考察什么行业，行业的总体规模、行业结构的合理化程度、行业发展水平或盈利能力、行业发展趋势等都是必然关注的内容，这些内容也是考察一个行业发展状况时的一些最为基本的方面。因此，在对检验检测行业评价总体目标进行分解时，上述几个方面自然是首先要有的内容，因此应将行业发展规模、行业发展结构等纳入指标体系。

第二，检验检测行业作为生产性服务业，提供市场化的中间服务（非最终消费服务），即作为其他产品或服务生产的中间投入的服务，行业本身市场化程度直接影响市场竞争的规范与成熟程度。因此，有必要将检验检测行业市场化程度、检验检测机构市场化程度、检验检测机构市场势力作为反映中国检验检测行业市场结构及市场化水平的指标。

第三，检验检测行业作为高技术产业，有着与其他产业不同的特点。高技术产业较为突出的特征包括技术水平高、人员素质高、科研经费投入多、技术创新能力强等，在对高技术产业发展进行评价的过程中，所设置的评价目标和具体指标都应对上述特征予以反映，因此应将技术实力、机构实力、高质量发展等技术性较强的指标作为产业竞争力评价因素纳入指标体系。

第四，检验检测是WTO框架下技术性贸易措施组成部分之一，对国际贸易便利化程度具有极大的影响。也就是说，检验检测的国际影响力越高，越有利于国际贸易的顺利进行。国际影响力体现在两个方面：一方面是主导或制定检验检测国际标准，担任ILAC、IAF等相关国际组织的重要职务，在国际舞台上发挥引领作用；另一方面是与他国签署合作协议或多双边互认协议，扩大全球合作伙伴范围。

此外，认可是对认证机构、检查机构、实验室以及从事评审、审核等认证活动人员的能力和执业资格，予以承认的合格评定活动。在我国，对认可机构的确定及统一管理由国家认监委执行，属于政府行为。本书所构建的指标体系将新增认可项目、国际组织任职人员数量和国际合作协议数量作为评价因素。

（3）指标体系框架

本书按照我国检验检测指标体系设计思路、原则和实际需要，将指标体系设计与检验检测"五化"（市场化、国际化、专业化、集约化、规范化）相结合，设计了34个监测指标（见表5-11），以量化测度为主，以定性描述为辅。各级指标设置总体上可有效反映我国"十四五"时期及今后一段时间检验检测发展的基本情况。

表5-11 检验检测发展指标体系

维度	监测指标	指标类型
法律法规及制度建设	检验检测法律法规完善程度	定性
市场化改革	企业制检验检测机构营业收入占比	定量
	民营检验检测机构数量占比	定量
	民营检验检测机构营业收入占比	定量
	外资检验检测机构数量占比	定量
	外资检验检测机构营业收入占比	定量

续表

维度	监测指标	指标类型
集约化整合	行业营业收入前 10 名的机构的营业收入占比	定量
	行业营业收入中位数与平均数的比值	定量
	规模以上机构营业收入占比	定量
产业发展	检验检测行业总营业收入	定量
	对外出具检验检测报告数	定量
	检验检测仪器设备单位价值	定量
	检验检测仪器设备对外依存度	定量
	检验检测机构数量	定量
	认可的机构总数	定量
	新增原创认可项目总数	定量
专业化提升	中高级专业职称员工占比	定量
	大专及以上学历从业人员占比	定量
	新增认可评审员数量	定量
	同行评审专家人数	定量
	从业机构高新技术企业认定数量占比	定量
	机构平均拥有专利授权数量	定量
	机构平均制定标准数量	定量
	企业检测电商交易平台数量	定量
	国家公共服务示范区数量	定量
	国家公共服务平台示范区辐射机构总数	定量
	国家公共服务平台示范区辐射机构总营业收入	定量
	国家质检中心数量	定量
规范化监管	非例行监督检查机构有效性	定性/定量
国际合作	加入国际互认体系机构数	定量
	主导制定国际标准项数	定量
	签署国际合作协议数	定量
	签署互认协议数	定量
	ISO、IEC、ITU、ILAC、IAF 任职人数	定量

5.2.2 检验检测主要发展目标和指标选定

1. 主要发展目标

我国检验检测主要发展目标应该涵盖以下六方面内容。

（1）行业发展有新特点

检验检测行业实现快速增长，市场规模显著扩大，业务能力进一步增强，有力支撑双循环新发展格局形成。

（2）市场化改革有新突破

检验检测行业市场配置决定性作用不断增强，行业准入条件显著降低，行业结构明显优化；政府部门对市场的直接干预明显减少，公益类检验检测机构业务更加聚焦，市场活力进一步激发。

（3）国际合作有新成果

检验检测行业实现双多边合作机制常态化推进，合作成果不断增加，行业内机构、服务和制度"走出去"成效显著，国际话语权明显增强。

（4）集约化整合有新发展

检验检测行业品牌加速形成，品牌效应更加突出，国际知名品牌明显增多；行业内高质量整合并购速度加快，龙头企业数量显著增加，行业集中度进一步提高。

（5）专业化提升有新水平

检验检测行业创新能力不断增强，创新驱动发展成效明显，高新技术产业化成果丰硕；行业服务能力不断增强，人才供给结构明显改善，人才要素生产率显著提高。

（6）规范化监管有新局面

检验检测行业体制机制更加健全，营商环境进一步优化，市场秩序更加公平，市场主体规范发展。

2. 主要指标选定

（1）行业发展

检验检测行业涉及食品安全、产品质量控制、环境监测和工程建设等众多事关国计民生的重要领域。随着我国经济的发展，建筑、食品、环保、机动车等领域发展迅速，全社会对使用产品的质量、生活健康水平、生产生活的安全性、社会环境保护等方面的要求不断提高，对检验检测的需求不断扩大。

由于检验检测机构改革不断深化，检验检测行业内重组并购不断增加，未来一段时期，检验检测机构数量并不足以体现行业本身的发展。之所以不选择"检验检测仪器设备单位价值"这一指标，主要是因为市场监管总局检验检测监督管理司对于仪器仪表等检验检测设备只有对其使用过程的监管职能，而没有监督生产的职能，因此主要指标选择中不采用这一指标。

调整后，"产业发展"大类下设有"检验检测行业总营业收入""对外出具检验检测报告数"两个指标。

（2）市场化改革

检验检测行业市场化是生产性服务业的重要特点之一，检验检测作为其他产品或服务生产的中间投入的服务，其行业本身市场化程度直接影响市场竞争的规范与成熟程度。在我国检验检测行业发展历程中，关于政府与市场的关系，不同时期有着不同观点：第一种观点是政府在资源配置中起决定性作用；第二种观点是政府和市场共同在资源配置中起决定性作用；第三种观点是市场在资源配置中起决定性作用。

目前，社会对检验检测市场化改革方向取得了一些共识，即市场化改革是势在必行的，但又不能全盘市场化。2014年，中央编办、质检总局《关于整合检验检测认证机构的实施意见》经国务院同意发布，该意见提出政府部门要强化制订政策法规、发展规划、标准规范和监督引导职责，逐步与检验检测认证机构脱钩。推进检验检测认证机构转企改制，加大政府购买服务力度，鼓励社会力量参与。此后，国家认监委每年都会开展检验检测市场化改革调研，搭建了检验检测市场化改革专栏，不断明晰检验检测机构资质认定范围，拆除认证机构的准入"门槛"，极大放宽了检验检测机构主体准入条件，同时加快转变政府职能，未来政府部门除有特别需要外，原则上不再直接设立一般性检验检测认证机构。

一方面，要促进检验检测行业的市场化发展，必须让市场在资源配置中起决定性作用，即打破过往部门垄断和行业壁垒，有序开放检验检测市场，调动检验检测市场的积极性，鼓励和支持社会力量开展检验检测业务。因此，企业制检验检测机构数量及其营业收入，一定程度上能有效反映检验检测市场化改革成效。

另一方面，检验检测市场化改革还要着力减少政府部门对市场的直接干预，其中的关键在于政府和市场之间的边界划分。我国检验检测行业发展初期，检验检测机构基本上都是由政府部门设立的事业单位，作为政府实施市场监管的技术抓手，附属于各政府职能部门或行业监管组织。即使在事业单位改革后，原事业单位也多改组为国有企业继续存在。事业单位和国有企业都具有一定的行政性。检验检测市场化改革后，检验检测市场活跃度不断上升，国有（事业单位和国有企业等）机构的占比应逐年下降，民营检验检测机构的数量和营业收入占比应不断升高。

调整后，"市场化改革"大类下设有"企业制检验检测机构营业收入占比""民营检验检测机构营业收入占比"两个指标。

（3）国际合作

国际化是检验检测行业发展的必然方向。检验检测是市场经济条件下加强质量管理、提高市场效率的基础性制度，也是国际通行的贸易便利化工具，具有鲜明的市场化、国际化特征，为市场主体之间搭建了顺畅沟通的"桥梁"。

《认证认可检验检测发展"十三五"规划》在"国际合作"大类下共列出两项指标："双边国际合作协议数"和"加入国际互认体系检测认证机构数"；在"创新驱动"大类下列出了"主导制定认证认可检验检测国际标准项数"指标。"十四五"期间检验检测主要发展目标可以在此基础上进行调整。

将"主导制定认证认可检验检测国际标准项数"调整至"国际合作"大类下，并改为"主导制定国际标准项数"，这是因为原有"双边国际合作协议数"和"加入国际互认体系检测认证机构数"主要体现的是我国检验检测在多双边合作机制层面的国际合作情况，反映了我国为推动构建合格评定全球大家庭贡献的中国力量，但不能充分说明我国检验检测国际话语权。合格评定的国际话语权是国家综合实力的象征，是掌控国际贸易主导权、赢得国际竞争的重要手段。

调整后，"国际合作"大类下设有"签署国际合作协议数""加入国际互认体系机构数""主导制定国际标准项数"三个指标。

（4）专业化提升

随着居民收入水平的提高，人民群众对美好生活的需求不断提高，对产品与服务的质量要求也不断提高，检验检测需要更加专业化、精细化。专业化是指一个普通的职业群体在一定时期内，逐渐符合专业标准，成为专门职业并获得相应专业地位的过程。检验检测行业作为高技术产业，有着与其他行业不同的特点，高技术产业较为突出的特征包括技术水平高、人员素质高、技术创新能力强等，在对高技术产业发展进行评价的过程中，所设置的评价目标和具体指标应对上述特征予以反映。

从国家发展和社会需求来看，科学技术是第一生产力，人是生产力中最具决定性的因素。当今世界各国的竞争，说到底就是人才的竞争。人才是创新的核心要素，是衡量一个国家综合国力的重要指标。专业职称能在很大程度上反映个人的素质和能力，也是个人能力的主要衡量指标。提高员工整体的专业素质，优化职称结构，对以知识竞争为主的高技术产业至关重要。实证表明，行业最佳的专业职称结构应该是"菱形"结构，即高级职称-中级职称-初级职称的对应关系分别是少-多-少。

调整后，"专业化提升"大类下设有"从业机构高新技术企业认定数量占比""中高级专业职称员工占比"两个指标。

（5）集约化整合

规模化、集约化发展是检验检测行业的自身属性，也是近年来我国检验检测市场的一个重要发展特征。从国家产业政策来看，多个规划鼓励检验检测认证服务等高技术产业做大做强，鼓励检验检测机构由提供单一类型合格评定服务向复合型合格评定服务延伸，向规模化、品牌化、专业化发展。从国际知名检验检测机构的发展路径来看，国际检验检测巨头，如SGS、BV、Intertek等发展历史超过百年，其成长路径基本为创立之初在优势细分领域奠定基础，随后通过内生发展、并购迅速进入新的检验检测细分领域，在此过程中不断整合提升市场占有率，进一步增强全球竞争力。

行业集中度是决定市场结构最基本、最重要的因素，集中体现了市场的竞争和垄断程度。目前，我国检验检测市场上国有单位仍处于并购重组阶段，民营企业处于快速发展时期，外资企业正在不断涌入，行业集约整合蓄势待发，也是必然趋势。集中率（CRn）是指某行业中前 n 家营业收入最高的企业所占市场份额的总和，是常用的行业集中度计量指标之一，尤其多运用在反垄断经济分析之中。新增的"行业营业收入前 10 名的机构营业收入占比"为行业集中率指标。行业集中率指标的缺点是无法较好地反映机构数量极少的行业的集中度，显然我国检验检测行业并不在此列。

新增"规模以上机构营业收入占比"指标。规模以上工业企业是工业经济发展的主要力量和基础。规模以上工业企业数量及其经济规模反映着一个地区工业经济的总体水平，规模以上工业企业的经济规模占全部工业的比重反映着一个地区工业经济的质量。规模以上工业企业的经济规模与发展速度在很大程度上决定着地区生产总值水平。2014—2019 年，全国检验检测行业规模以上（年收入 1000 万元以上）检验检测机构营业收入由 1115.74 亿元增长至 2478.86 亿元，年复合增长率达 17.31%。新增的"规模以上机构营业收入占比"指标能有效体现出我国检验检测行业整体经济质量。

调整后，"集约化整合"大类下设有"行业营业收入前 10 名的机构营业收入占比""规模以上机构营业收入占比"两个指标。

（6）规范化监管

规范化是行业良性发展的必然选择，主要依靠政府的监管以及行业的自我约束。规范化监管包括两方面内容：一方面要推进行业主体的规范化建设，严格规范从业机构和人员的行为，促进市场主体诚信守法经营；另一方面要推进制度体系的规范化建设，依法依规界定监管事项、监管权责、监管程序，防止不作为、乱作为。

中国合格评定国家认可委员会（CNAS）对获证机构的非例行监督检查主要包括专项监督检查及确认审核。2006 年，CNAS 首次开展了对认证机构的突击式专项监督检查；2009 年，CNAS 率先开展了对认证机构及获证组织的确认审核。对认证机构的专项监督检查及确认审核工作是认可的国际化和中国特色相结合的突出体现，在国际上没有可借鉴的先例。目前，认可非例行监督检查制度已形成：3 份相关认可规则文件，即《认证机构认可资格处理规则》《认证机构认可规则》《认证机构信息通报规则》；2 份程序文件，即《确认审核工作程序》《专项监督工作程序》；4 份作业指导文件，即《确认审核项目管理作业指导书》《确认审核项目评审作业指导书》《专项监督项目管理作业指导书》《专项监督项目评审作业指导书》；

以及一个包括认证机构风险分析系统的非例行监督检查体系。其中,《认证机构认可资格处理规则》被称为认可的"红黄线"规则,在行业内影响巨大。根据非例行监督检查结果,基本满足要求的获证组织数量表明了认可工作有效性,在一定程度上反映了检验检测行业的规范化发展情况。新增的"非例行监督检查机构有效性"指标有利于树立行业规范守序的发展理念。

调整后,"规范化监管"大类下设有"非例行监督检查机构有效性"一个指标。检验检测主要发展指标如表 5-12 所示。

表 5-12 检验检测主要发展指标

产业发展	
➢ 检验检测行业总营业收入	反映行业规模
➢ 对外出具检验检测报告数	反映行业业务量
市场化改革	
➢ 企业制检验检测机构营业收入占比	反映行业市场化程度
➢ 民营检验检测机构营业收入占比	反映行业市场活力
国际合作	
➢ 签署国际合作协议数	国际合作成果之一
➢ 加入国际互认体系机构数	国际合作成果之一
➢ 主导制定国际标准项数	反映国际话语权
专业化提升	
➢ 从业机构高新技术企业认定数量占比	反映行业竞争力
➢ 中高级专业职称员工占比	反映人才供给结构
集约化整合	
➢ 行业营业收入前 10 名的机构营业收入占比	行业集中率
➢ 规模以上机构营业收入占比	反映行业经济质量
规范化监管	
➢ 非例行监督检查机构有效性	反映监管有效性

5.3 检验检测主要发展指标的测算与建议

5.3.1 基本数据测算

测算机构总数、营业收入等基本数据,并要求置信区间为 99%。具体测算结果如表 5-13 所示。

表 5-13　检验检测发展体系基础数据测算表

指标	2015年	2016年	2017年	2018年	2019年	2025年预测数据
检验检测机构总数/家	31122	33235	36327	39472	44007	62947
检验检测机构从业人员数量/万	94.51	102.5	111.93	117.43	128.47	175.29
企业制机构数量/家	18665	21012	23362	26000	29907	46168
检验检测行业总营业收入/亿元	1799.98	2065.11	2377.47	2810.5	3225.09	5379.33
对外出具检验检测报告数/亿份	3.29	3.56	3.76	4.28	5.27	7.99
高新技术企业数量/家	1689	998	1354	1861	2220	4744
规模以上机构营业收入/亿元	1286.71	1515.75	1768.33	2148.80	2478.86	4284.29
民营机构营业收入/亿元	数据缺失	496.95	695.79	929.28	1175.22	2535.54
中高级专业职称员工数量/万	34.32	36.57	39.01	数据缺失	44.22	数据暂无
企业制机构营业收入/亿元	509.92	663	895.15	数据缺失	数据缺失	数据暂无
行业营业收入前10名机构营业收入/亿元	数据缺失	数据缺失	数据缺失	数据缺失	数据缺失	数据暂无
签署国际合作协议数量/份	数据缺失	数据缺失	数据缺失	数据缺失	数据缺失	数据暂无
加入国际互认体系机构数/家	数据缺失	数据缺失	数据缺失	数据缺失	数据缺失	数据暂无
参与国际标准制定数量/项	1929	1835	2432	数据缺失	数据缺失	数据缺失
认可非例行监督检查机构数/家	数据缺失	数据缺失	数据缺失	数据缺失	数据缺失	数据暂无
基本满足监督检查要求机构数/家	数据缺失	数据缺失	数据缺失	数据缺失	数据缺失	数据暂无

5.3.2 指标说明与测算

（1）检验检测行业总营业收入：是对检验检测行业所有机构在一个自然年的财务状况的统计，反映了检验检测行业现实市场容量。经数据拟合测算，2025年我国检验检测行业总营业收入为5379.33亿元。

（2）对外出具检验检测报告数：指检验检测行业所有机构在一个自然年出具的检验检测报告数合计，反映了检验检测业务量。经数据拟合测算，2025年我国检验检测行业对外出具检验检测报告数量为7.99亿份。

（3）企业制检验检测机构营业收入占比：指检验检测行业企业制机构的营业收入占行业总营业收入的比重，反映了检验检测行业的市场化程度（数据缺乏）。

（4）民营检验检测机构营业收入占比：指检验检测行业民营机构的营业收入占行业总营业收入的比重，反映了检验检测行业的市场活力。经数据拟合测算，2025年我国民营检验检测机构营业收入占比为47.13%。

（5）签署国际合作协议数：主要指在一个年度内，认可机构与其他国家的有关认可机构签约国际合作或互认的情况，反映了我国在认可领域与世界其他国家的合作程度（数据缺乏）。

（6）加入国际互认体系机构数：指我国检验检测机构加入国际权威互认体系的数量，反映了我国检验检测行业在国际上的影响力（数据缺乏）。

（7）主导制定国际标准项数：指检验检测机构主导制定的国际标准数量。该指标反映了我国检验检测行业的国际话语权（数据缺乏）。

（8）从业机构高新技术企业认定数量占比：指经省、自治区、直辖市及计划单列市高新技术企业认定管理机构认定并获得高新技术企业证书的企业占行业机构总数的比重，反映了我国检验检测行业的科技水平和持续竞争力。经数据拟合测算，2025年我国检验检测从业机构高新技术企业认定数量占比为7.54%。

（9）中高级专业职称员工占比：指检验检测行业中具有中高级专业技术职称的从业人员所占的比重，反映了我国检验检测行业的专业人员供给质量。数据缺乏。

（10）行业营业收入前10名的机构营业收入占比：指我国检验检测市场上营业收入排名前10的机构所占市场份额的总和，反映了我国检验检测行业集中率（数据缺乏）。

（11）规模以上机构营业收入占比：指规模以上机构营业收入占行业总营业收入的比重，反映了我国检验检测行业的集中度。经数据拟合测算，2025年我国检验检测从业机构中规模以上机构营业收入占比为79.64%。

（12）非例行监督检查机构有效性：指非例行监督检查结果中基本满足要求的获证组织数量占比，反映了检验检测行业的规范化发展情况（数据缺乏）。

5.3.3 预期目标

综上，我国检验检测主要发展指标的预期目标如表 5-14 所示。

表 5-14 检验检测主要发展指标的预期目标

指标	2025 年预测数据
产业发展	
➢ 检验检测行业总营业收入	5379.33 亿元
➢ 对外出具检验检测报告数	7.99 亿元
市场化改革	
➢ 企业制检验检测机构营业收入占比	数据缺乏
➢ 民营检验检测机构营业收入占比	47.13%
国际合作	
➢ 签署国际合作协议数	数据缺乏
➢ 加入国际互认体系机构数	数据缺乏
➢ 主导制定国际标准项数	数据缺乏
专业化提升	
➢ 从业机构高新技术企业认定数量占比	7.54%
➢ 中高级专业职称员工占比	数据缺乏
集约化整合	
➢ 行业营业收入前 10 名的机构营业收入占比	数据缺乏
➢ 规模以上机构营业收入占比	79.64%
规范化监管	
➢ 非例行监督检查机构有效性	数据缺乏

第6章 实践与案例

6.1 芯片和集成电路领域

6.1.1 建设测试专业技术平台,推动"中国芯"发展和自主创新

1. 简介

上海华岭集成电路技术股份有限公司(以下简称上海华岭)瞄准集成电路产业发展和国产化重大战略,积极打造集成电路测试全过程精细化管控和数字化管理平台,该平台突破了国产 CPU、千万门级 FPGA、大容量存储器芯片、卫星导航芯片、人工智能芯片等一系列高端产品测试技术及产业化测试技术,拥有超过 1 万平方米的技术研发与测试场地,已成为国内集成电路专业测试领域中测试能力强、技术研发先进、客户服务群广的公共服务平台。

上海华岭 12 英寸先进工艺晶圆月测试产能超过 5 万片,先进封装成品月测试产能超过 1 亿颗,服务 300 多家国内外产业链用户,为国内集成电路产业及上海"六大硬核"产业提供具有国际竞争力的全流程本土化测试技术服务,为形成全面自主可控、持续发展的循环格局作出积极的贡献,推动"中国芯"发展和自主创新。

2. 主要内容

(1)用心测"芯",突破技术创新

上海华岭坚持创新与改革,突破了 12 英寸极大规模先进工艺集成电路测试多项关键技术,尤其是在集成电路设计和测试领域具有技术和应用的学科带头实力,技术水平与国际同步发展(见图 6-1)。①率先建立了国内第一条 12 英寸集成电路测试大生产线,完成了 12 英寸 28nm 极大规模集成电路测试应用,跟紧国际产业技术发展趋向,实现了 28nm/12nm/14nm 国内最先进的工艺节点测试技术从研发到大规模产业化测试的应用;②基于"芯-端-云"融合架构,自主研发"芯片测试云"创新服务,突破了空间、时间、地域的测试限制,实现大数据分析、工艺良率提升、工艺改进指导等的实时互动;③构建了国产测试设备应用示范线,提升了集成电路测试环节的国产化率,弥补了产业中的测试短板,填补了国产高端 SoC 测试系统

应用的空白。以应用牵引、技术研发与设备研制联动的组织机制，有效推进了国产测试系统的应用落地，形成测试服务、设备研发及量产应用的健康生态体系。

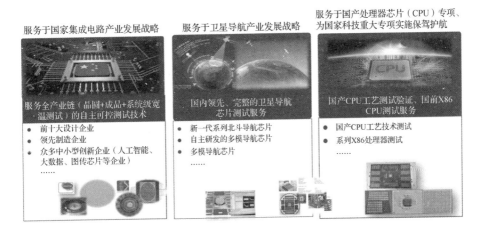

图 6-1 用心测"芯"，突破技术创新

（2）突破"卡脖子"工程，助力"中国芯"发展

上海华岭在集成电路测试的专业化道路上创新发展、执着坚守，致力于测试技术研究、国产测试装备研制及新技术、新方案研究，为集成电路产业提供先进、专业的全流程本土化测试技术服务（见图6-2）。上海华岭积极参与国家科技重大专项研发，为国家科技重大专项、重大工程、重点项目、国防预研项目等的多个芯片产品提供了测试技术支撑及服务，如承担科技部立项的高端金融卡测试验证技术及产业化应用的重大课题，突破了一系列金融卡芯片测试技术，实现自主可控全流程测试，助力"换芯"工程；牵头承担国家科技重大专项"国产高端 SoC 测试系统"研制，专攻集成电路测试技术国产化，完成国产测试设备、测试工具、测试软硬件等的研发，建设的国产测试设备应用示范线卓有成效，填补了国产高端 SoC 测试设备的空白，技术水平与国际同步发展，提升了集成电路测试环节的国产化率，弥补了产业中的测试短板。上海华岭构建的国产测试设备应用示范平台，可以更灵活地分配机台资源，有效缓解当前集成电路产业的产能不足，满足不同层次客户需求，有效推进了国产测试系统的应用落地，形成测试服务、设备研发及量产应用的健康生态体系，提升量产服务能力和市场占有率，突破高端测试设备被"卡脖子"的难题。上海华岭承担工信部立项先进制造业集群项目，建立集成电路测试技术创新平台，为集成电路产业链提供全流程测试技术服务，推动国内集成电路产业链集群发展。

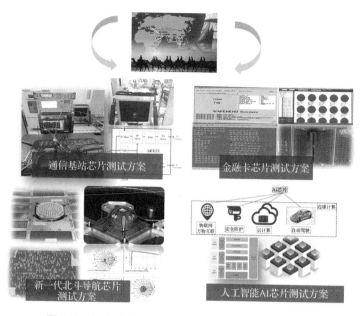

图 6-2 突破"卡脖子"工程,助力"中国芯"发展

3. 工作成效

上海华岭深耕于集成电路测试细分领域,坚持以创新为驱动,以质量为推手,以专业创新、打造芯片信任基石为使命,获得了 CNAS 认可、CMA 计量认证等专业检验检测资质,同时拥有 ISO 9001 质量管理体系认证、ISO 14001 环境体系认证、知识产权体系认证、两化融合管理体系认证、信息安全等级保护二级认证等。

科研成果应用到国家集成电路产业发展战略、国产替代供应链(前十大设计、制造企业,众多中小型创新企业)的实际产品检测验证及产业化检测中;服务于卫星导航产业发展战略;服务于国产处理器芯片专项、国家科技重大专项等。

2019 年 11 月,上海华岭的"28nm 集成电路芯片先进测试技术研究及产业化测试"项目凭借在国内提前 2~3 年实现前瞻性先进技术研发与产业服务效益,荣获国家集成电路封测产业链技术创新战略联盟的"创新技术成果奖"。

上海华岭完成了一系列先进工艺国产集成电路规模化测试的高可靠技术研究,突破集成电路测试的"卡脖子"工程,在集成电路测试领域有学科带头实力,为"中国芯"的发展、国家集成电路技术进步、上海科创中心建设作出积极贡献,荣获了 2020 年"上海市模范集体"称号,这份荣誉是对上海华岭历年来技术创新、科研应用及企业发展的充分肯定,也是对其"用心测'芯',技术创新"专注精神的最好诠释。

6.1.2 构建工业芯片全产业链检测平台，助力芯片国产化进程

1. 简介

全球范围内新一轮科技革命和产业变革蓬勃兴起，工业芯片作为国家战略性新兴产业，成为新工业革命的重要基石。据预测，"十四五"期间，工业芯片市场总量将超过 7550 亿元，然而，我国工业芯片长期被国外垄断，国产化率不足 5%，低国产化率及美国对华芯片封锁将给我国工业安全带来巨大危机，工业芯片大量依赖进口，难以对构建国家产业核心竞争力、保障信息安全等形成有力支撑。

国产化率低主要在于工业应用中工况复杂，对芯片的可靠性提出了严苛的要求，如要求芯片长时间全负荷工作和寿命超过 16 年，单颗芯片规模超过数亿颗，现场应用失效率低于百万分之一等。然而国内的芯片企业主要集中在消费类电子领域，它们既缺乏工业芯片检测方法，又缺乏工业芯片检测手段，这就导致芯片产品质量难以满足工业应用要求，应用企业不敢用也不愿用国产芯片。

针对以上问题，北京芯可鉴科技有限公司（以下简称芯可鉴公司）打造了工业芯片专用检测平台，该平台助力国产芯片质量提升，在工业芯片国产化进程中保障了 18 亿颗芯片质量可靠，稳定运行超 10 年，现场应用失效率不足百万分之一，达到国际领先水平，成功将电力领域核心芯片国产化率由 2010 年前不足 5%提高到目前的 65%以上。同时芯可鉴公司将先进经验分享至轨交、市政等领域，推进了各工业行业的芯片国产化进程。

2. 主要内容

（1）建立工业芯片多应力可靠性模型，实现芯片可靠性精准预测

芯可鉴公司基于前期 18 亿颗工业芯片数据和质量保障的经验，针对工业芯片新型电磁场景下现有可靠性预测模型适配性不足的问题，在现有工业芯片气候环境因素研究基础上，深入研究工业芯片的电磁干扰机理及芯片电磁干扰耦合测试技术，实现了温度、湿度、光照、盐雾及稳态和瞬态电磁环境的多应力环境因素的综合模拟，通过研究工业芯片关键特征参数随气候及电磁环境因素的退化规律，解决了现有模型无法拟合电磁影响的难题，提出了工业芯片应用综合应力下的可靠性模型。

该模型与国内外同类模型相比，创新性地加入了电磁因子，充分考虑了对现场故障率影响较大的实际恶劣电磁环境的影响因素，同时又能够基于现场数据和加速试验数据进行实时动态更新及修正，持续提升预测精准度。该模型可实现对工业复杂气候及电磁环境下芯片可靠性的精准预测，指导芯片设计企业有效提升产品质量，指导芯片应用企业实现精准入网评价。

（2）搭建覆盖新电磁场景芯片可靠性检测平台，验证芯片在新工业场景下复合环境可靠性水平

基于自主研发的可靠性模型，芯可鉴公司针对新型电磁环境（如变电、新能源汽车、轨交列控系统等）电磁种类、干扰路径以及不同电磁干扰量级下芯片可靠性难以检测的问题，开发了综合可靠性检测平台。该公司基于原有自主研制的多环境因素芯片可靠性检测平台，开展了新场景引入的新特征电磁干扰耦合气候环境的复杂场景研究，揭示了新电磁干扰发生机理以及耦合路径，开发出新型的电磁干扰测试装置，将现场采集到的电磁干扰波形集成到现有检测平台中，实现实验室内覆盖新电磁场景的综合环境模拟。

该平台实现了模拟新场景的芯片电磁干扰测试及运行状态监测，建立了覆盖新场景的芯片可靠性检测能力，开展了电力及轨交等多工业行业典型应用环境下芯片瞬态及稳态电磁场多因子可靠性评价试验，对应用在新电磁场景下的国产芯片可靠性评价起到技术支撑作用。

（3）建立应用级动态模拟检测实验室，研制出国内首套综合多环境应力的真型电力试验场景

芯可鉴公司投资数千万元，建立了一套电力应用现场环境模拟装置，用以模拟输、变、配、用等电力应用的业务场景，为各类芯片模块及终端装置提供应用级的功能、性能、故障、气候及电磁等测试验证环境，保障产品在复杂气候、电磁等应用环境下安全可靠，形成了基于电力场景的工业芯片综合环境动态模拟应用测试能力。

电网所处的气候和电磁环境非常复杂，不仅会导致芯片的稳定性及可靠性下降，极端条件下甚至会导致芯片功能失效，进而带来电网安全运行隐患。随着智能电网及能源互联网的建设，储能装置、充电桩等装置和新型智能终端大量接入电网，设备自身质量的好坏给电网的可靠运行带来了极大的挑战。因此，新产品在投运前必须在电网上试运行，而采用真实电网试验往往会受到很多条件限制，有些试验项目由于系统运行条件的限制甚至无法进行，更不能进行多次重复性试验。

芯可鉴公司应用级动态模拟检测实验室基于真实电网输、变、配、用各环节构建了输电线路模拟系统、配网综合环境模拟系统、用电信息采集模拟系统。这套系统区别于以往离线、在线仿真以及基于相似原理和标幺值一体构建的电力系统物理模型，采用1∶1真实的电力设备，按照实际电网建设的接线要求、参数匹配和控制方式搭建了一套真型电力试验场景，能够模拟出电网输电、变电、配电、用电侧挂装后的户外气候、环境和电网运行状态感知，有效解决了芯片和终端产品进网测试周期长和现场测试手段缺乏的难题，提升了新技术、新产品的检测与应用水平。

3. 工作成效

（1）社会效益

① 掌握核心检测技术，打破国外垄断。突破了工业芯片可靠性及大规模工艺一致性测试等核心检测技术，研发了具有自主知识产权的工业芯片检测技术和平台，扭转了我国工业芯片关键检测技术落后的局面。

② 推动工业芯片国产化，保障电力工业安全和国家安全。通过保障产品质量，实现了自主工业芯片产品在全国的大规模推广应用，大幅提升了电力工业核心芯片的国产化率，有力推动了我国芯片国产化进程，对保障电力工业安全和国家安全具有重要意义。

③ 推广示范应用，带动产业链发展。检测经验已在环保、轨交、石油石化、公共服务等领域进一步推广应用，推动了各工业领域芯片国产化，有效拉动内需，带动产业链协同发展，推动我国工业芯片产业升级。

（2）经济效益

芯可鉴公司的检测实验室针对工业芯片长期依赖进口，自主化率低的现状，开展工业芯片全生命周期和应用级检验检测，开发了具有自主知识产权的检测技术和平台，保障了 18 亿颗国产工业芯片高可靠、高安全和自主可控，在工业芯片国产化进程中产生的经济效益显著。

以芯可鉴公司的实验室检测的安全、主控、通信、射频识别、模拟五大类芯片为例，目前这五类国产芯片已替代进口芯片大规模应用于我国电力行业。2012 年，这五类国产芯片应用范围已覆盖 31 个省（区、市），应用单位涉及各省（区、市）电力公司及 300 余家终端厂商，整体运行稳定。芯可鉴公司检验的芯片具体包括电表安全芯片、终端安全芯片、主控芯片、购电卡、电表标签、实物电子标签、互感器标签、HPLC 通信芯片、G3-PLC 芯片、模拟芯片等近 80 款芯片。

4. 检验检测在芯片国产化过程中的推动作用

经过芯可鉴公司检测实验室质量认证的国产芯片，满足了电力、市政、轨交、石油石化等领域新型终端设备的需求，在设备运行状态检测、信息采集、智能感知、信息共享、物资管理等方面发挥重要作用，设备在各工业场景能够稳定、安全运行。

（1）电力行业应用情况

① 基于安全芯片、主控芯片、通信芯片、模拟芯片等开发的智能融合终端，在北京、河北、安徽、河南等地的 26 个省级电力公司进行大规模推广，2019—2020 年累计部署台区智能融合终端超过 50 万台，这些智能融合终端广泛应用于用电信息采集控制、配电设备运行状态监测、拓扑识别等业务场景，成效显著，智能终端通信成功率达到 100%，拓扑识别时间为 15 分钟，具有边缘计算能力，有效减轻了网络流量压力，降低了人工操作的出错率。

② HPLC 通信芯片在山西、河北、重庆、江苏、河南、吉林等 27 个省（区、市）进行了规模挂网运行，应用环境涵盖了新建商业住宅小区、城乡接合部台区、电力负荷较大台区等，一次点抄和日冻结抄表的采集成功率达到 100%，台区识别正确率达到 98%，在组网效率、采集稳定性上具有明显优势，2016—2020 年，HPLC 通信芯片累计应用量超过 1.5 亿颗。

③ 射频识别芯片、读写器等产品广泛应用于电力设备的身份识别、到货验收、批量库存盘点、流水线检定、分拣、出入库、安装和运维等全程标识、信息采集和数据处理的过程，实现了电力设备的智能感知、信息高效识别、信息共享应用，提高了智能电力设备的自动化管理水平，2019—2020 年，累计应用量超过 2 亿颗。

（2）其他行业应用情况

① 基于超高频射频识别芯片研制出的射频识别资产管理标签、移动作业终端、物资管理系统等，成功应用在朔黄铁路资产管理项目，已在肃宁、安国、原平、西柏坡、黄骅南等地进行部署，实现了对轨料设备的盘点和信息采集。

② 基于安全芯片、主控芯片等开发的智能终端广泛应用于胜利油田，产品安全性能满足现场工业环境应用要求，运行情况良好。

③ 基于安全芯片、主控芯片、通信芯片的成果成功应用于公共服务领域，如基于相关成果开发的自来水收费系统平台、计量模块和智能卡在长沙市自来水公司、天津滨海新区自来水公司等自来水公司进行了示范应用，有效提高了水表抄收服务质量，确保了超标准确率和水费回收率，提高了供水企业的经济效益和社会效益。

④ 基于安全芯片成功研制出的环保排污总量安全认证终端和系统，已成功应用于杭州、宁波、温州、湖州等地的 28 个县级项目中，累计供货超 2000 套，实现了刷卡排污总量控制，应用效果良好，有效提升了数据采集的安全水平，降低了排污数据传输、存储、交易过程中面临的安全风险。

芯可鉴公司芯片检验检测平台服务于电力、轨交、市政、石油石化等关键工业行业，能力贯穿工业芯片全流程，向产业链上下游提供了具备公信力的质量数据和检测结果，其检测技术和经验可实现行业共享，在推动工业芯片检测技术迭代，提升国产工业芯片质量，促进工业芯片国产化进程中发挥了积极的作用。

6.2 航空和航天领域

6.2.1 突破进口管路检测技术，助力大型客机"血管"畅通

1. 简介

在大型客机的各类零部件中，管路部分的零件是总装直属件，占据了相当重要

的位置，大型客机的几乎所有系统，如燃油、液压、环控、废水等，都会涉及不同材料规格、不同类型和多种连接形式的导管，它们是飞机的"血管"。管路系统相应设计与制造水平直接影响总装制造的水平和制造效率。

中国商飞在开展 C919 液压系统管路选型工作过程中，为确认实际产品性能与推介样本的一致性，保证 C919 液压系统管路选用的是合格产品，专门选取了美国 Eaton 公司、Aerofit 公司和 DMC 公司管路件产品进行了全面的性能比对鉴定试验。国家标准件产品质量监督检验中心（北京）（以下简称中心）作为国内航空领域唯一标准件检测中心，是为高端标准件产品提供技术研究及检测服务的专业机构，因而责无旁贷地承担起此次进口管路件产品的检测方法研究和试验工作。

中心开展了两轮进口管路件检测，第一轮发现 Aerofit 公司和 DMC 公司的产品失效情况较多，给出不合格结论，中国商飞将这两家公司从供应商合作候选目录中剔除。第二轮中心对 Eaton 公司管路件产品性能进行了更为细致的检测试验，发现连接强度不合格、脉冲失效、导管自身不直等诸多问题。Eaton 公司专门选派工程师来华进行辩驳和谈判，并试图将失效问题定位于中方的试验过程。中心从专业技术和试验过程等方面回应了 Eaton 公司的质疑，最终 Eaton 公司认可了中心的能力和实力，并承诺排除故障后加倍送样进行试验。

2. 主要内容

（1）探索中填补进口管路件检测空白

中心检测团队对进口管路件产品合格鉴定比对试验方案进行了系统设计，通过相关标准及试验技术研究和探索，确定和实施了适用于大型客机管路件的检测方法，中心首次成为大型客机项目管路件检测服务供应商，填补了国内大型客机进口管路件检测的空白。

（2）博弈中展现中心技术实力

中心在试验过程中发现并精确定位国外产品的质量问题，如发现 Eaton 公司的 6 件产品在连接强度试验中，有 4 件未达到抗拉力的理论值，从而出现管袖脱落，不满足标准要求，给出不合格结论。国外公司对试验结论进行了复核，认可并接受了中心的试验数据和结论，这体现出了中心的技术实力。

（3）比对中发现问题和督促产品质量提升

在 C919 液压系统管路选型过程中，中心协助中国商飞大型客机项目管理团队综合对比了国内外管路系统的知名供应商的专业能力及产品实力，并对产品单位的技术能力提出了更高的要求，确保了产品质量。

3. 工作成效

（1）固化流程

通过对国内外管路件产品的合格鉴定试验，固化形成了符合适航要求的管路试验流程，为民机选用管路合格供应商提供了有力支持。

（2）数据支撑

为我国大型客机取得适航证和大型客机选用标准件提供了数据分析和数据支撑，为我国大型客机今后开展标准件国产化工作提供了数据基础。

（3）实力回报

开展此项目后，中心又陆续为大型客机项目提供更为深入的技术服务，包括标准件标准体系研究、选型研究、连接技术等科研试验和鉴定试验服务。

（4）深入合作

经过此次比对，中国商飞最终选择 Eaton 公司作为合作伙伴，最终合资成立伊顿上飞（上海）航空管路制造有限公司，该公司成为中国商飞与外资公司就 C919 大型客机项目配套成立的第一家获得执照的合资企业，保障了大型客机"血管"畅通，在大型客机研制中发挥了重要作用。

6.2.2 承担社会责任、助力北斗三号应用高质量发展

1. 简介

国家通信导航与北斗卫星应用产品质量监督检测中心（以下简称检测中心）积极响应《中华人民共和国国民经济和社会发展第十四个五年规划和 2035 年远景目标纲要》中提出的"加快推进北斗规模应用"，充分利用自身在北斗卫星导航检测认证领域的科研成果和丰富经验，牵头修订《北斗卫星导航产品质量检测机构能力要求（2.0 版）》（以下简称能力要求）、《北斗卫星导航产品质量检测机构审查实施细则（2022 版）》（以下简称审查实施细则），补充北斗三号终端检测要求，为检测机构建设北斗三号终端检测能力提供技术支撑，有效地促进了北斗三号终端高质量发展保障体系的快速建立。

积极完成北斗三号终端检测能力建设，成为国内军队外第一家具备北斗三号终端入网检测能力并获得授权的检测机构，同时为满足企业需求，紧急研制北斗三号终端自动化检测系统，为北斗三号终端的高质量发展提供优质、高效的服务保障。

2. 主要内容

随着北斗三号系统完成全球组网并开通服务，北斗三号产品在各行业应用加速落地。具备满足北斗三号终端及其应用产品检验检测需求的保障体系，有效提高北斗三号终端的质量，是实现北斗卫星导航系统"建设更加泛在、更加融合、更加智能的综合时空体系"的必要实践。

检测中心工作的主要创新点和亮点总结如下。

（1）制定规则体系，指引建设方向

检测中心创新工作理念、紧跟产业需求，在中国卫星导航定位应用管理中心的

指导下修订了对北斗三号卫星导航产品质量检测机构的统一要求,完善和规范了北斗三号卫星导航产品质量检测机构的规则体系,从对北斗三号卫星导航产品质量检测机构管控的角度和层次发力,保障卫星导航系统安全运行,有效促进了卫星导航产业高质量发展保障体系的快速建立,对新兴产业质量保障的有效把控具有重要的借鉴意义。

(2)研制测试系统,提升测试效率

北斗三号短报文终端需要和地面中心站系统双向交互,按照中心站的要求进行出站、入站,终端能否按照要求的频次和报文长度进行出入站不仅影响用户的使用体验,还对北斗系统运行的安全性、稳定性有巨大影响。

一方面,北斗生产企业检验检测能力欠缺、质量控制手段不足,而对于北斗三号短报文终端的入网测试,每台终端需要测试 40 项左右,测量过程需要配置大量参数,测试过程耗时长、烦琐,参数配置复杂,需要准确可靠的自动化测试系统;另一方面,北斗三号短报文终端出入站协议复杂,生产企业对协议理解不到位的情况十分普遍,如何对终端出入站协议的符合性进行测试至关重要。

(3)分享测试经验,携手同行共发展

作为走在北斗卫星导航产品检测前列的企业,检测中心践行"诚信务实,以人为本"和"国家利益高于一切"的价值观,充分发挥自身技术优势,在率先完成北斗三号终端检测系统建设并获得入网检测资质后,无偿向中国北斗卫星导航产品检测认证联盟内的北斗检测机构分享建设测试系统的经验和申请入网检测资质的经验,并为这些机构提供检测技术支持,以帮助中国卫星导航定位应用管理中心更快地完成北斗三号终端检测体系的建设,为更多的企业服务,确保北斗三号系统的安全运行。

(4)提供解决方案,促进企业发展

针对生产企业前期研制的终端对协议、标准理解不到位的情况,检测中心帮助青岛上合、北斗星通、海格通信、星地恒通、福大北斗等数十家生产企业通过大量的摸底进行整改调试,确保终端严格按照标准、协议要求进行短报文出入站,保证这些企业生产的终端满足入网要求,促进了这些企业的发展,加速了北斗三号在交通、电力、农业等各行业的应用,也有力保障了北斗三号系统的稳定性。

3. 工作成效

北斗检测认证是北斗系统安全运行的重要保障,是形成以北斗为核心的更高水平的时空信息服务体系的有力支撑。为贯彻落实习近平同志对北斗发展的重要指示精神,统筹推进北斗检测认证发展,尤其是快速构建北斗三号终端检测体系,检测中心完成了能力要求、审查实施细则的修订以及北斗三号终端自动化检测系统的研制,充分发挥了在新领域、新产品的保障体系建设、质量提升中的技术支撑作用。

能力要求和审查实施细则作为北斗三号卫星导航产品质量检测机构建设和考核管理的依据，是北斗三号检测体系建设的技术基础，也是检测机构开展相关能力建设的制度依据。

北斗三号终端自动化检测系统保障了首批北斗三号短报文终端入网测试试点工作，完成成都国星、星桥恒远等首批试点企业北斗三号终端入网测试，测试结果是发放第一批短报文终端民用 SIM 卡的技术依据。作为当前唯一一家具有入网检测资质的地方检测机构，为了响应企业入网检测的迫切需求，检测中心紧急研制了北斗三号终端自动化检测系统。当前，该系统已完成数十次的北斗三号短报文终端入网检测服务和北斗三号终端质量检测服务，有效缓解了企业需求的迫切性，该系统在为企业提供服务的过程中积极帮助企业发现、解决产品质量问题，不仅提高了产品质量，降低了企业质量成本，也保障了北斗系统安全，提升了公众对产品的信心，获得了主管机关和企业的高度好评。

检测中心践行"诚信务实，以人为本"和"国家利益高于一切"的价值观，积极完成北斗三号终端高质量发展保障体系技术基础搭建、北斗三号终端检测能力建设和北斗三号终端自动化检测系统研制，坚持把社会效益放在首位，无偿向相关机构分享能力建设和检验检测工作开展经验，帮助相关机构尽快形成相关检测能力，用实际行动引领行业健康发展，得到相关机构的一致认可。

相关任务的开展有效推进了北斗三号终端质量保障体系建设，推动了北斗三号终端及其应用产品的高质量发展，更好地助力卫星导航业实现可持续发展。

6.3 能源和人工智能领域

6.3.1 以检验检测为核心，为能源产业转型发展提供有力保障

1. 简介

经市场监管总局认可监测司组织专家论证，中国汽研率先获批筹建国家氢能动力质量检验检测中心（以下简称国家氢能中心）。国家氢能中心以检验检测为核心，聚焦氢能应用，基于安全、绿色、体验三个维度，打造集检测认证、标准体系、数据平台、技术服务、应用推广、产业孵化等服务于一体的氢能动力综合服务平台，为氢能产业化提供有力支撑，促进重庆市乃至全国氢能动力产业发展，为我国能源、汽车和装备制造产业的战略转型发展提供有力保障。

2. 案例创新点

（1）提升检验检测服务能力，构建国家级氢能服务平台

国家氢能中心致力于氢能动力测试评价与优化技术的研究，建立包含氢能整

车、系统、零部件三个层级的测试体系，囊括性能、功能、控制等多个分支，形成覆盖燃料电池整车及零部件所有公告法规项目的检测能力，构建氢能全产业链的国家级氢能服务平台。

特色检测能力创新构建：国家氢能中心建立重庆首个试验用氢补给站，该试验用氢补给站能长时间、大批量对试验车辆进行车载氢系统气密性检查、管路气体置换、加氢等服务，形成整车加氢及检测一体化的特色综合服务能力。目前，试验用氢补给站已为国内多个省份燃料电池示范运营车辆的可靠验证提供了路径和保障，助力燃料电池汽车快速发展。

深化检验检测能力布局：国家氢能中心为及时获取行业信息，紧跟行业前沿技术动态，以更丰富、更便捷的测试资源全面服务行业，目前已构建起以总部为核心，辐射全国主要燃料电池汽车产业集群的技术服务布局，其中在京津冀地区立足氢能示范区公共服务平台，着眼于国际化、市场化的创新能力；在珠三角地区重点建立氢能燃料电池系统及部件、燃料电池基础材料研究、氢电安全等特色能力；在长三角地区布局氢能综合数据平台服务、氢能总成测评技术、固体氧化物燃料电池等特色能力。

检测与数字化平台结合：在氢能示范推广过程中，仍存在诸如管理部门和企业对氢能安全的监测力度及手段不足、产业链各环节信息化程度不统一且缺乏数据协同等问题。国家氢能中心以需求为导向，开发氢能与燃料电池大数据平台，结合平台数据分析，聚焦于制、储、运、加、用涉氢部件检测、燃料电池整车安全运行检测及差异化年检等。该平台形成一套将数据采集、处理、挖掘、监测管理、安全预警、可视化集成于一体的物联网解决方案，是驱动氢能及燃料电池产业向数字化转型的重要信息技术基础设施。

（2）深度参与氢能标准制修订，建立健全检验检测评价体系

国家氢能中心团队参与全国氢能标准化技术委员会（SAC/TC 309）等十余个标委会工作，代表中国汽研参与氢能燃料电池制、储、运、加、用产业链国家/团体标准制修订 10 余项，为国家氢能燃料电池标准的制修订贡献大量意见与建议；主持团体标准 2 项和企业标准 7 项，其中《燃料电池电动汽车低温冷起动性能试验方法》（T/CSAE 122—2019）入选 2020 年工信部百项团体标准应用示范。

氢能企业标准"领跑者"：为规范燃料电池汽车及零部件的检测工作，保证燃料电池行业的健康发展及氢能示范运营的有序进行，切实发挥企业标准对产品品质提升的引领作用，促进企业标准水平进步，中国汽研作为新能源领域唯一一家"领跑者"评估机构，开展《"领跑者"标准评价要求 车用燃料电池发动机》及《"领跑者"标准评价要求 燃料电池城市客车》的团标制定工作，在研究制定过程中，国家氢能中心与燃料电池行业专家进行了多次研讨并开展了广泛的调研工作和大量的试验验证工作，得到了二十余家燃料电池系统及整车生产企业的支持，取得了

大量具有建设性的意见、建议和数据,从而保证了两项团体标准的质量。

(3)聚焦国产化氢能检测装备技术,强化科研成果产业应用推广

为突破国家氢能领域"卡脖子"技术,实现重大核心设备国产化,国家氢能中心积极开展包括氢能领域测试装备开发等核心技术攻关任务,并逐步将核心技术向产业化应用验证,于2020年实现成果应用推广。

160kW 燃料电池电堆测试装备(图 6-3):承担科技部"可再生能源与氢能技术"专项 5.8、"百千瓦级燃料电池电堆及辅助系统部件测试技术开发及样机工程化应用"重点研发计划,完成自主化 160kW 燃料电池电堆测试台架开发,并首次实现电堆测试平台核心技术与核心部件全国产化,平台整体国产化率达到 85%,突破燃料电池电堆技术发展道路上的"卡脖子"技术。该设备已通过科技部领导与专家组的现场考核及技术评审,并实现三方机构测试检定,后续国家氢能中心将积极开展电堆测试台架产业化应用推广,加快摆脱国内电堆测试装备对国外的依赖。

150kW 燃料电池系统测试平台:为突破检测设备核心技术对测试服务能力的制约,与中国汽研-电子科大氢能联合研究中心联合开发 150kW 燃料电池系统测试平台。为强化核心技术模块,测试平台采用模块化设计,配套燃料电池空压机测试台架及氢气循环泵测试台架,因而有较强的功能性及定制化特性。测试平台已通过专家现场评审,并获得了订单意向,为氢能产业检测装备的国产化作出表率。

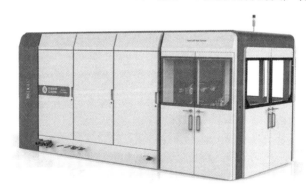

图 6-3 燃料电池电堆测试装备

3. 工作成效

国家氢能中心充分发挥重庆市汽车产业优势和中国汽研的技术优势,以检验检测为核心,促进和保障氢能及燃料电池产业的健康发展,创新检验检测等市场监管技术体系和模式,服务氢能产业,促进产业提质增效。

全面检测及技术服务:国家氢能中心作为科技创新企业和公共服务平台,积极发挥技术优势和智囊作用,全力协助重庆市经信委开展重庆燃料电池汽车应用,协助编制《重庆市氢能产业发展规划》《重庆市氢燃料电池汽车产业发展指导意见》

等文件，推动燃料电池产业领军企业在重庆落地，并从标准体系、测试规范等方面促进产业健康发展。

检测平台促产业聚集：国家氢能中心以技术和平台优势，吸引一大批氢能核心部件研发和生产企业毗邻落户。以本部所在区域为例，明天氢能、德燃动力、海德利森等企业落户重庆两江新区，带来项目总投资额超过75亿元，形成了两江新区氢能产业园的雏形。国家氢能中心积极推动上汽依维柯红岩开展氢燃料电池重卡车型的研发，提供技术咨询、资质准入、车辆公告等一条龙服务，助其在国内率先取得了氢燃料电池重卡的生产资质；结合政策保障和市场需求，促成上汽依维柯红岩氢能重卡在内蒙古的销售与应用，为内蒙古乃至西部地区降低碳排放、发展绿色经济开拓可借鉴的新道路。

产品检测技术研究：国家氢能中心迄今为止已完成超百辆燃料电池车型的公告检测试验，协助多家整车企业对新车型进行开发标定及验证试验，为企业提供专业的一站式技术服务。作为国内氢能动力产品权威第三方检测服务机构，国家氢能中心满足我国氢能产品的生产服务需求和技术升级需要，为氢能源动力产品的设计、出厂、量产等提供全方位的技术支持，有力地支撑了氢能源动力产品前瞻技术研发，有效促进了我国燃料电池汽车产业的新一轮技术更迭。

国产化检测装备产品研发：承担科技部"可再生能源与氢能技术"专项、"百千瓦级燃料电池电堆及辅助系统部件测试技术开发及样机工程化应用"以及"车用燃料电池堆及空压机的材料与部件耐久性测试技术及装备研究"。基于上述课题，国家氢能中心完成高功率燃料电池电堆以及燃料电池系统测试装备的国产化研发，同时以自身在氢能产品测评方面的优势，为国资委"1025工程"中氢循环泵、氢减压器等国产化研发及成果转化提供有力支撑，助力氢能领域"卡脖子"技术的突破。

氢能检验检测人才培养：国家氢能中心通过设立校企研究中心等创新运行模式，为氢能检验检测人才及氢能技术开发人才提供公共、开放的平台，提升先进技术、创新研发能力。国家氢能中心已与清华大学、电子科技大学、重庆大学、湖南大学、同济大学、长春应化所、大连化物所等众多高校及科研院所合作进行国家级重大专项课题研究，借助中国汽研国家一类科研院所和高校科研院所的资源，联合建立氢能相关人才培养平台。

6.3.2 创建中国机器人检测评定体系，助力机器人产业质量提升

1. 简介

为了促进机器人产业的发展，2016年，国家认监委会同国家发展改革委、工信部等部门共同推出了机器人认证制度（CR认证），充分发挥检测认证作为国家

质量基础设施重要组成部分的作用，CR 认证要求以联盟的方式开展检测认证。

上海电器科学研究所（集团）有限公司（以下简称上电科）作为机器人检测认证联盟理事长单位和秘书处，牵头机器人检测认证联盟统一实施认证、统一认证标志、统一认证目录、统一标准技术法规和合格评定程序、统一推进采信和国际互认，开展机器人检测认证工作，在世界范围内首次建立机器人检测认证体系。上电科牵头编制并发布《中国机器人 CR 认证目录》，规范了机器人检测认证产品类别，明确了 CR 认证技术内涵，使我国机器人检测认证体系更加具体，满足了我国机器人产业高质量发展的需求。CR 认证结果已在产业政策、国家重大专项、招投标、金融信贷、用户采购等方面得到广泛采信。自 CR 认证实施以来，获证产品已广泛应用于生产制造、巡检安防、环境提升、物流配送、医疗康复、餐饮加工、信息传播、教育娱乐等应用场景。目前获得 CR 认证的国产机器人已出口至欧洲、北美、韩国、日本、东南亚等国家或地区，大大提升了我国在机器人领域的国际影响力。

2. 主要内容

机器人既是先进制造业的关键支撑装备，也是改善人类生活方式的重要切入点。无论是在制造环境下应用的工业机器人，还是在非制造环境下应用的服务机器人，其研发及产业化应用都是衡量一个国家科技创新、高端制造发展水平的重要标志。大力发展机器人产业，对于打造中国制造新优势，推动工业转型升级，加快制造强国建设，改善人民生活水平具有重要意义。

（1）首次建立中国机器人检测评定体系

上电科作为国家机器人检测与评定中心（总部）的运营实体，牵头成立机器人检测认证联盟，首次系统地建立了较为完整的机器人检测评定体系。CR 认证作为世界范围内首个国家机器人认证，具有统一的认证标志、统一的标准技术法规和合格评定程序，按国家要求开展机器人检测认证工作。上电科作为机器人检测认证联盟的秘书处，有效传递政府主管部门对于机器人认证的要求和意见，主导机器人认证制度的建立与创新，协调中国机器人检测认证联盟内认证机构和检测机构的活动。

（2）发布具有广泛影响力的《中国机器人 CR 认证目录》

上电科牵头完成了《中国机器人 CR 认证目录》，规范了机器人检测认证产品类别，提出了 CR 认证技术要素，使我国机器人检测认证体系更加具体，为各类机器人产品在国家重大专项采信方面提供了强有力的支撑。该 CR 认证目录产品覆盖了机器人控制器、伺服电机、线缆等关键零部件，工业机器人、服务机器人、AGV、协作机器人等机器人整体，以及机器人系统、单元、产线等系统集成。CR 认证所涵盖的技术要素既包括传统的机械安全、EMC，也包括软件、功能安全及机器人智能特性带来的安全风险等。该 CR 认证目录自发布以来，获得了国家发展改革委、认监委等部门的支持。

（3）统一推进 CR 认证采信和国际互认

CR 认证作为自愿性认证，已在上海、广东等机器人产业发达地区的产业政策中获得采信。在市场端，CR 认证结果在各类企业招投标、保险、投融资等方面获得了广泛的支持和采信，成为机器人产品高质量的标志，有力地推动了机器人产业的发展和机器人的应用推广。

3. 工作成效

目前，机器人检测认证体系已建立并取得了阶段性成果，在为机器人产业发展提供坚实技术支撑，推动机器人产业技术进步创新、高质量发展方面作出突出的贡献。CR 认证作为国家自主认证品牌，在国内已成为机器人产品质量的保证，在国际上成为中国认证品牌的名片。

（1）检测认证服务

自 CR 认证实施以来，检测认证平台已为企业提供超过 1000 次服务，服务了 400 余家企业，其中不乏世界 500 强企业及机器人龙头企业，如库卡、安川、松下等，以及国内机器人行业的新兴企业，如新时达、埃夫特、埃斯顿等。服务区域主要覆盖长三角地区、珠三角地区、京津冀地区，此外与山东、安徽、四川、辽宁、吉林、甘肃、青海、广西、云南、宁夏等地的企业也有合作交流。

（2）助力机器人产品应用到各个场景

自 CR 认证实施以来，获证产品的应用场景越来越丰富，涉及生产制造、巡检安防、环境提升、物流配送、医疗康复、餐饮加工、信息传播、教育娱乐等应用场景，极大地促进了机器人的发展。同时，获证企业分布越来越广泛，覆盖了长三角地区、京津冀地区和珠三角地区等机器人主要产区。此外，日本的安川、德国的库卡、韩国的韩华等国际知名机器人企业也已获得 CR 认证。

（3）提升我国机器人的国际影响力

通过与国际主流认证机构合作，CR 认证成为国内机器人走向国际市场的桥梁，目前获得 CR 认证的国产机器人已出口至欧洲、北美、韩国、日本、东南亚等国家或地区，大大提升了我国在机器人领域的国际影响力。其一测多证服务，可为企业降低 30% 的认证成本。

（4）CR 认证助力机器人产品质量提升

2017—2019 年，市场监管总局连续三年对机器人产品质量进行风险监测，风险监测的结果表明，在 CR 认证等检测认证工作的推动下，国产工业机器人的安全水平得到显著提升。以上电科承担的风险监测任务为例，2017 年 11 家机器人企业中只有 5 家与抽样检测依据一致，一致率为 45.5%；2018 年 30 家机器人企业中有 17 家与抽样检测依据一致，一致率为 56.7%。

第 7 章 思考与建议

7.1 检验检测促进产业升级的瓶颈与对策

7.1.1 存在的问题

党的二十大以来,国家多次强调提高产业基础能力和产业链现代化水平。检验检测是国家产业技术基础的重要组成部分,是产业链、价值链和创新链升级的重要一环。一方面,各类检验检测技术加快升级发展,有力地促进了战略性新兴产业、传统优势产业及现代农业、服务业的升级;另一方面,检验检测活动促进了企业产品质量的提高和产品工艺的改进,助推企业生产价值链提升。可见,作为供给侧赋能工具,在推动产业升级方面,检验检测具有"四两拨千斤"的作用。

当前我国检验检测赋能产业升级遭遇四个关键瓶颈:一是检验检测行业散而不强,难以形成行业深化发展的合力。据统计,96.3%的检验检测机构属于小微型企业,尚无一家检验检测机构进入世界排名前 20 位,尚未形成国际知名的检验检测品牌。以电子测量仪器为例,年销售额超过 10 亿元的仪器生产企业只有 1 家,超过 1 亿元的只有 5 家。二是检验检测机构改革举步维艰,难以释放行业深化发展的潜力。我国检验检测行业一度带有浓厚的行政色彩,参与机构中事业单位占据较大市场份额。2020 年,虽然检验检测行业事业单位制机构比重进一步下降,企业制机构占比首次突破七成,但事业单位制机构占比仍有 22.81%。三是检验检测能力与产业发展不匹配,难以促进产业结构的优化升级。我国多数检验检测机构仅能提供检验检测产业链中部分服务,远未形成集先进知识和技术的推动者、使用者和传播者于一身的能力。据统计,70%检验检测机构的业务以消费品检测为主,为重大装备业、高新技术产业和高端服务行业提供高端检验检测服务的能力不足。四是检验检测仪器设备供给质量不高,难以保障产业质量的提升。2019 年,我国仪器仪表出口的单位价值为 88.66 美元/千克,而同期瑞士为 319.54 美元/千克、美国为 200.94 美元/千克、日本为 167.56 美元/千克、德国为 162.51 美元/千克、英国为 122.56 美元/千克,与发达国家相比产品附加值仍然较低。

7.1.2 成因与建议

究其原因，主要有四点：一是基础研究薄弱，关键核心技术匮乏；二是国内检验检测行业还没有完全纳入产业链、价值链和创新链，国内相关各方并未形成联动工作机制，产业化进展十分缓慢；三是仪器设备质量和可靠性问题长期得不到根本性解决；四是军、民实行各自的检验检测制度体系，需要加快融合。当前，国内外形势发生深刻变化，我国经济进入新发展阶段，亟须加快促进检验检测赋能产业升级，为此提出以下几点建议。

（1）抓紧编制检验检测中长期发展规划

在国家经济、产业、科技等方面的规划及面向2035的重大规划中，要同步设计、同步规划、同步布局检验检测，并将其作为独立板块。与"十四五"规划和《中共中央 国务院关于开展质量提升行动的指导意见》衔接，编制检验检测中长期发展规划，列入国家重点专项规划。

（2）将检验检测纳入国家创新体系设计

一是建议国家发展改革委、财政部等部委设立"国家检验检测产业技术支撑发展专项"，组织实施检验检测创新驱动能力建设工程，建设一批国家检验检测产业创新中心和高水平检验检测集聚区、示范区。

二是建议科技部将检验检测技术创新纳入国家重点研发专项，支持一批检验检测头部企业及专精特新企业，围绕产业链部署创新链，突破制约检验检测高质量发展的技术瓶颈，建设一批国家检验检测技术创新中心。

（3）着力深化改革，优化营商环境

制定检验检测条例，加快推进事业单位制检验检测机构改革，深化国有检验检测机构改革，鼓励社会资本进入检验检测行业，加快检验检测市场许可和监管制度改革，推动检验检测行业与先进制造业、现代服务业和现代农业协调创新、融合发展，引导检验检测行业向专业化和价值链高端延伸。

（4）面向产业急需，实施重大工程

建议国家发展改革委、科技部、工信部、市场监管总局等部委，聚焦产业发展和民生需求，组织实施检验检测助推产业升级行动计划、检验检测创新驱动能力建设工程和军民检验检测融合工程等，面向产业集聚区组建一批高水平、公益性检验检测机构，形成专业齐全、布局合理的区域格局。

7.2 关于切实加强我国检验检测仪器设备质量提升的建议

检验检测仪器设备是国家质量基础设施的组成部分，是制造业高质量发展的基础,是驱动和引领科技创新发展的原动力,能够促进重大科学发现和基础研究突破。现阶段,我国检验检测仪器设备质量不高,依赖进口,严重制约了我国经济的高质量发展。

7.2.1 存在的问题及成因

我国检验检测仪器设备主要存在以下三个问题。

(1) 检验检测仪器设备质量良莠不齐

目前我国国产检验检测仪器设备普遍质量水平不高,设备的可靠性、一致性、稳定性与国外同类设备相比存在较大差距。质量的差距直接导致了我国国产检验检测仪器设备单位价值低,品牌认可度差。比如,据统计,我国仪器仪表中的工程仪器和水文仪器合格率近几年均低于 90%;2019 年,我国仪器仪表出口单位价值为 88.66 美元/千克,而同期瑞士为 319.54 美元/千克、美国为 200.94 美元/千克、日本为 167.56 美元/千克、德国为 162.51 美元/千克、英国为 122.56 美元/千克。可见,我国检验检测仪器设备质量水平与发达国家相比仍有较大差距。

(2) 国产高端检验检测仪器设备缺失

检验检测行业高比例配备进口仪器设备,赛默飞、岛津、安捷伦等外资企业长期占领我国市场。比如,在高端分析仪器产品领域,据海关总署统计,2016—2019 年,我国仪器设备年均进口 978.3 亿美元,大型仪器整体进口率为 70.6%,其中分析仪器进口率超过 80%,质谱、色谱仪器进口率分别为 89.59%和 88.45%;部分领域的高端仪器 100%依赖进口,如高档激光干涉检测仪是超高精密测量和加工的必备测量仪器之一,目前仅有极少数国家能够生产;在其他仪器设备(如高档质谱仪、高档傅里叶红外光谱仪、高档台式激光拉曼光谱仪、高档 ICP 光谱仪等)方面,我国与国外差距仍然很大。

(3) 长期依赖进口仪器设备,风险较高

检验检测仪器设备质量不高导致国内追求进口仪器设备,而这关乎产业链和经济安全。比如,目前我国应用广泛的大型串级高精度高灵敏度质谱仪、高倍数电子显微镜、高频率核磁等都主要依靠进口,一旦与制造国发生经济摩擦或者贸易战,相关仪器设备不能进口或者不能获取配套的试剂、耗材、配件及软件系统升级,众多核心领域的研究、生产、质量管理及检验检测工作将停滞,进而严重威胁国家经济安全。此外,大量使用进口仪器设备也存在信息泄露、网络攻击等安全隐患,需要引起高度重视。

对于当前我国检验检测仪器设备存在的问题,究其原因,主要有三点:一是国内仪器设备研发生产管理无序,国内相关各方没有在检验检测仪器设备研发投入上形成联动工作机制,总体成效不大;二是核心技术匮乏,产品稳定性和可靠性问题长期得不到根本性解决,再加上受到进口仪器设备的严重冲击,国内仪器设备制造商陷入无市场、无投入、无进步的恶性循环，亏损十分严重；三是检验检测行业自身发展能力不强，规范化、专业化、国际化发展程度不足，据统计，我国检验检测仪器生产商中，80%左右为小微企业，我国仪器设备生产企业主营业务收入超过 10 亿元的不超过 10 家，使得我国关键检验检测仪器设备国产化过程严重滞后，难以支撑国家经济安全和技术安全的需要。

7.2.2 政策建议

要提升我国检验检测支撑产业发展的能力，保障产业发展的技术安全，必须加强检验检测仪器设备质量提升，具体建议如下。

一是抓紧编制检验检测中长期发展规划。与"十四五"规划和《中共中央 国务院关于开展质量提升行动的指导意见》衔接，制定相关重点领域高端检验检测仪器产业技术路线图，加速推进自主研发和国产化进程，编制检验检测中长期发展规划，列入国家重点专项规划。

二是加快检验检测仪器设备质量提升和进口替代进程。开展检验检测仪器设备质量提升工程、检验检测创新驱动能力建设工程，支持检验检测机构优先采购技术水平先进、质量稳定可靠、价格适宜的国产检验检测仪器设备，扶持国内仪器设备品牌建设和发展。推动高端检验检测仪器设备实现"进口替代"，逐步推动高端检验检测仪器设备品牌走出国门，参与国际竞争。

三是建设国家检验检测创新中心。根据各行业发展需要，遴选一批权威检验检测机构、科研院所、高等院校和生产企业参与，在重点领域部署建设一批国家检验检测创新中心，可在食品药品安全、智能网联汽车、机器人、北斗导航、5G 通信等领域开展检验检测技术、环境和仪器设备攻关，尽快形成一批技术创新成果，研发一批检验检测仪器设备系统，打造国产检验检测仪器设备研发创新高地。

附录 1 检验检测统计报表

检验检测统计报表从一般统计、行业发展水平、行业服务能力、行业国际合作、认可机构共五个方面对检验检测行业 121 个因素进行统计，具体见附表 1。

附表 1 检验检测统计报表

一般统计	检验检测机构分布	机构总数
		各地区机构数量
	机构性质	事业单位性质机构数量
		国有企业数量
		民营企业数量
		外资企业数量
		合资企业数量
	营业规模	营业总额
		事业单位性质机构营业收入
		国有企业营业收入
		民营企业营业收入
		外资企业营业收入
		合资企业营业收入
		前 20 营业收入占比
	业务项目	从事检测业务项目机构数
		从事检验业务项目机构数
		从事鉴定业务项目机构数
		从事检疫业务项目机构数
		从事计量业务项目机构数
		从事安全性评价业务项目机构数
	行业领域	定性指标
	业务量	检测报告数量
		司法执法或政府委托检测报告数量

续表

	仪器设备	总数量
		进口仪器数量
		总原值
		进口仪器原值
	工作面积	总面积
		实验室面积
	人员构成	从业总人数
		研究生以上学历人数
		本科学历人数
		高级职称人数
		中级职称人数
		两院院士数
		国家高层次人才数
		省部级人才数
行业发展水平	机构实力	高新技术企业数量
		高新技术企业营业收入
		上市企业数量
		上市企业营业收入
		规模以上企业数量
		规模以上企业营业收入
		国家质检中心数量
	标准制修订	标准制修订总数
		参与制修订国家标准项数
		参与制修订行业标准项数
		参与制修订地方标准项数
	研发支出	研发经费
		研发人员数量
	专利申请	专利申请数量
		发明专利申请数量
		申请欧美日专利数量
		申请 PCT 国际专利数量
	专利授权	专利授权数量
		发明专利授权数量
		美欧日授权数量

续表

	有效专利	有效发明专利数量
		境外有效专利数量
	商标	注册商标数量
		当年新增商标数量
		境外注册商标数量
		马德里商标国际注册申请量
	软著	软著数量
		新增软著数量
	科技奖	国家级奖项数量
		省部级奖项数量
	检验检测机构资质认定情况	资质认定证书总数
		部委级别证书数量
		省厅级别证书数量
	检验检测机构资质失效情况	资质认定证书失效总数
		有效期届满未延续数量
		依法被吊销数量
		行政审批事项取消数量
	科研成果	科研项目数量
		国家级项目数量
		省部级项目数量
	互联网业务	企业自身平台数量
		第三方平台数量
行业服务能力	产业聚集情况	国家公共服务平台示范区数量
		国家公共服务平台示范区辐射机构总数
		国家公共服务平台示范区辐射机构总营业收入
		加入国内外产业联盟机构数量
		加入国内外行业协会组织机构数量
	业务范围	辐射境内外机构数
		辐射全国机构数
		辐射本省周边省份机构数
		辐射省内机构数
		辐射市内机构数

续表

行业服务能力	跨境服务	国内省外设立分支机构数量
		境外设立分支机构数量
		海外业务收入
行业国际合作	标准制修订	参与制修订国际标准项数
		主导制定国际标准项数
	国际组织任职	在 ISO 任职人数
		在 IEC 任职人数
		在 ITU 任职人数
		在 ILAC 任职人数
		在 IAF 任职人数
	国际合作	签署国际合作协议数量
	国际互认	签署互认协议数量
		加入国际互认体系机构数
认可机构	从业人员	认可从业人员总数
		认可从业评审员数量
		同行评审专家人数
	业务状况	认可的机构总数
		认可的认证机构数量
		认可的实验室数量
		认可的检验机构数量
	非例行监督检查	专项监督机构数量
		专项监督有效性不符合数量
		专项监督充分性不符合数量
		专项监督管理性不符合数量
		专项监督合规性不符合数量
		专项监督诚信性不符合数量
		确认审核机构数量
		确认审核一般性问题数量
		确认审核严重问题数量
		确认审核体系未运行数量
	认可项目	认可项目总数
		原创认可项目总数

附录2 我国出台的检验检测行业相关政策

出台（或修改）时间	部门	政策名称	相关内容
2011年12月	国务院办公厅	《国务院办公厅关于加快发展高技术服务业的指导意见》	推进检验检测机构市场化运营,提升专业化服务水平。充分利用现有资源,加强测试方法、测试技术等基础能力建设,发展面向设计开发、生产制造、售后服务全过程的分析、测试、检验、计量等服务,培育第三方的质量和安全检验、检测、检疫、计量、认证技术服务。加强战略性新兴产业和农业等重点行业产品质量检验检测体系建设。鼓励检验检测技术服务机构由提供单一认证型服务向提供综合检测服务延伸
2012年2月	国务院	《质量发展纲要（2011—2020年）》	加强质量管理、检验检测、计量校准、合格评定、信用评价等社会中介组织建设,推动质量服务的市场化进程
2013年3月	国务院	《计量发展规划（2013—2020年）》	量传溯源体系更加完备,测试技术能力显著提高,进一步扩大在食品安全、生物医药、节能减排、环境保护等重点领域的覆盖范围
2014年3月	中央编办等	《关于整合检验检测认证机构的实施意见》	到2020年,形成布局合理、实力雄厚、公正可信的检验检测认证服务体系,培育一批技术能力强、服务水平高、规模效益好、具有一定国际影响力的检验检测认证集团
2014年8月	国务院	《国务院关于加快发展生产性服务业促进产业结构调整升级的指导意见》	我国生产性服务业重点发展研发设计、第三方物流、融资租赁、信息技术服务、节能环保服务、检验检测认证、电子商务、商务咨询、服务外包、售后服务、人力资源服务和品牌建设
2014年10月	国务院	《国务院关于加快科技服务业发展的若干意见》	重点发展研究开发、技术转移、检验检测认证、创业孵化、知识产权、科技咨询、科技金融、科学技术普及等专业科技服务和综合科技服务,提升科技服务业对科技创新和产业发展的支撑能力

附录2 我国出台的检验检测行业相关政策

续表

出台（或修改）时间	部门	政策名称	相关内容
2015年3月	原质检总局	《全国质检系统检验检测认证机构整合指导意见》	到2020年，基本完成质检系统检验检测认证机构政事分开、管办分离、转企改制等改革任务，经营类检验检测认证机构专业化提升、规模化整合、市场化运营、国际化发展取得显著成效，形成一批具有知名品牌的综合性检验检测认证集团
2016年3月	全国人大	《中国国民经济和社会发展第十三个五年规划纲要》	以产业升级和提高效率为导向，发展工业设计和创意、工程咨询、商务咨询、法律会计、现代保险、信用评级、售后服务、检验检测认证、人力资源服务等产业
2016年5月	国务院	《土壤污染防治行动计划》	到2020年，受污染耕地安全利用率达到90%左右，污染地块安全利用率达到90%以上。到2020年，受污染耕地治理与修复面积达到1000万亩
2016年7月	原质检总局	《质量监督检验检疫事业发展"十三五"规划》	强化计量基础地位。加强检验检测技术能力建设，加强共性检验检测技术和仪器装备开放发展，形成布局合理、实力雄厚、公正可信的检验检测服务体系，打造一批检验检测认证知名品牌
2016年11月	原质检总局等32部委	《认证认可检验检测发展"十三五"规划》	预计到2020年，检验检测认证服务业总收入达到3000亿元左右，比"十二五"末增长55%左右。总体来看，"十三五"认证认可检验检测服务业将继续保持较快增长，进一步发挥新兴服务业态的引领作用，同时在产业结构布局、核心竞争力、创新能力等方面将有显著提升
2017年9月	中共中央国务院	《中共中央 国务院关于开展质量提升行动的指导意见》	加快培育产业计量测试、标准化服务、检验检测认证服务、品牌咨询等新兴质量服务业态，为大众创业、万众创新提供优质公共技术服务
2018年1月	国务院	《国务院关于加强质量认证体系建设促进全面质量管理的意见》	打破部门垄断和行业壁垒，鼓励和支持社会力量开展检验检测认证业务，加大政府购买服务力度，营造各类主体公平竞争的市场环境

续表

出台（或修改）时间	部门	政策名称	相关内容
2019年3月	市场监管总局	《市场监管总局关于开展重点工业产品质量安全专项整治的通知》	各食品用纸包装、电线电缆、防爆电气、砂轮、危险化学品及其包装物、容器生产企业自收到本通知之日起，要立即按照生产许可证、强制性产品认证要求内容开展全面自查，对发现的问题和风险隐患进行整改，并于2019年5月底前将自查和整改报告报本地区市级市场监管部门
2019年8月	国家药监局	《关于印发药品检验检测机构能力建设指导原则的通知》	加强对药品检验检测机构在能力建设方面的指导，提升检验检测能力
2019年10月	市场监管总局	《市场监管总局关于进一步推进检验检测机构资质认定改革工作的意见》	依法界定检验检测机构资质认定范围，逐步实现资质认定范围清单管理。优化准入服务，便利机构取证。整合检验检测机构资质认定证书，实现检验检测机构"一家一证"
2019年12月	市场监管总局	《市场监管总局关于贯彻落实〈优化营商环境条例〉的意见》	深化商事制度改革，营造宽松便捷的市场准入环境。依法平等保护各类市场主体，营造公平有序的市场竞争环境完善新型监管机制,提高市场监管效能
2020年3月	市场监管总局、国家邮政局	《市场监管总局国家邮政局关于开展快递包装绿色产品认证工作的实施意见》	认证机构根据认证业务需要，委托取得相应资质的检测机构开展与快递包装绿色产品认证相关的检测活动，并对依据有关检测数据作出的认证结论负责。认证机构和检测机构应当分别建立认证、检测全过程可追溯工作机制，对认证、检测全过程做出完整记录并归档留存，保证认证、检测各环节和结果可追溯。认证机构应当公开认证基本规范、认证规则、认证细则、收费标准、获证产品及生产者等信息，接受社会的监督和查询，并按要求向市场监管总局报送快递包装绿色产品认证实施情况以及获证产品信息和证书暂停、撤销或注销等信息
2020年3月	市场监管总局办公厅	《市场监管总局办公厅关于开展2020年国家级检验检测机构能力验证工作的通知》	各省级市场监管部门和各行业评审组可以根据辖区和行业内检验检测机构能力建设和监督管理需要，组织各省（区、市）和行业检验检测机构能力验证或实验室间比对工作，并及时将相关工作信息和能力验证结果报送市场监管总局认可检测司

续表

出台（或修改）时间	部门	政策名称	相关内容
2021年4月	市场监管总局	《检验检测机构监督管理办法》	为了加强检验检测机构监督管理工作，规范检验检测机构从业行为，营造公平有序的检验检测市场环境，依照《中华人民共和国计量法》及其实施细则、《中华人民共和国认证认可条例》等法律、行政法规，制定本办法
2021年4月	市场监管总局	《检验检测机构资质认定管理办法》	根据《国家市场监督管理总局关于修改和废止部分部门规章的决定》修改
2021年9月	市场监管总局	《市场监管总局关于进一步深化改革 促进检验检测行业做优做强的指导意见》	到2025年，检验检测体系更加完善，创新能力明显增强，发展环境持续优化，行业总体技术能力、管理水平、服务质量和公信力显著提升，涌现一批规模效益好、技术水平高、行业信誉优的检验检测企业，培育一批具有国际影响力的检验检测知名品牌，打造一批检验检测高技术服务业集聚区和公共服务平台，形成适应新时代发展需要的现代化检验检测新格局

附录3 SGS 2005—2021年并购清单

年份	收购项目	区域
2021	Analytical & Development Services, UK	英国
	Autoscope/CTOK	法国
	Brightsight	荷兰
	International Service Laboratory（实验室设施）	爱尔兰
	Metair Lab	法国
	The Lab（Asia）Ltd.	中国
2020	CTA Gallet	法国
	Engineering Control Limited	新西兰
	Groupe Moreau	法国
	Ryobi Geotechnique International Pte Lte（RGIPL）	新加坡
	Thomas J.Stephens & Associates，Inc.	美国
	SYNLAB Analytics and Services	德国
2019	ARGUS International Inc.（多数股权）	美国
	FIOH（PPE检测认证业务和资产）	芬兰
	Chemical Solutions Ltd.	美国
	DMW Environmental Safety Ltd.	英国
	Floriaan B.V.	荷兰
	Forensic Analyrical Laboratories，Inc.	美国
	i2i Infinity Ltd.	英国
	LeanSis Productividad	西班牙
	Maine Pointe LLC（多数股权）	美国
	PT WLN Indonesia	印尼
	Testing，Engineering and Consulting Service，Inc.	美国
	Vicron Limited（20%股权）	中国
2018	Advanced Metrology Solutions S.L.	西班牙
	Inter-Basic Resources, Inc.	美国、英国

附录3 SGS 2005—2021年并购清单

续表

年份	收购项目	区域
	Laboratoire de Contrôle ar d'Analyse	比利时
	Olotest NV	比利时
	Polymer Solutions Incorporated	美国
	SIT Skin Investigation and Technology Hamburg GmbH	德国
	TraitGenetics GmbH	德国
	Vanguard Sciences Inc.	美国
2017	BF Machinery Pty Ltd and CBF Engineering Pty Ltd.	澳大利亚
	BioVision Seed Research Limited	加拿大
	Central Illinois Grain Inspection, Inc.	美国
	CTR Consulting Testing Research SrI	意大利
	Geostrada	南非
	Harrison Research Laboratories, Inc.	美国
	ILC Micro-Chem Inc.	加拿大
	Laboratoire LCA	摩洛哥
	Maco Customs Service	荷兰
	SGS Leicester Ltd.	英国
	The Govmark Testing Services, Inc.	美国
	Win Services Pty Ltd and Leadership Directions Pty Ltd.	澳大利亚
2016	Accutest Laboratories（资产）	美国
	Agflow（15%股权）	瑞士
	John R.McCrea Agency, Inc.（资产和执照）	美国
	AXYS Analytical Services Ltd.	加拿大
	Bateman Project	南非
	Biopremier（70%股权）	葡萄牙
	C-Lab SA	瑞士
	Cargo Compliance Company	荷兰
	Compliance Certification Services Inc.	中国
	CyberMetrix Inc.	美国
	Eecolab Ltda	智利
	IPS Testing	美国
	Laagrima	摩洛哥
	Laboratorios Contecon Urbar	哥伦比亚、巴拿马

续表

年份	收购项目	区域
	完成 Matrolab Group 收购	南非
	Roos+Bijl	荷兰
	SpecHub	巴拿马
	The Lab（Asia）Ltd.（50%股权）	中国
	Transparency-One（20%股权）	美国
	Unigeo Agricultura de Precisâo（75%股权）	巴西
2015	SIGA（70%股权）	智利
	Le Brigand NDT	法国
	Matrolab Group	南非
	Quality Compliance Laboratories Inc.	加拿大
	Safety-Tech（51%股权）	中国
	Savi Technology（17.65%股权）	美国
	Firstrank（75%股权）	中国
	AirServices	巴西
	Cronolab	巴西
	DLH-VIS Centers	法国
	Radiation Safety Services	澳大利亚
	SVA Ltd.	英国
	Testing Services Group LLC	美国
	Western Radiation Services Pty Ltd.	澳大利亚
2014	ATE	美国
	Commercial Aging Services	美国
	Courtray Consulting	法国
	Galson Laboratories	美国
	GMR	西班牙
	LabTox	瑞士
	Nemko Oy	芬兰
	RF Technologies	日本
	RTD NV（Applus+ RTD Belgium）	比利时
	Search Group	荷兰
2013	Hart Aviation	澳大利亚
	Industrial Valve Engineering	新西兰

续表

年份	收购项目	区域
	MIS Environmental	英国
	MIS Testing	英国
	Qingdao Yuanshun Automotive Services	中国
	Civil Quality Assurance	澳大利亚
	Enger Engenharia	巴西
	MSi Testing & Engineering	美国
	Grupo Labmat	巴西
	Umweltanalytik RUK	德国
	RDFI Group	法国
	Time Mining Group	南非
	Engineering Solutions	美国
	Herguth Laboratories	美国
2012	Ware Care Group	荷兰
	EMICS	英国
	Sentinel Services	南非
	Australian Radiation Services	澳大利亚
	Ludwig Group	加拿大
	Gladstone Testing Lab	澳大利亚
	Sercovam Group	法国
	Exprimo	比利时
	Gravena	巴西
	Vitrology	英国
	AP LLC USA	美国
	Environ Cientifica	巴西
	Metlab	南非
	ETSA	哥伦比亚、巴拿马
	Roplex Engineering	英国
	CIMM TS	智利
2011	MSM, MRL, Özel Hatay and Sanilab	土耳其
	Intech	美国
	Baseefa	英国
	Leeder Consulting	澳大利亚

续表

年份	收购项目	区域
	Conserve	马来西亚
	PfiNDE	美国
	Environmental Testing Corporation	美国
	Acumax	南非
	Simmonds and Bristow	澳大利亚
	Correl Rail	英国
	AG Research Associates	美国
	Sertec	意大利
	Agri-Food Laboratorie	加拿大
	Auto Contrôle Evaluation Services	法国
	Lippens Geotechniek	比利时
	NviroCrop	南非
	LGC Group	英国
	Tianjin Tianbao	中国
	IECC	中国
2010	FCC（ITV Vehicle Inspections）	西班牙、阿根廷
	Am'Tech Medical	法国
	Assayers	加拿大
	Atest	瑞士
	Australian Soil Testing	澳大利亚
	KCQT	韩国
	Intron Group	荷兰
	Verilab	智利
	Halliburton（联合协议）	美国
	M-Scan Group	欧洲、韩国、印度、新加坡
	Yan Tai HuaJian Inspection Engineering	中国
2009	EKO-PROJEKT	波兰
	Ustav Paliv a Maziv	捷克
2008	Bluesign Technologies（50%股权）	瑞士
	Canadian Environmental & Metallurgical	加拿大

附录3　SGS 2005—2021年并购清单

续表

年份	收购项目	区域
	Geostat Systems International	加拿大
	Horizon Energy Partners	荷兰
	TACS	澳大利亚
	Technical Engineering Service Corporation	韩国
	Alvey Group	美国
	PiD Group	巴西
	Central Analytical Laboratories	南非
	Holman-Wilfley Associates	英国
	Warntech	澳大利亚
	Western Geotechnics Group	澳大利亚
	Nokia Siemens（业务和资产）	德国、芬兰
2007	Lab Merten	德国
	FTS	美国
	Mid Iowa Grain Inspection	美国
	Mid-West Seed Services	美国
	ECOSERV	南非
2006	aster.cephac	法国
	MRRT	加拿大
	Northview Biosciences	美国
	Seven Layers	英国
	SRS Tech	韩国
	Wireless Test Systems	美国
2005	Aquatic Health	智利
	Auto Sécurité Group	法国
	Casco	澳大利亚
	MinnovEX Technologies	加拿大
	X-PER-X	加拿大

资料来源：https://www.sgs.com/en/our-company/about-sgs/acquisitions。

附录4　美国《联邦肉类检查法》部分目录

Ⅰ分章　肉类检查要求；掺假、错误标识

§601. 联邦肉类检查要求，掺假、错误标识的定义

§602. 国会决议声明

§603. 肉和肉类食品的检查

§604. 动物胴体检查和标记或标签；禁止食用肉胴体的毁灭；复检

§605. 带进屠宰和包装场所的动物胴体检验和肉类食品的发出和返回及其准入条件

§606. 肉类食品检查员；检查的标记；禁止食用产品的销毁；产品的出口

§607. 肉和肉类食品标签、标记和容器的要求

§608. 屠宰和包装场所的卫生检查和管理；掺假肉类食品的拒绝

§609. 在夜间屠宰和加工的动物及其食物产品的检查

§610. 禁止的行为

§611. 设备、标记、标签及证书；仿造行为

§612. 掺假或错误标识肉类食品的通告

§613. 计划和复审

§614. 撤销

§615. 出口动物胴体和肉的检查

§616. 检查出口动物胴体和肉制品的检查员；检查情况说明的证明书

§617. 禁止无检查说明书的肉类出口

§618. 检查员证书和副本的递交

§619. 不同种类动物及其衍生产品的标记、标签或其他鉴定方式；精制和屠宰场所的分开

§620. 肉类食品的进口

§621. 提供检查的检查员；委派；责任；规章

§622. 行贿及检查官员的受贿

§623. 检查要求的豁免

§624. 肉类储存和处理规定；违反；非联邦管辖的场所的豁免

§625. 不适用于鲶鱼的条款

Ⅱ分章 肉类处理和相关企业

§641. Ⅰ分章中非人类食品检查条款的禁止；商业分销前的性质改变；非食用条款

§642. 记录的要求

§643. 企业的注册，法人姓名和贸易名称

§644. 关于禁止用作人类食物的 4-D 动物的交易、运输或进口的规章

§645. 适用于不受当局管制的州或领域企业交易的联邦条款

Ⅲ分章 联邦政府和州政府的合作

§661. 联邦政府和各州政府的合作

Ⅳ分章 辅助条款

§671. 检查服务；拒绝或撤回；听证会；禁止交易的特定犯罪行为；其他撤销服务的条款不受影响；企业责任；农业部最后行动；司法审查；记录

§672. 行政拘留；期限；待定的司法诉讼，政府当局的通知；释放

§673. 扣押和定罪

§674. 联邦法院关于强制诉讼和其他类型案件的司法管辖权；本章607（e）章节的限制

§675. 对公务人员的攻击、抵抗和阻碍；谋杀；对公务人员的保护

§676. 违规行为

§677. 适用于本章管理和执行的其他联邦法律；调查场所；联邦法院的司法权

§678. 非联邦管辖范围内的联邦监管事项；关于企业标志、标签、包装和配料检查服务的附加或不同要求的禁止；记录和相关要求；用于人类食品的掺假、误标和出口商品分销的共同管辖；其他事项

§679. 联邦食品、药品和化妆品法案的应用

§679a. 安全肉禽检查小组

§679b. 肉禽的巴氏灭菌

§679c. 食品安全检查服务能力的扩展

§680. 授权拨款

Ⅳ-A 分章 杂项条款

§683. 为小型企业洲际船运运送经联邦和州政府机构检查的肉类

Ⅴ-A 分章 联邦和州政府机构的检查

§691. 省略

§692. 驯鹿的检查

§693. 出口乳制品的检查

§694. 拨款的授权

§695. 肉类检查服务费用的支付和豁免

附录5　美国谷物检验、批发及畜牧场管理局（GIPSA）对检测机构的指定条件与标准

《美国法典》[①]第7篇第79条：官方检验。

（e）在出口港实施官方检验；向国家机构授权

（1）除本款第（2）段另有规定外，部长应安排由其聘用的官方检验人员或根据本篇第84条规定与部长签约的其他人员，在出口港对本章要求或授权检验的所有粮食实施官方检验。

（2）向国家机构授权。

（A）一般情况下

如果部长根据本款第（3）段确定某国家机构有资格实施官方检验，符合本条（f）（1）（A）款的标准，且（i）1976年7月1日根据本章规定在出口港实施官方检验；或（ii）（Ⅰ）在1976年7月1日之前的任何时间在出口港实施过官方检验，（Ⅱ）1982年12月22日根据本条（f）款的规定被指派在出口港以外的地点实施官方检验，及（Ⅲ）经部长确定，其所在州的年粮食出口总量不超过全美年粮食出口总量的5%，则部长可授权该国家机构在其所在州的出口港（包括未来设立的出口港）履行官方检验（不包括申诉检验）涉及的全部或特定职能，但须遵守部长规定的规则、条例、指示和监督，且任何此类官方检验应继续由部长直接负责。部长可自行决定，随时通知该国家机构，撤销任何此类授权，且不给予听证机会。

（B）认证

（i）一般情况下，部长应每5年认证一次获得授权的各国家机构符合（f）（1）（A）款所述的标准。（ii）流程：自2015年9月30日后的一年内，部长应制定一套认证流程，根据该流程，部长应（Ⅰ）在《联邦公报》上公布对国家机构进行认

---

① 1926年，美国政府将美国建国以来国会制定的所有立法（除独立宣言、联邦条例和联邦宪法外）加以整理编纂，按50个项目系统地分类编排，命名为《美国法典》（United States Code, USC），这是第一版《美国法典》。《美国法典》作为一部丛书，每隔6年重新编纂颁布一次。在6年期间，法律修订委员会办公室每年将国会当年通过的法律按照法典编排的序号，编辑成一个补充卷。在新的法典尚未编纂之前，人们可以通过补充卷来查阅和引用最新的法律规定。详见https://www.govinfo.gov/app/collection/uscode。

附录5 美国谷物检验、批发及畜牧场管理局（GIPSA）对检测机构的指定条件与标准

证的意向通知，并提供30天的公众意见征集期；（Ⅱ）对收到的公众意见进行评估，并根据第（3）段的规定开展调查，确定该国家机构是否合格；（Ⅲ）根据收到的公众意见和开展的调查作出结论；以及（Ⅳ）在《联邦公报》上发布通知，宣布是否授予证书，并说明部长作出该决定的依据。

（C）国家机构要求

（ⅰ）一般情况下，如果根据本段规定获得授权的国家机构因故希望暂时中止官方检验或称重服务，则除发生重大灾害的情况外，该国家机构应在中止日期前至少提前72小时将其意向书面通知部长；（ⅱ）部长应将收到（ⅰ）款所述的通知视为根据本段规定给予授权的一个因素。

（3）在根据本款第（2）段规定授权国家机构在出口港实施官方检验之前，部长应（A）开展调查，确定该机构是否合格；（B）根据调查结果作出结论。开展调查时，部长应咨询司法部、农业部调查办公室（或农业部内部可能经授权代表该办公室开展调查的其他组织或机构）和政府问责办公室，并查阅这些部门的现有档案。

（4）部长可规定，在美国内陆点装入轨道车、驳船或作为从美国运出的最终运输载体的其他货柜的粮食，应按本款或本条（f）款规定的、部长认为最能满足本章目标的方式检验。

（f）在出口港以外的地点实施的官方检验，指派机构或个人实施官方检验的

（1）对于在出口港以外实施的官方检验，部长有权根据符合下列条件的任何国家机构或地方政府机构或任何个人的申请，指派该机构或个人作为官方机构，负责在部长确定需要实施官方检验的地点履行官方检验（不包括申诉检验）涉及的全部或特定职能。

（A）该机构或个人以令部长满意的方式向部长表明，其：（ⅰ）拥有足够的设施和合格人员履行此类官方检验职能；（ⅱ）将规定官方检验人员在国家或个人提供官方检验的粮食升降机、仓库或其他储存或处理设施之间定期轮换，确保官方检验服务的可靠性；（ⅲ）将符合部长根据本篇第84（g）条制定的培训要求和人员标准；（ⅳ）将以其他方式对其人员开展必要的培训并实施必要的监督，确保他们按照本章和根据本章发布的条例和指示实施官方检验；（ⅴ）不会收取歧视性或不合理的官方检验费；（ⅵ）如果是国家机构或地方政府机构，所收取的检验费用将只用于维持该国家机构或地方政府机构的官方检验业务，不会用于其他任何目的；（ⅶ）任何相关实体不存在本篇第87条禁止的利益冲突；（ⅷ）将保存关于其组织、人员配置、正式活动和财务的完整、准确的记录以及部长根据条例要求的其他记录；（ⅸ）如果是国家机构或地方政府机构，将根据工作要求而不是政治背景雇用人员；（ⅹ）将遵守本章的所有规定以及根据本章发布的条例和指示；（ⅺ）符合根据本章发布的与本章规定的官方职能有关的条例中规定的其他标准。

（B）部长认定的申请人比其他申请人更有能力提供官方检验服务。

（C）部长（ⅰ）定期与申请人的客户交谈，调查申请人在提供官方检验服务和遵守本章其他要求方面的表现，如果客户希望，交谈可通过保护客户身份的方式进行；（ⅱ）与申请人合作，解决交谈过程中发现的任何问题。

（g）官方机构指派的终止、续期、修改、取消和撤销

（1）官方机构的指派应在部长规定的时间终止，但不迟于每5年终止一次，并可根据本条（f）款规定的标准和程序续期。

（2）经官方机构申请后，如果部长确定修改该官方机构的指派符合本章的规定和目标，即可随时修改该指派；经官方机构提前90天书面通知部长请求取消指派后，该指派将被取消。官方机构须就每次修改向部长支付部长条例规定的费用，以补偿部长在此方面产生的费用，该费用应存入根据本条（j）款设立的基金。

（3）如果在给予了官方机构听证机会后，部长认定该机构未能达到本条（f）款规定的一条或多条标准或本章规定的履行官方检验职能的条例，或该机构在其他方面未遵守本章的任何规定或根据本章向该机构规定的任何条例或发布的任何指示，或该机构因违反涉及粮食处理或官方检验的联邦法律而被定罪，部长即可撤销对该机构的指派。但前提是，部长认为有理由撤销指派，并认为撤销指派对本章所述的官方检验制度最为有利，即可以吊销该指派，不为该官方机构提供听证机会，等待对程序作出最后决定。部长应在临时撤销指派后30天内为该机构提供听证机会。

（h）在没有指派官方机构的情况下，在出口港以外的其他地点实施官方检验

如果部长认定，在部长确定的需要实施官方检验以实现本篇第74条所述目标的任何地点（出口港除外），根据本条（f）款指派的官方机构无法定期实施官方检验，且该地点附近合理范围内没有任何官方机构愿意临时提供或没有或无法获得足够的人员和设施临时提供官方检验，则应根据本篇第84条的规定，由部长的授权职员和部长允许履行官方检验职能的其他人员提供官方检验，直到官方机构能够定期提供官方检验服务。

（i）加拿大港口的官方检验

部长有权根据本篇第77条（a）款的规定，安排在加拿大港口对经加拿大港口转运的美国出口粮食实施本章所述的官方检验，且部长据此有权与加拿大政府签订关于此类检验的协议。此类检验的所有或特定职能应由部长雇用的官方检验人员履行，或由根据与部长签订的合同或与加拿大政府达成的协议的规定履职的人员履行，但申诉检验情况除外。

（j）费用

（1）检验费。

（A）一般情况下，部长应根据其规定的条例，收取合理的检验费，补偿部长实施官方检验的估计费用，但官方检验由指派官方机构或授权国家机构实施的情况除外。

附录5　美国谷物检验、批发及畜牧场管理局（GIPSA）对检测机构的指定条件与标准

（B）费用金额。本款批准的费用应尽可能切合实际并在考虑样品销售的所得之后，足够补偿部长在美国实施官方检验或在加拿大港口对美国粮食实施官方检验的成本，包括与此类粮食官方检验有关的行政和监督成本。

（C）费用的使用。本款所述的费用以及用于官方检验的、属于美国财产的样品出售所得，应存入基金，该基金不受财政年度限制，可用于支付部长履行本章所述服务的费用。

（D）出口吨位费。对于部长对出口设施实施的官方检验，按出口吨位收取的费用应按照出口吨位量的5年滚动平均值计算。

（2）各指派官方机构以及根据本条（e）款规定获得授权的国家机构，应向部长支付部长认为公平合理的金额的费用，该费用将用于补偿部长因监督官方机构人员和监督部长外地办事处人员产生的估计成本，但根据本条（g）款第（3）段和本篇第85、86、87c条产生的费用除外。这些费用应在按部长规定的时间提供服务后支付，并应存入根据本款第（1）段设立的基金。费用到期后30天内未支付的，指派或授权应自动终止，在部长规定的期限内支付当前应付的费用、利息以及部长因该终止产生的任何其他费用后，该指派或授权应予恢复。逾期费用的利率应由部长决定，但不得低于美国期限相当的、未到期的适销债务的当前市场平均收益率，加上部长确定的不超过1%年利率的额外费用，调整到最接近1%的八分之一。

（3）部长根据本章规定收取或收到并存入本款第（1）段规定设立的基金的款项，以及部长收取并计入该基金的任何滞纳金，可由部长投资于有保险的或有充分抵押的计息账户，或根据部长的酌情选择，由财政部长投资于美国政府的债务工具。部长收取的这些款项和任何滞纳金所产生的利息应计入该基金，该基金不受财政年度限制，可用于支付部长履行本章所述服务的费用。

（4）费用的调整。为了维持3到6个月的营业准备金，部长应至少每年调整一次第（1）段和第（2）段所述的费用。

（5）第（2）段规定的对该款所述指派官方机构和国家机构收取的费用以及第（3）段规定的投资权限应于2020年9月30日到期。该日之后，部长根据第（1）款确定的费用不得包括与粮食官方检验有关的行政和监督费用。

附录6 《消费品安全改进法案》目录

第一篇 儿童产品安全
第 101 条. 含铅儿童产品；含铅涂料标准
第 102 条. 某些儿童产品的强制性第三方测试
第 103 条. 儿童产品的跟踪标签
第 104 条. 耐用婴幼儿产品标准和消费者登记
第 105 节. 玩具与游戏器具的广告标签要求
第 106 节. 强制性玩具安全标准
第 107 节. 对少数民族儿童的与消费品相关的可预防性伤亡研究
第 108 节. 禁止销售含特定邻苯二甲酸盐的产品

第二篇 消费品安全委员会改革
第一章 经营管理改善
第 201 节. 委员会的授权
第 202 节. 委员会全员要求；临时法定人数；员工
第 203 节. 部分递送给国会的文件
第 204 节. 加速制定法律
第 205 节. 监察长的审查与报告
第 206 节. 禁止行业赞助的差旅
第 207 节. 与联邦政府、州政府、地方政府和外国政府机构信息共享
第 208 节. 交换雇员培训
第 209 节. 年度报告要求

第二章 加强执行权力
第 211 节. 公开信息披露
第 212 节. 建立一个公众消费品安全数据库
第 213 节. 依据其他由消费品安全委员会执行的法令制定的储存强制令
第 214 节. 加强的召回权利以及改正措施计划
第 215 节. 对由防火墙隔开的符合性评估机构的检查；供应链的识别
第 216 节. 禁止行为
第 217 节. 处罚

第 218 节. 由州总检察长执行
第 219 节. 举报人保护
第三章　详细的进出口相关规定
第 221 节. 召回品及不合格品的出口
第 222 节. 进口安全管理及跨部门间的合作
第 223 节. 重大产品隐患清单及不合格进口产品的销毁
第 224 节. 财政责任
第 225 节. 与进口消费品安全相关的公权力效力研究及报告
第四章　杂项规定及顺应性修订
第 231 节. 先占性
第 232 节. 各类地形用车辆标准
第 233 节. 按照1970年的危险物品地包装法案实施成本效益分析
第 234 节. 织物及服饰产品中的甲醛使用研究
第 235 节. 技术及顺应性变化
第 236 节. 加快复审
第 237 节. 撤销
第 238 节. 浴池及温泉安全技术修订
第 239 节. 生效日期及可分割性

附录7　美国2008年《消费品安全改进法案》（CPSIA）的《与第三方合格评定机构有关的要求》规则

该规则于2013年3月12日发布，2013年6月10日生效。

1. 目的

本部分定义了"第三方合格评定机构"，并介绍了其认可经CPSC接受，可根据《消费品安全改进法案》（CPSIA）第14条的规定检测儿童产品的第三方合格评定机构的类型。本部分描述了成为经CPSC认可的第三方合格评定机构的要求和程序；经CPSC认可的第三方合格评定机构适用的审核要求；第三方合格评定机构如何自愿中止作为经CPSC认可的第三方合格评定机构的身份；撤销或中止CPSC对第三方合格评定机构认可的验收的理由和程序；以及个人如何提交指称不良反应理由的信息。

2. 第三方合格评定机构通用要求

A. 第三方合格评定机构有哪些类型？

（a）独立型。独立第三方合格评定机构并非由其将检测的儿童产品的制造商或商标持有人拥有、管理或控制，也并非由政府全部或部分拥有或控制。

（b）防火墙型。在下列情况下，第三方合格评定机构必须申请防火墙资格。

（1）该第三方合格评定机构由儿童产品的制造商或商标持有人拥有、管理或控制。

（ⅰ）在确定第三方合格评定机构是否具有防火墙资格时，"制造商"包括行业协会。

（ⅱ）制造商或商标持有人具有下列特征的，即视为其拥有、管理或控制第三方合格评定机构：（A）儿童产品的制造商或商标持有人直接或间接持有第三方合格评定机构10%或以上的所有者权益，间接所有权权益的计算方法是将所有权链中各个环节的所有权百分比连续相乘；（B）第三方合格评定机构与儿童产品的制造商或商标持有人共同属于同一个"母机构";或(C)儿童产品的制造商或商标持有人有能力任命第三方合格评定机构内部高层管理机构(例如但不限于董事会)的任何人员,有能力任命第三方合格评定机构内部高层管理机构的总负责人(例如但不限于主席或总裁),有能力聘用、解聘第三方合格评定机构人员或决定人员的薪酬水平,无论其是否行使过该能力。

(2)儿童产品须遵守 CPSC 儿童产品安全规则,而该第三方合格评定机构向 CPSC 申请了检测验收。

(3)该第三方合格评定机构拟对拥有、管理或控制实体生产的儿童产品实施检测,以支持获得儿童产品证书。

(c)政府型。政府型第三方合格评定机构由政府全部或部分拥有或控制。在本部分中,"政府"包括国家、领地、省、地区、州、部落或地方政府的任何单位,以及主权国家的联盟或协会。"政府"还包括国内外实体。第三方合格评定机构具有下列特征的,即属于"由政府全部或部分拥有或控制"。

(1)政府实体直接或间接持有第三方合格评定机构 1%或以上的所有者权益。间接所有权权益的计算方法是将所有权链中各个环节的所有权百分比连续相乘。

(2)政府实体提供任何直接的财政投资或资金(工作费用除外)。

(3)政府实体有能力任命第三方合格评定机构内部高层管理机构(例如但不限于董事会)的大部分人员;有能力任命第三方合格评定机构内部高层管理机构的总负责人(例如但不限于主席或总裁),及/或有能力聘用、解聘第三方合格评定机构人员或决定人员的薪酬水平。

(4)第三方合格评定机构的管理人员或技术人员包括任何政府职员。

(5)该第三方合格评定机构隶属于某个政府实体的外部组织结构(不包括其作为受监管实体与政府监管机构之间的关系)。

(6)除了作为监管机构,政府还可以决定、建立、更改或以其他方式影响:

(i)第三方合格评定机构的检测结果;

(ii)第三方合格评定机构的预算或财务决策;

(iii)第三方合格评定机构是否可以接受特定的工作要约;

(iv)第三方合格评定机构的组织结构或存续。

B. 第三方合格评定机构如何申请 CPSC 验收?

(a)基准要求。寻求 CPSC 验收的各第三方合格评定机构必须提交以下文件。

(1)提交一份填写完整的消费品合格评定机构登记表(CPSC 表 223 或申请书)。提交 CPSC 表 223 时,第三方合格评定机构必须阐明自身业务的事实情况和特征,以确定第三方合格评定机构是独立型、防火墙型还是政府型。第三方合格评定机构还必须确认已阅读、理解并同意本部分的规定。第三方合格评定机构先前在 CPSC 表 223 上提供的任何信息发生变化时,都必须对该表进行更新。

（2）提交以下文件。

（ⅰ）认可证书。

（A）第三方合格评定机构必须根据 ISO/IEC 17025：2005（E）"检测和校准实验室能力通用要求"获得认可。

（B）认可必须由签署了 ILAC-MRA 的认可机构授予。

（ⅱ）范围说明。第三方合格评定机构的认可必须包括一份范围说明，其中阐明寻求 CPSC 验收的各项 CPSC 规则和/或检测方法。虽然第三方合格评定机构在一份申请中可以在其范围内包含多个 CPSC 规则和/或检测方法，但是，如果 CPSC 已经验收了第三方合格评定机构的某个特定范围，而第三方合格评定机构又希望扩展验收范围，增加 CPSC 规则和/或检测方法，则第三方合格评定机构必须提交新的申请。

（b）对防火墙型第三方合格评定机构的额外要求。

（1）如果委员会通过命令作出 1112.17（b）所述的结论，第三方合格评定机构即可被验收为防火墙型第三方合格评定机构。

（2）为了方便委员会评估提交申请的防火墙型第三方合格评定机构是否满足 1112.17（b）中所列的标准，除本节（a）段的基准要求外，申请对其认可进行验收的防火墙型第三方合格评定机构还必须提交以下文件的副本。

（ⅰ）第三方合格评定机构的现有政策和程序，其中说明：

（A）第三方合格评定机构将如何保护其检测结果不受制造商、商标持有人或其他相关方的不当影响；

（B）制造商、商标持有人或其他相关方试图隐瞒第三方合格评定机构的检测结果或试图对检测结果施加不当影响的，将立即通知 CPSC；

（C）可秘密向 CPSC 汇报关于不当影响的指控。

（ⅱ）培训文件，包括对培训方案内容的描述，说明每年如何对员工开展关于本节（b）（2）（ⅰ）段所述政策和程序的培训。

（ⅲ）培训记录，包括接受本节（b）（2）（ⅱ）段所述培训的工作人员的名单和相应签名。记录必须列明培训日期、培训地点以及提供培训的个人的姓名和职务。

（ⅳ）第三方合格评定机构的组织结构图，其中包括该机构所有临时人员和专职人员的姓名及其在机构内部的上下级关系。

（ⅴ）更广泛组织的组织结构图，明确第三方合格评定机构在更广泛组织内部的上下级关系（使用职务名称和工作人员姓名）。

（ⅵ）在机构外具有上下级关系的第三方合格评定机构人员名单。名单必须标明第三方合格评定机构相关员工的姓名和职务，以及这些员工在机构外的上级的姓名、职务和工作单位。

(c) 对政府型第三方合格评定机构的额外要求。

（1）CPSC 认定以下情况后，即可验收政府型第三方合格评定机构。

（i）在可行的情况下，允许位于任何国家的制造商或商标持有人选择并非由该国政府拥有或控制的第三方合格评定机构。

（ii）第三方合格评定机构的检测结果不受任何其他人（包括其他政府实体）的不当影响。

（iii）第三方合格评定机构未获得比同国其他经认可的第三方合格评定机构更优惠的待遇。

（iv）其他政府主管部门对第三方合格评定机构的检测结果的重视程度不高于其他经认可的第三方合格评定机构的检测结果。

（v）第三方合格评定机构未就影响其运营的事项，或未就根据第三方合格评定机构的合格评定结果控制产品分销的其他政府主管部门所做的决定，而对其他政府主管部门施加不当影响。

（2）为了方便 CPSC 评估政府型第三方合格评定机构是否满足本节（c）（1）段所列的标准，除本节（a）段的基准要求外，寻求 CPSC 验收地位的政府型第三方合格评定机构还必须提交以下文件。

（i）说明书。描述与其他实体（如政府机构和合资伙伴）的关系的说明书，可以采用图表形式。

（ii）调查问卷答复。CPSC 将向政府型第三方合格评定机构申请人提供一份调查问卷，同时向关联的政府实体单独提供一份调查问卷。

（iii）经签署的备忘录。经签署的处理不当影响的备忘录的副本。

该备忘录必须：

面向第三方合格评定机构的全体工作人员；

使用公司信笺；

由第三方合格评定机构的高层签发；

使用第三方合格评定机构所在地区业务交流中常用的书面语言，如果该语言不是英语，还必须向 CPSC 提供经签署的备忘录的英文译本，在第三方合格评定机构的认可经 CPSC 验收后，放在显眼位置展示，供员工参考。

该备忘录必须说明：

实验室的政策是拒绝任何制造商、商标持有人、政府实体或其他相关方的不当影响，无论相关个人或实体与任何组织有着什么关系；

对于任何想要获得不当影响的企图，员工必须立即向其主管或第三方合格评定机构指定的任何其他管理人员报告；

第三方合格评定机构不容忍任何违反不当影响政策的行为。

（iv）证明书。必须由政府型第三方合格评定机构内有权代表该机构作出具有约束力的政策的高级官员证明以下内容。

（A）第三方合格评定机构申请根据 CPSC 儿童产品检测要求方案，获得政府型第三方合格评定机构的验收。

（B）该官员希望将该证明书视为支持该第三方合格评定机构为了促使 CPSC 验收其认可而提出的任何及所有申请，包括未来与新增的 CPSC 规则和/或检测方法有关的申请。

（C）据该官员所知和/或所信，该证明书以及为支持申请而提交的任何其他文件对第三方合格评定机构现有条件或政策的表述是准确的。除非 CPSC 收到第三方合格评定机构授权官员发出的关于撤销证明书的通知，否则 CPSC 将认为证明书以及为支持申请而提交的任何其他文件中的信息在各方面均保持准确性。该官员理解，经 CPSC 验收后，为了继续留在经 CPSC 验收的第三方合格评定机构名单中，机构有义务遵守本部分的规定。提交本证明书，是 CPSC 将该实验室验收为政府型第三方合格评定机构的条件。

（D）证明书中的"政府"指该第三方合格评定机构所在国家或行政区域的任何政府（中央政府、省政府、市政府或其他政府），包括国有实体，即使这些实体不履行政府职能。

（E）对于将在美国进行商业分销并须遵守 CPSC 第三方检测要求的消费品，该第三方合格评定机构未收到且不会接受任何政府实体给予的比同一国或同一行政区域、已获得 CPSC 第三方检测认可验收的其他第三方合格评定机构更优惠的待遇。政府型第三方合格评定机构的更优惠待遇包括但不限于，授权履行与出口相关的基本职能，而同一国或同一行政区域内经 CPSC 认可的竞争实验室则不得履行这些职能。

（F）对于将在美国销售并须遵守 CPSC 第三方检测要求的消费品，可能为了出口目的评估检测结果的任何政府实体对该第三方合格评定机构检测结果的重视程度，并不高于对同一国或同一行政区域已获得 CPSC 第三方检测认可验收的其他第三方合格评定机构检测结果的重视。

（G）第三方合格评定机构制定了明确的政策，禁止试图就影响其业务的事项对任何政府部门施加不当影响，且其员工了解该政策。

（H）如果某个政府型第三方合格评定机构由某个政府实体拥有或控制，且该政府实体同时拥有或控制消费品生产，则提出申请的第三方合格评定机构的高层官员必须证明，除非该第三方合格评定机构提出了申请并获得了委员会对政府型-防火墙型第三方合格评定机构双重身份的验收，否则该第三方合格评定机构不会为由该政府实体拥有或控制的实体生产的产品执行 CPSC 检测以支持这些产品获得儿童产品证书，进而出口到美国。

（v）政府实体证明书。如果 CPSC 认定，能否验收政府型第三方合格评定机构的申请，取决于第三方合格评定机构与某个政府实体之间近期的关系变化，和/或相关政府实体近期的政策变化，则 CPSC 可要求相关政府实体证明新关系或新政策的详细情况。

（d）防火墙和政府双重身份。同时符合防火墙型和政府型标准的第三方合格评定机构，必须同时提交防火墙和政府类别的申请。

（e）英语。所有申请材料都必须使用英语。

（f）电子提交。CPSC 表 223 以及所有随附文件必须通过 CPSC 网站以电子方式提交。

（g）澄清与核实。CPSC 可要求提供更多信息，以确定第三方合格评定机构是否符合相关标准。此外，CPSC 在批准申请前，可直接向认可机构核实认可证书和认可范围等信息。

（h）撤回申请。在 CPSC 对已提交的 CPSC 表 223 采取行动之前，第三方合格评定机构可随时撤回申请。撤回申请不会终止 CPSC 依法有权采取的任何执法行动，也不会使此类执法行动无效。

C. 第三方合格评定机构何时可以申请 CPSC 对特定 CPSC 规则或检测方法的验收？

（a）CPSC 发布了特定 CPSC 规则或检测方法的认可要求后，第三方合格评定机构即可向 CPSC 申请对该认可范围的验收。可以申请验收多个 CPSC 规则或检测方法的认可。经 CPSC 验收后，第三方合格评定机构可随时申请扩大验收范围，增加 CPSC 规则或检测方法。第三方合格评定机构只能出于《消费品安全法》第 14 条的目的出具在 CPSC 已对该机构认可进行验收的范围内的检测结果。

（b）CPSC 发布了对第三方合格评定机构的认可要求，用于评定第三方合格评定机构在下列 CPSC 规则或检测方法方面是否合格。

（1）《联邦法规汇编》第 16 篇第 1203 部分，自行车头盔安全标准。
（2）《联邦法规汇编》第 16 篇第 1215 部分，婴儿沐浴椅安全标准。
（3）《联邦法规汇编》第 16 篇第 1216 部分，婴儿学步车安全标准。
（4）《联邦法规汇编》第 16 篇第 1217 部分，幼儿床安全标准。
（5）《联邦法规汇编》第 16 篇第 1219 部分，全尺寸婴儿床安全标准。
（6）《联邦法规汇编》第 16 篇第 1220 部分，非全尺寸婴儿床安全标准。
（7）《联邦法规汇编》第 16 篇第 1221 部分，游戏场安全标准。
（8）《联邦法规汇编》第 16 篇第 1223 部分，婴儿秋千安全标准。
（9）《联邦法规汇编》第 16 篇第 1224 部分，便携式床架安全标准。

（10）《联邦法规汇编》第 16 篇第 1303 部分，含铅油漆和使用含铅油漆的特定消费品的禁令。第三方合格评定机构要想获得委员会对其认可的验收，以便根据第

16 篇第 1303 部分执行检测，就必须在其范围说明中提及下列一种或多种检测方法：

（i）CPSC 测定油漆和其他类似表面涂层中铅（Pb）含量的标准操作程序，CPSC-CH-E1003-09；

（ii）CPSC 测定油漆和其他类似表面涂层中铅（Pb）含量的标准操作程序，CPSC-CH-E1003-09.1；

（iii）ASTM F2853-10，"利用多单色激发束的能量分散 X 射线荧光光谱法测定油漆层和类似涂层或基质和均质材料中的铅含量的标准检测方法"。

（11）《联邦法规汇编》第 16 篇第 1420 部分，全地形车安全标准。

（12）《联邦法规汇编》第 16 篇第 1500.86（a）(5) 条，儿童禁用玩具或其他禁用物品分类的例外情况（嗒嗒球）。

（13）《联邦法规汇编》第 16 篇第 1500.86（a）(7)、(8) 条，儿童禁用玩具或其他禁用物品分类的例外情况（潜水棒和类似物品）。

（14）《联邦法规汇编》第 16 篇第 1501 部分，识别拟供 3 岁以下儿童使用的玩具和其他物品因小部件存在窒息、吸入或摄入危险的方法。

（15）《联邦法规汇编》第 16 篇第 1505 部分，对拟供儿童使用的电动玩具或其他电动物品的要求。

（16）《联邦法规汇编》第 16 篇第 1510 部分，拨浪鼓要求。

（17）《联邦法规汇编》第 16 篇第 1511 部分，安抚奶嘴要求。

（18）《联邦法规汇编》第 16 篇第 1512 部分，自行车要求。

（19）《联邦法规汇编》第 16 篇第 1513 部分，双层床要求。

（20）《联邦法规汇编》第 16 篇第 1610 部分，服装纺织品易燃性标准。

（21）《联邦法规汇编》第 16 篇第 1611 部分，乙烯塑料薄膜易燃性标准。

（22）《联邦法规汇编》第 16 篇第 1615 部分，0～6X 号儿童睡衣易燃性标准（FF 3-71）。

（23）《联邦法规汇编》第 16 篇第 1616 部分，7～14 号儿童睡衣易燃性标准（FF 5-74）。

（24）《联邦法规汇编》第 16 篇第 1630 部分，地毯和毛毯表面易燃性标准（FF 1-70）。

（25）《联邦法规汇编》第 16 篇第 1631 部分，小地毯和小毛毯表面易燃性标准（FF 2-70）。

（26）《联邦法规汇编》第 16 篇第 1632 部分，床垫和床垫褥易燃性标准（FF 4-72，修订版）。

（27）《联邦法规汇编》第 16 篇第 1633 部分，床垫套易燃性（明火）标准。

（28）儿童金属饰品中的铅含量。第三方合格评定机构要想获得委员会对其认可的验收，以便检测儿童金属饰品中的铅含量，就必须在其范围说明中提及下列一

附录7　美国2008年《消费品安全改进法案》(CPSIA)的《与第三方合格评定机构有关的要求》规则

种或多种检测方法：

（i）CPSC检测方法CPSC-CH-E1001-08，"测定儿童金属制品（包括儿童金属饰品）中总铅（Pb）含量的标准操作程序"；

（ii）CPSC检测方法CPSC-CH-E1001-08.1，"测定儿童金属制品（包括儿童金属饰品）中总铅（Pb）含量的标准操作程序"；

（iii）CPSC检测方法CPSC-CH-E1001-08.2，"测定儿童金属制品（包括儿童金属饰品）中总铅（Pb）含量的标准操作程序"；

（iv）CPSC检测方法CPSC-CH-E1001-08.3，"测定儿童金属制品（包括儿童金属饰品）中总铅（Pb）含量的标准操作程序"；

（v）"总铅量分析筛选试验"，摘自CPSC"测定儿童金属饰品中铅（Pb）含量及其可用性的标准操作程序"，2005年2月3日。

（29）儿童产品：儿童金属制品中总铅含量的限制。第三方合格评定机构要想获得委员会对其认可的验收，以便检测儿童金属制品中的总铅含量，就必须在其范围说明中提及下列一种或多种检测方法：

（i）CPSC检测方法CPSC-CH-E1001-08，"测定儿童金属制品（包括儿童金属饰品）中总铅（Pb）含量的标准操作程序"；

（ii）CPSC检测方法CPSC-CH-E1001-08.1，"测定儿童金属制品（包括儿童金属饰品）中总铅（Pb）含量的标准操作程序"；

（iii）CPSC检测方法CPSC-CH-E1001-08.2，"测定儿童金属制品（包括儿童金属饰品）中总铅（Pb）含量的标准操作程序"；

（iv）CPSC检测方法CPSC-CH-E1001-08.3，"测定儿童金属制品（包括儿童金属饰品）中总铅（Pb）含量的标准操作程序"。

（30）儿童产品：儿童非金属制品中总铅含量的限制。第三方合格评定机构要想获得委员会对其认可的验收，以便检测儿童非金属制品中的铅含量，就必须在其范围说明中提及下列一种或多种检测方法：

（i）CPSC检测方法CPSC-CH-E1002-08，"测定儿童非金属制品中总铅（Pb）含量的标准操作程序"；

（ii）CPSC检测方法CPSC-CH-E1002-08.1，"测定儿童非金属制品中总铅（Pb）含量的标准操作程序"；

（iii）CPSC检测方法CPSC-CH-E1002-08.2，"测定儿童非金属制品中总铅（Pb）含量的标准操作程序"；

（iv）CPSC检测方法CPSC-CH-E1002-08.3，"测定儿童非金属制品中总铅（Pb）含量的标准操作程序"。

（31）《联邦法规汇编》第16篇第1307部分，禁止含有特定邻苯二甲酸盐的儿童玩具和儿童护理用品。第三方合格评定机构要想获得委员会对其认可的验收，以

便检测儿童玩具和儿童护理用品中的邻苯二甲酸盐含量,就必须在其范围说明中提及下列一种或多种检测方法:

(i)CPSC 检测方法 CPSC-CH-C1001-09.4,"测定邻苯二甲酸盐的标准操作程序";

(ii)GB/T 22048—2008,"玩具及儿童用品聚氯乙烯塑料中邻苯二甲酸酯增塑剂的测定";

(32)《美国联邦法规》第 16 篇第 1250 部分,玩具安全标准。CPSC 只要求 ASTM F963-17 的特定条款须接受第三方检测,因此,CPSC 只验收第三方合格评定机构在根据以下玩具安全标准执行检测方面的认可。

(i)ASTM F963-17:

(A)第 4.3.5.1(2)节,表面涂层材料——金属的溶解试验;

(B)第 4.3.5.2 节,玩具基材;

(C)第 4.3.6.3 节,液体、糨糊、油灰、凝胶和粉末的清洁度(化妆品和用于防止微生物降解的配方试验除外);

(D)第 4.3.7 节,填充料;

(E)第 4.5 节,发声玩具;

(F)第 4.6 节,小物件(标签和/或说明书要求除外);

(G)第 4.7 节,无障碍边缘(标签和/或说明书要求除外);

(H)第 4.8 节,投影(沐浴玩具投影除外);

(I)第 4.9 节,无障碍点(标签和/或说明书要求除外);

(J)第 4.10 节,电线或杆;

(K)第 4.11 节,钉子和紧固件;

(L)第 4.12 节,塑料膜;

(M)第 4.13 节,折叠装置和铰链;

(N)第 4.14 节,绳索、带子和橡皮筋;

(O)第 4.15 节,稳定性和过载要求;

(P)第 4.16 节,密闭空间;

(Q)第 4.17 节,车轮、轮胎和车轴;

(R)第 4.18 节,机械装置的孔洞、空隙和无障碍设施;

(S)第 4.19 节,模拟保护装置(标签和/或说明书要求除外);

(T)第 4.20.1 节,带橡胶奶嘴的安抚奶嘴/亚硝胺试验;

(U)第 4.20.2 节,玩具奶嘴;

(V)第 4.21 节,弹射玩具;

(W)第 4.22 节,牙套和牙胶;

(X)第 4.23.1 节,近球形、半球形或圆弧形拨浪鼓;

（Y）第 4.24 节，挤压玩具；

（Z）第 4.25 节，电动玩具（标签和/或说明书要求除外）；

（AA）第 4.26 节，拟附在婴儿床或游戏床上的玩具（标签和/或说明书要求除外）；

（BB）第 4.27 节，填充式和豆袋式玩具；

（CC）第 4.30 节，玩具枪标志；

（DD）第 4.32 节，特定近球形玩具；

（EE）第 4.35 节，绒球；

（FF）第 4.36 节，半球形物体；

（GG）第 4.37 节，溜溜球弹性系绳玩具；

（HH）第 4.38 节，磁体（标签和/或说明书要求除外）；

（II）第 4.39 节，手柄和转向盘下颚卡压；

（JJ）第 4.40 节，膨胀材料；

（KK）第 4.41 节，玩具箱（标签和/或说明书要求除外）；

（33）《联邦法规汇编》第 16 篇第 1218 部分，摇篮车和摇篮安全标准。

（34）《联邦法规汇编》第 16 篇第 1225 部分，婴儿提篮安全标准。

（35）《联邦法规汇编》第 16 篇第 1222 部分，床边婴儿床安全标准。

（36）《联邦法规汇编》第 16 篇第 1227 部分，手推车和婴儿车安全标准。

（37）《联邦法规汇编》第 16 篇第 1226 部分，软式婴幼儿背带安全标准。

（38）《联邦法规汇编》第 16 篇第 1230 部分，框架式儿童背带安全标准。

（39）《联邦法规汇编》第 16 篇第 1228 部分，吊带式背带安全标准。

（40）《联邦法规汇编》第 16 篇第 1233 部分，便携式钩椅安全标准。

（41）《联邦法规汇编》第 16 篇第 1234 部分，婴儿浴盆安全标准。

（42）《联邦法规汇编》第 16 篇第 1229 部分，婴儿椅安全标准。

（43）《联邦法规汇编》第 16 篇第 1232 部分，儿童折叠椅凳安全标准。

（44）《联邦法规汇编》第 16 篇第 1231 部分，高脚椅安全标准。

（45）《联邦法规汇编》第 16 篇第 1235 部分，婴儿尿片产品安全标准。

（46）[保留]。

（47）《联邦法规汇编》第 16 篇第 1237 部分，垫高椅安全标准。

（48）《联邦法规汇编》第 16 篇第 1238 部分，固定活动中心安全标准。

（c）《联邦公报》主任根据《美国法典》第 5 篇第 552（a）条和《联邦法规汇编》第 1 篇第 51 条的规定，批准以在本条（b）段中提及的方式纳入。

D. CPSC 如何答复各项申请？

（a）CPSC 工作人员将审查各项申请，之后可能联系第三方合格评定机构，向其提出问题或要求其提交缺失资料。

（b）如果委员会认定下列情况，即会下令同意防火墙型第三方合格评定机构的申请。

（1）与制造商或商标持有人使用独立的第三方合格评定机构相比，验收第三方合格评定机构的认可，将为消费者提供同等或更大的安全保护。

（2）第三方合格评定机构制定了程序，确保：

（ⅰ）其检测结果不受制造商、商标持有人或其他相关方的不当影响；

（ⅱ）制造商、商标持有人或其他相关方试图隐瞒检测结果或试图对检测结果施加不当影响的，将立即通知CPSC；

（ⅲ）可秘密向CPSC汇报关于不当影响的指控。

（c）CPSC将向申请人书面通报对各项申请的决定，可通过电子邮件通报。

E. CPSC如何公布信息，确认已获得验收的第三方合格评定机构？

CPSC将在其网站上提供经CPSC验收认可的第三方合格评定机构最新名单以及各项认可的范围。CPSC将定期更新名单，显示相关变动，如就认可范围新增了CPSC规则和/或检测方法、认可证书变动、新地址，以及第三方合格评定机构因自愿中止、吊销和/或撤销而发生的身份变化。CPSC还将在CPSC网站上列出经验收实验室的防火墙或政府身份。

F. 第三方合格评定机构可否使用相关CPSC规则或检测方法规定以外的检测方法？

如果CPSC已经指定了检测方法，第三方合格评定机构必须使用该检测方法实施出于CPSA第14条的目的而实施的检测。

G. 经CSPC认可的第三方合格评定机构是否可以将出于《消费品安全法》第14条的目的而开展的工作分包出去？

（a）经CPSC认可的第三方合格评定机构（在本节中也称总承包商）只能将出于《消费品安全法》第14条的目的而开展的工作分包给其他第三方合格评定机构，而且这些机构在分包工作所需的范围内的认可获得了CPSC的验收。违反本规定即构成影响检测过程的可靠性，CPSC可以此为理由撤销对总承包和/或分包第三方合格评定机构认可的验收。

（b）本部分的规定适用于所有经CPSC认可的第三方合格评定机构，即使它们是总承包商和/或分包商。

H. 第三方合格评定机构具有哪些记录保存责任？

（a）第三方合格评定机构必须保存下列记录且这些记录必须清晰可辨。

（1）与出于《消费品安全法》第14条的目的而实施的检测有关的所有检测报告和技术记录，自检测实施之日起至少保存5年。

（2）如果是经CPSC验收的第三方合格评定机构作为分包商实施检测的检测报告，总承包商的检测报告必须清楚地标明经CPSC验收的第三方合格评定机构作为分包商实施了哪些检测，而且该评定机构作为分包商出具的检测报告必须根据 CPSC 的要求提供。

（3）如果第三方合格评定机构出于《消费品安全法》第 14 条的目的向顾客提供的报告与检测记录不同，第三方合格评定机构还必须保存向顾客提供的报告，自检测实施之日起至少保存 5 年。

（4）第三方合格评定机构描述了适用于出于《消费品安全法》第 14 条目的而实施检测的检测协议和规程（如操作说明、标准、手册、指南和参考数据）的任何及所有内部文件，都必须自该检测实施之日起至少保存 5 年。

（b）经 CPSC 要求，第三方合格评定机构必须提供本节要求的任何及所有记录以供检查，这些记录可以是硬拷贝，也可以是电子版，如通过互联网网站提供。如果记录不是以英语书写，第三方合格评定机构必须在 48 小时内向 CPSC 提供原件（非英语）的复印件，并且必须在 CPSC 要求提供英文译本之日后 30 个日历日内向 CPSC 提供记录的英文译本。

I. 第三方合格评定机构是否必须允许 CPSC 开展与调查有关的检验？

作为 CPSC 持续验收其认可的条件，第三方合格评定机构必须允许 CPSC 正式指定的官员或员工进入并检查第三方合格评定机构，以便根据本部分的规定开展调查。CPSC 将根据《联邦法规汇编》第 16 篇第 1118.2 条的规定实施检查。不配合检查的，即视为不配合调查，构成根据第 1112.45 的规定给予暂停的理由。

J. 第三方合格评定机构如何自愿中止与 CPSC 的关系？

（a）第三方合格评定机构可随时针对其范围中经 CPSC 认可的部分自愿中止作为经 CPSC 认可的第三方合格评定机构的身份。第三方合格评定机构必须书面通知 CPSC，该通知可以采用电子形式。该通知必须包括：

（1）第三方合格评定机构的名称、地址、电话、电子邮箱以及提交请求的负责人；

（2）中止的范围；

（3）中止的起始日期；

（4）声明，表明第三方合格评定机构了解，对于其正在请求中止的认可范围，其必须重新申请验收；

（5）核实请求中止的人员有权代表第三方合格评定机构提出该请求。

（b）CPSC 可核实自愿中止通知中提交的信息。

（c）收到第三方合格评定机构发来的希望自愿中止作为经 CPSC 认可的第三方合格评定机构身份的通知后，或在核实通知中的信息后，CPSC 将更新其网站，说明自通知中指明的日期起，CPSC 不再验收对该第三方合格评定机构在所示范围的认可。

（d）即使第三方合格评定机构自愿中止作为经 CPSC 认可的第三方合格评定机

构的身份，CPSC 仍可启动或继续开展与本部分规定的不良反应有关的调查，或采取其他法律行动。

3. 第三方合格评定机构的审核要求

A. 本部分的目的是什么？

本部分根据《消费品安全法》（CPSA）第 14（i）（1）节（《美国法典》第 15 篇第 2063（i）（1）条）规定了第三方合格评定机构的审核要求。遵守这些要求是根据《消费品安全法》第 14（a）（3）（C）节的规定对第三方合格评定机构持续授予认可的一个条件。但是，本部分不适用于《危险艺术材料标签法》规定的认证组织，即使这些组织也是第三方合格评定机构。

B. 谁必须遵守这些审核要求？

除《联邦法规汇编》第 16 篇第 1500.14（b）（8）条中所述的认证组织外，这些审核要求适用于根据 CPSA 第 14（a）（2）节的规定运营的第三方合格评定机构。第三方合格评定机构必须遵守审核要求，这是 CPSC 验收其认可的一个持续条件。

C. 审核必须处理或涵盖哪些内容，审核由谁执行？

（a）审核中的再评定环节必须涵盖管理要求和技术要求。审核中的各再评定环节还必须审查第三方合格评定机构的管理体系，确保第三方合格评定机构的技术判断不受任何不当影响。

（b）第三方合格评定机构审核中的再评定环节必须由对其授予认可的同一认可机构执行。例如，如果第三方合格评定机构由认可机构 AB-1 授予认可，那么将由 AB-1 执行再评定。但是，如果第三方合格评定机构更改了认可，变成由另一个认可机构 AB-2 授予认可，那么将由 AB-2 执行再评定。

（c）第三方合格评定机构审核中的审查环节必须由 CPSC 执行。审核的审查环节包括第三方合格评定机构重新提交消费品合格评定机构验收登记表（CPSC 表 223）和 CPSC 审查重新提交的 CPSC 表 223。

（1）对于防火墙型合格评定机构，CPSC 的审查可包括核查，确保防火墙型合格评定机构继续符合 CPSA 第 14（f）（2）（D）节规定的标准。

（2）对于政府拥有或政府控制型合格评定机构，CPSC 的审查可包括核查，确保政府拥有或政府控制型合格评定机构继续符合 CPSA 第 14（f）（2）（B）节规定的标准。

D. 什么时候必须执行审核？

（a）各第三方合格评定机构至少必须按照其认可机构规定的频率接受再评定。

（b）对于审核中由 CPSC 执行的审查环节：

（1）各第三方合格评定机构必须至少每两年提交一次 CPSC 表 223 用于审核，提交 CPSC 表 223 用于审核时，第三方合格评定机构还必须提交倘若是新申请需要提交的附带文件；

附录 7　美国 2008 年《消费品安全改进法案》(CPSIA) 的《与第三方合格评定机构有关的要求》规则

（2）根据 1112.13（a）(1) 的规定，只要表中提供的信息发生变化，第三方合格评定机构就必须提交新的 CPSC 表 223。如果第三方合格评定机构提交新的 CPSC 表 223 以提供最新信息，其可选择让新的 CPSC 表 223 满足本节（b）(1) 段的要求。倘若第三方合格评定机构希望将新的 CPSC 表 223 视作审核提交材料，其必须在提交时说明这一意图，并且必须提交倘若是新申请需要提交的附带文件；

（3）在第三方合格评定机构必须提交审核用 CPSC 表 223 的日期前，CPSC 将至少提前 30 天将审核截止日期书面（可以通过电子方式）通知第三方合格评定机构。第三方合格评定机构可请求延长审核中的审查环节的截止日期，但必须表明请求延长的时间并说明理由。CPSC 将通知第三方合格评定机构是否批准其请求的延期。

E. 第三方合格评定机构在审核后必须做什么？

（a）认可机构向第三方合格评定机构提供审核结果时，第三方合格评定机构的质量经理必须接收审核结果，并在必要时对结果采取纠正措施。

（b）质量经理必须编制解决方案报告，明确将采取的纠正措施和后续活动。如果审核结果表明需要立即采取纠正措施，质量经理必须以文件证明已经通知了第三方合格评定机构内部的相关方立即采取纠正措施，并记录所采取的措施。

（c）若认可机构决定减少、暂停或撤销对第三方合格评定机构的认可，且认可的减少、暂停或撤销涉及第三方合格评定机构与 CPSC 法规或检测方法有关的活动，质量经理必须通知 CPSC。该通知必须在认可机构通知第三方合格评定机构后 5 个工作日内发往消费品安全委员会危害识别和减少办公室助理执行主任。

（d）若 CPSC 认为第三方合格评定机构不再符合 CPSC 表 223 或适用于第三方合格评定机构的相关法律条文中规定的条件，CPSC 将通知第三方合格评定机构，指明其不符合的条件或法律条文，并规定一个期限，第三方合格评定机构须在该期限内将其计划采取的缺陷纠正措施通知 CPSC 并说明完成这些措施的时间。质量经理必须以文件证明已经通知了第三方合格评定机构内部的相关方采取纠正措施，并记录所采取的措施。

（e）若第三方合格评定机构未能及时纠正缺陷，CPSC 应根据情况采取其认为适当的措施，直至撤销 CPSC 对第三方合格评定机构的认可或撤销 CPSC 对第三方合格评定机构的认可的验收。

F. 第三方合格评定机构应保留关于审核的哪些记录？

第三方合格评定机构必须保留认可机构就再评定实施的审核的所有相关记录，以及第三方合格评定机构对通过认可机构实施的再评定发现的或通过 CPSC 的审查发现的不合格之处的解决方法或解决计划的所有相关记录。第三方合格评定机构还必须保留最近 3 次再评定的相关记录（如果第三方合格评定机构接受的再评定次数少于 3 次，则接受了多少次再评定，就保留多少记录），并根据要求向 CPSC 提供这些记录。

附录 8　昭和 48 号法第 31 号《消费品安全法》目录

第一章　总则（第 1 条和第 2 条）

第二章　特定产品

2.1

1. 销售和标签的标准和限制（第 3 条～第 5 条）
2. 商业通知等（第 6 条～第 15 条）
3. 检验机构的注册（第 16 条～第 19 条）
4. 国内注册检查机构（第 20 条～第 29 条）
5. 外国注册检验机构（第 30 条和第 31 条）
6. 危害防止命令

2.2　指定保养产品等

1. 提供有关检查指定维护产品和其他维护的信息（第 32-2 条～第 32-17 条）
2. 检查指定的维护产品和维护其他维护系统（第 32-18 条～第 32-20 条）
3. 收集和提供有关老化的信息（第 32-22 条～第 32-32 条）

第三章　与产品事故等有关的措施

1. 收集和提供信息的责任（第 33 条和第 34 条）
2. 重大产品事故等的报告（第 35 条～第 37 条）
3. 防止伤害发生和扩散的措施（第 38 条和第 39 条）

第四章　其他规定（第 40 条～第 57 条）

第五章　罚则（第 58 条～第 62 条）

补充规定

附录9 检验检测行业管理调查结果（2022年）

第1题　您所在单位的行政级别是？　　　[单选题]

选项	小计	比例
省级局（厅、委）	70	3.49%
市级局	361	17.99%
县级局	964	48.03%
监管所及以下	612	30.49%
本题有效填写人次	2007	

第2题　您对检验检测机构服务本地经济社会发展的整体成效的评价是？[单选题]

选项	小计	比例
非常好	1131	56.35%
较好	631	31.44%
一般	230	11.46%
不好	15	0.75%
本题有效填写人次	2007	

第3题　您对本地检验检测机构技术能力的整体评价是？　　　[单选题]

选项	小计	比例
非常好	1000	49.83%
较好	705	35.13%
一般	284	14.15%
不好	18	0.9%
本题有效填写人次	2007	

第4题 您所在单位主要负责检验检测机构资质认定（CMA）哪个环节的工作？（多选题，选项不限） [多选题]

选项	小计	比例
受理	421	20.98%
材料评审（初审、资料审核）	353	17.59%
技术评审（组织评审员文审或现场评审）	297	14.8%
审批发证	296	14.75%
证后监管	1096	54.61%
没有相关工作职能	527	26.26%
本题有效填写人次	2007	

第5题 您单位现在具体负责检验检测机构资质认定（CMA）审批的部门是哪个处（科、股）室？ [单选题]

选项	小计	比例
检验检测相关业务处（科、股）室	1061	52.86%
行政审批处（科、股）室	240	11.96%
其他处（科、股）室	706	35.18%
本题有效填写人次	2007	

第6题 您认为将检验检测机构资质认定（CMA）审批权放在哪个处（科、股）室最合适？ [单选题]

选项	小计	比例
检验检测相关业务处（科、股）室	1298	64.67%
行政审批处（科、股）室	507	25.26%
其他处（科、股）室	202	10.06%
本题有效填写人次	2007	

第7题 您单位是否制定了统一的检验检测机构资质认定（CMA）许可范围的清单？ [单选题]

选项	小计	比例
有	977	48.68%
没有	530	26.41%
不清楚	500	24.91%
本题有效填写人次	2007	

第 8 题　　您认为目前检验检测机构的准入门槛是高还是低？　　　　[单选题]

选项	小计	比例
太高	96	4.78%
偏高	310	15.45%
正好	954	47.53%
偏低	529	26.36%
太低	118	5.88%
本题有效填写人次	2007	

第 9 题　　如果检验检测机构资质认定（CMA）审批权下放，您认为最低可以下放至哪一级？　　[单选题]

选项	小计	比例
省级局	365	18.19%
市级局	776	38.66%
县级局	661	32.93%
监管所	205	10.21%
本题有效填写人次	2007	

第 10 题　　您所在单位是否已推行检验检测机构资质认定（CMA）告知承诺制度？　　[单选题]

选项	小计	比例
已全面实施	740	36.87%
已试点推行	343	17.09%
未实施，但有计划实施	432	21.52%
未实施，且暂无具体实施计划	492	24.51%
本题有效填写人次	2007	

第 11 题　　您是否赞成检验检测机构资质认定（CMA）实施告知承诺审批方式？　　[单选题]

选项	小计	比例
赞成，应尽快全面推行	953	47.48%
赞成，但应逐步、有序推进	738	36.77%
不赞成，目前缺乏实施基础	316	15.74%
本题有效填写人次	2007	

第 12 题 您认为检验检测机构资质认定（CMA）审批实施告知承诺制度面临的主要困难是？（多选题，限选 3 项） [多选题]

选项	小计	比例
实施范围不清晰	744	37.07%
实施程序不明确	677	33.73%
法律责任不清楚	775	38.61%
管理和问责风险较大	1005	50.07%
承诺失实的后处理工作机制不健全	909	45.29%
其他困难	164	8.17%
本题有效填写人次	2007	

第 13 题 您单位开展检验检测机构资质认定（CMA）评审的主要依据是什么？ [单选题]

选项	小计	比例
检验检测资质认定评审准则	1101	54.86%
RB/T 214 等行业推荐性标准	262	13.05%
其他	83	4.14%
未开展或不了解	561	27.95%
本题有效填写人次	2007	

第 14 题 您认为开展检验检测机构资质认定（CMA）评审面对的最主要的困难是？（多选题，限选 3 项） [多选题]

选项	小计	比例
资质认定范围不够清晰	807	40.21%
评审标准或依据不够明确	767	38.22%
评审人员数量或技术能力不足	1016	50.62%
评审专家的公正性难以保证	554	27.6%
评审经费不足	442	22.02%
评审经费缺乏发放依据和标准	359	17.89%
其他	219	10.91%
本题有效填写人次	2007	

第 15 题　为保证检验检测机构资质认定（CMA）评审的公正性，您认为开展 CMA 评审工作应以哪类人员为主？　[单选题]

选项	小计	比例
公务员	321	15.99%
参公人员	41	2.04%
事业单位技术人员	316	15.74%
检验检测机构技术人员	967	48.18%
无须限制，经过考核即可	362	18.04%
本题有效填写人次	2007	

第 16 题　您所在单位是否已开通检验检测机构资质认定（CMA）网上审批功能？　[单选题]

选项	小计	比例
已开通	639	31.84%
未开通	346	17.24%
不了解或未承担此项职责	1022	50.92%
本题有效填写人次	2007	

第 17 题　您所在单位是否提供了检验检测机构资质认定（CMA）证书及机构能力附表网上查询服务？　[单选题]

选项	小计	比例
已开通	652	32.49%
未开通	346	17.24%
不了解或未承担此项职责	1009	50.27%
本题有效填写人次	2007	

第 18 题　您最希望检验检测机构资质认定改革解决哪方面的问题？（多选题，限选 3 项）　[多选题]

选项	小计	比例
完善法律法规，解决上位法依据不足的问题	1071	53.36%
界定资质认定发证范围	673	33.53%
明确资质认定监管边界	868	43.25%
转变审批方式，放宽市场准入	301	15%

续表

选项	小计	比例
优化审批流程，提供更便利的政务服务	507	25.26%
取消行政审批，加强事中事后监管	189	9.42%
强化事中事后监管手段	417	20.78%
加大违法行为处罚力度，明确退出机制	503	25.06%
解决资质认定评审和实验室认可评审重复问题	308	15.35%
本题有效填写人次	2007	

第 19 题 您对当前检验检测市场秩序的整体看法是？ [单选题]

选项	小计	比例
较好	952	47.43%
一般	833	41.5%
不好	120	5.98%
不好说	102	5.08%
本题有效填写人次	2007	

第 20 题 您认为政府监管部门对检验检测机构每年检查多少次合适？ [单选题]

选项	小计	比例
1 次/年以下	417	20.78%
1 次/年	783	39.01%
2 次/年	525	26.16%
3 次/年	100	4.98%
4 次/年及以上	182	9.07%
本题有效填写人次	2007	

第 21 题 您认为当前检验检测市场存在的最主要的问题是？（多选题，限选 3 项） [多选题]

选项	小计	比例
检验检测机构总体技术能力不够强，难以满足经济社会高质量发展的需要	1093	54.46%
检验检测机构服务意识、市场竞争力不够	632	31.49%
准入门槛低，导致行业无序快速发展	806	40.16%

续表

选项	小计	比例
检验检测机构缺乏诚信意识，出具虚假报告	342	17.04%
检验检测机构管理水平低，检验检测行为不规范	557	27.75%
无序竞争，打价格战，存在"劣币驱逐良币"的现象	614	30.59%
监管力度不够，缺乏公平竞争的市场环境	403	20.08%
其他	96	4.78%
本题有效填写人次	2007	

第22题 您认为目前检验检测机构监管中的最大困难是什么？（多选题，限选3项） [多选题]

选项	小计	比例
监管职责范围不清	672	33.48%
法律法规不完善，存在处罚、撤证依据不足等情形	734	36.57%
违法成本偏低，震慑力不够	649	32.34%
监管人员数量不足	757	37.72%
监管人员能力水平不够	680	33.88%
监管的手段不够多	302	15.05%
监管措施落实不到位	166	8.27%
审批、监管、执法衔接不到位	374	18.63%
监管经费不足	296	14.75%
其他	111	5.53%
本题有效填写人次	2007	

第23题 您认为检验检测机构的分支机构由谁来负责监管更为合适？ [单选题]

选项	小计	比例
分支机构所在地监管部门	1114	55.51%
机构总部所在地监管部门	389	19.38%
共同上级机构或上级指定机构	504	25.11%
本题有效填写人次	2007	

第 24 题　您单位是否组织开展过检验检测机构能力验证活动？　　[单选题]

选项	小计	比例
有	1040	51.82%
没有	498	24.81%
不清楚	469	23.37%
本题有效填写人次	2007	

第 25 题　您觉得怎么样才能进一步提升能力验证的效果？（多选题，限选 3 项）　　[多选题]

选项	小计	比例
项目制度设计要更加科学	985	49.08%
强化不合格结果公示	841	41.9%
对不合格机构暂停、撤销其相应资质	1075	53.56%
加大能力验证活动开展频次	671	33.43%
重点解决好机构间"合谋串通"的行为	506	25.21%
其他管理部门加强对能力验证结果的采信	456	22.72%
本题有效填写人次	2007	

第 26 题　您认为目前国家质检中心的数量是偏多还是偏少？　　[单选题]

选项	小计	比例
偏多	369	18.39%
正好	501	24.96%
偏少	621	30.94%
数量不是问题	516	25.71%
本题有效填写人次	2007	

第 27 题　您认为目前国家质检中心存在的突出问题是什么？（多选题，限选 3 项）　　[多选题]

选项	小计	比例
区域分布不合理	927	46.19%
产品分类不合理	447	22.27%
技术服务水平不够高	794	39.56%
存在严重不公平竞争	402	20.03%

续表

选项	小计	比例
支撑监管不够有力	650	32.39%
审批程序不规范	153	7.62%
高新领域高端检验检测能力供给不足	635	31.64%
其他	160	7.97%
本题有效填写人次	2007	

第 28 题　您最希望市场监管总局在认可检测方面加强、推进哪些方面的工作？（多选题，限选 5 项）　　[多选题]

选项	小计	比例
完善检验检测法律法规，明确监管执法依据	1246	62.08%
研究制定检验检测机构资质认定（CMA）实施范围清单	908	45.24%
研究下放检验检测机构资质认定（CMA）审批层级	637	31.74%
研究提高检验检测机构准入门槛	659	32.84%
统一、明确检验检测机构资质认定（CMA）评审依据和条件	635	31.64%
加强检验检测机构资质认定（CMA）评审队伍建设和管理	555	27.65%
处理好实验室认可（CNAS）与检验检测机构资质认定（CMA）的关系	265	13.2%
完善检验检测机构资质认定证书及机构能力附表网上查询服务	318	15.84%
加快推进检验检测机构市场化改革	301	15%
加强检验检测监管人员培训	664	33.08%
其他	98	4.88%
本题有效填写人次	2007	

第 29 题　您对市场监管总局加强认可与检验检测监督管理工作的其他意见和建议_____。　　[填空题]

缩写词目录

《关于限制在电子电气设备中使用某些有害成分的指令》（Restriction of Hazardous Substances, RoHS）
《联邦法规汇编》（Code of Federal Regulations, CFR）
《联邦危险物品法案》（Federal Hazardous Substances Act, FHSA）
《危险物品包装法案》（Poison Prevention Packaging Act, PPPA）
《消费品安全改进法案》（Consumer Product Safety Improvement Act, CPSIA）
必维集团（Bureau Veritas, BV）
标准开发组织（Standard Development Organization, SDO）
层次分析法（Analytic Hierarchy Process, AHP）
德国安全（Germany Safety, GS）
德国标准化学会（Deutsches Institut fur Normung, DIN）
德国机动车监督协会（Deutscher Kraftfahrzeug überwachungsverein, DEKRA）
德国技术检验协会（Technischer Überwachungs-Verein, TÜV）
德国联邦物理技术研究院（Physikalisch-Technische Bundesanstalt, PTB）
电气与电子工程师协会（Institute of Electrical and Electronics Engineers, IEEE）
电子工业协会（Electronic Industries Association, EIA）
多功能校正系统（Multifunction Cal System, MCS）
俄罗斯强制认证证书（Государственный Общесоюзный Стандарт, ГОСТ，英文编写为 GOST）
发展援助委员会（Development Assistance Committee, DAC）
法定计量部门（Legal Metrological Department, LMD）
分技术委员会（Sub-Technical Committee, SC）
公告机构（Notified Body, NB）
固态技术协会（Solid State Technology Association）
国际标准化组织（International Organization for Standardization, ISO）
国际单位制（International System of units, SI）
国际电工委员会（International Electrotechnical Commission, IEC）
国际电信联盟（International Telecommunication Union, ITU）
国际法制计量组织（International Organization of Legal Metrology, OIML）

国际计量局（Bureau International des Poids et Mesures, BIPM）

国际检验和认证组织联合会（International Confederation of Inspection and Certification Organisations, CEOC）

国际贸易中心（International Trade Center, ITC）

国际认可论坛（International Accreditation Forum, IAF）

国际实验室认可合作组织（International Laboratory Accreditation Cooperation, ILAC）

国际铁路行业标准（International Railway Industry Standard, IRIS）

国际质量基础设施网络（International Network on Quality Infrastructure, INetQI）

国家电子伤害监测系统（National Electronic Injury Surveillance System, NEISS）

国家计量研究院（National Measure Institute, NMI）

国家认可机构（National Accreditation Body, NAB）

国家认证认可监督管理委员会（National Certification and Accreditation Administration）

国家市场监管部门（State Administration for Market Regulation, SAMR）

国家质量基础设施（National Quality Infrastructure, NQI）

国家质量论坛（National Quality Forum, NQF）

国家自愿实验室认可计划（National Voluntary Laboratory Accreditation Program, NVLAP）

技术委员会（Technical Committee, TC）

加拿大标准协会（Canadian Standards Association, CSA）

检验检测认证（Testing, Inspection and Certification, TIC）

经济合作与发展组织（Organization for Economic Co-operation and Development, OECD）

劳氏质量认证（Lloyd's Register Quality Assurance, LRQA）

联合国工业发展组织（United Nations Industrial Development Organization, UNIDO）

联合国工业发展组织（United Nations Industrial Development Organization, UNIDO）

联合国贸易和发展会议（United Nations Conference on Trade and Development, UNCTAD）

美国保险商实验室（Underwrites Laboratories, UL）

美国材料与试验协会（American Society for Testing Materials, ASTM）

美国电子元器件协会（Electronic Components Association, ECA）

美国国家标准学会（American National Standards Institute, ANSI）

美国国家标准学会-美国质量学会认证机构认可委员会（ANSI National

Accreditation Board, ANAB）

美国国家标准与技术研究院（National Institute of Standards and Technology, NIST）

美国机械工程师学会（American Society of Mechanical Engineers, ASME）

美国汽车工程师学会（Society of Automotive Engineers, SAE）

美国食品和药品管理局（Food and Drug Administration, FDA）

美国铁路协会（Association of American Railroads, AAR）

美国消费品安全委员会（Consumer Product Safety Committee, CPSC）

挪威船级社（Det Norske Veritas, DNV）

欧盟认证（Conformité Européene, CE）

欧盟铁路互联互通技术规范（Technical Specification for Interoperability, TSI）

欧洲标准（European Norm, EN）

欧洲标准化委员会（European Committee for Standardization, CEN）

平均故障间隔时间，又称平均无故障时间（Mean Time Between Failure, MTBF）

日本产业技术综合研究所（National Institute of Advanced Industrial Science and Technology, AIST）

日本合格评定认可委员会（Japan Accreditation Board, JAB）

日本计量标准综合中心（National Metrology Institute of Japan, NMIJ）

日本技术评价中心（Japanese Technology Evaluation Center, JTEC）

日本经济产业省（Ministry of Economy, Trade and Industry, METI）

日本农业标准委员会（Japanese Agricultural Standard Committee, JASC）

日本质量保证协会（Japan Quality Assurance Organization, JQA）

瑞典国际发展合作署（Swedish International Development Cooperation Agency）

瑞士通用公证行（Societe Generale de Surveillance, SGS）

世界贸易组织（World Trade Organization, WTO）

玩具安全认证方案（Toys Safety Certification Program, TSCP）

无线局域网鉴别和保密基础结构（Wireless LAN Authentication and Privacy Infrastructure, WAPI）

消费品安全法（Consumer Product Safety Act, CPSA）

校准和测量能力（Calibration and Measurement Capability, CMC）

信息技术（Information Technology, IT）

一般产品安全指令（General Product Safety Directive, GPSD）

英国标准（British Standards, BS）

英国标准协会（British Standards Institution, BSI）

英国技术委员会（Associated Offices Technical Committee, AOTC）

英国贸易工业部（Department for Trade and Industry, DTI）

政府开发援助（Official Development Assistance, ODA）

质量管理基础设施（Quality Management Infrastructure, QMI）

中国合格评定国家认可委员会（China National Accreditation Service for Conformity Assessment, CNAS）

中国计量认证（China Metrology Accreditation, CMA）

中国强制性产品认证（China Compulsory Certification, CCC）

中国质量认证中心（China Quality Certification Center, CQC）

中铁检验认证中心有限公司（China Railway Test & Certification Center Limited, CRCC）

参 考 文 献

BAIRD K, HARRISON G, REEVE R, 2007. Success of activity management practices: the influence of organizational and cultural factors[J]. Accounting and finance, 47 (1): 47-67.

BALLER S, 2007. Trade effects of regional standards liberalization: A heterogeneous firms approach[R]. New York: The World Bank.

BLIND K, JUNGMITTAG A, 2006. Trade and the impact of innovations and standards: the case of Germany and the UK[J]. Applied economics, 37(12): 1385-1398.

BLIND K, 2004. The economics of standards: theory, evidence, policy[M]. Cheltenham: Edward Elgar Publishing Limited.

BLIND K, MANGELSDORF A, NIEBEL C, et al. , 2017. Standards in the global value chains of the European single market[J]. Review of international political economy, 25(1): 28-48.

CZUBALA W, SHEPHERD B, WILSON J S, 2009. Help or hindrance? The impact of harmonised standards on African exports[J]. Journal of African Economies, 18(5): 711-744.

DADDI T, FREY M, DE GIACOMO M R, et al. , 2015. Macro-economic and development indexes and ISO14001 certificates: a cross national analysis[J]. Journal of Cleaner Production, 108: 1239-1248.

FRENZ M, LAMBERT R, 2014. The economics of accreditation [J]. NCSLI Measure, 9(2): 42-50.

ISLAM N, 1995. Growth empirics: a panel data approach[J]. The quarterly journal of economics, 110(4): 1127-1170.

KING W R, HE J, 2006. A meta-analysis of the technology acceptance model[J]. Information & management, 43(6): 740-755.

LIU C I, JULA H, IOANNOU P A, 2002. Design, simulation, and evaluation of automated container terminals [J]. IEEE Transactions on Intelligent Transportation Systems, 3(1): 12-26.

MANGELSDORF A, 2011. The role of technical standards for trade between China and the European Union[J]. Technology analysis & strategic management, 23(7): 725-743.

MEEKS G, SWANN G M P, 2008. Accounting standards and the economics of standards[J]. Accounting and business research, 39(3): 191-210.

Michelsen O, Boer L D, 2009. Green Procurement in Norway: A survey of practices at the municipal and country level [J]. Journal of Environmental Management (91): 160-167.

MOLJEVIC S, 2016. Influence of quality infrastructure on regional development[J]. International Journal for Quality Research, 10 (2): 433-452.

FILHO B A R, GONÇALVES R F, 2015. Legal metrology, the economy and society: a systematic literature review[J]. Measurement, 69: 155-163.

TASSEY G, 2008. Modeling and measuring the economic roles of technology infrastructure[J]. Economics of Innovation and New Technology, 17(7-8): 615-629.

TESTA F, FABIO I, FREY M, et al. , 2012. What factors influence the uptake of GPP(Green Public Procurement)practices? New evidence from an Italian survey[J]. Ecological economics, 82: 88-96.

HARMES-LIEDTKE U, 2010. The relevance of quality infrastructure to promote innovation systems in developing countries[R]. Braunschweig: Physikalisch-Technische Bundesanstalt.

白宪阵, 李志滨, 王绪智, 等, 2011. 美军装备计量管理研究[J]. 宇航计测技术, 31(3): 74-78.

班毅, 2007. 安徽农产品出口发展中出入境检验疫部门的职能与作用研究[D]. 合肥: 安徽大学.

陈泉宇, 2019. 医疗器械检验检测机构现状调查与广西检测能力建设研究[D]. 南宁: 广西医科大学.

崔晓磊, 2018. 军民融合式军事计量发展展望[J]. 信息系统工程(6): 95.

董宝平, 刘烨, 2015. 生产性检测服务能力指标管理体系研究[J]. 东南大学学报(哲学社会科学版), 17(S2): 81-82.

杜义婷, 2018. 检验检测服务业对制造业质量竞争力的影响研究[D]. 长沙: 湖南大学.

冯英强, 胡毅飞, 吴倩, 等, 2016. 国防军工计量军民深度融合发展探析[J]. 宇航计测技术, 36(5): 81-84.

付耀龙, 杨帆, 张倩, 等, 2019. 兵器行业军工质量基础设施能力建设研究[J]. 中国标准化(20): 276-277.

巩芳, 陈宝新, 2016. 基于熵权法和灰色综合评价法的内蒙古科技服务业发展研究[J]. 资源开发与市场, 32(9): 1034-1037.

顾超群, 2014. CSRN 公司检测实验室质量管理体系改进研究[D]. 成都: 电子科技大学.

韩晓光, 2004. 美军装备质量管理体系透视[J]. 国防技术基础(3): 43-44.

何佳星, 2019. 河北省检验检测机构综合能力评价研究[D]. 石家庄: 河北科技大学.

何劲, 2014. 我国基层计量体系现状和发展的研究: 以吉安市为例[D]. 南昌: 南昌大学.

黄晗, 燕继荣, 2018. 从政治指标到约束性指标: 指标治理的变迁与问题[J]. 天津行政学院学报, 20(6): 45-53.

姜悦, 2014. 检验检测服务机构竞争力评价研究[D]. 天津: 天津工业大学.

金国强, 陈征洪, 2019. 电子信息产业质量基础设施国际比较研究: 基于法律法规、战略规划、市场监管研究[J]. 计量技术(12): 67-72.

晋煜, 2017. 新时期国防科技工业军民融合发展的若干问题与建议[J]. 中国航天(7): 19-23.

寇琼月, 周睿, 吕石, 等, 2015. 深度开展军民融合式装备计量保障的研究[J]. 计测技术, 35(6): 65-68.

蓝麒, 刘三江, 2016. 典型国家特种设备安全监管模式及对我国的启示[J]. 中国特种设备安全, 32(1): 59-64.

李梦影, 2019. 河北省服务业发展水平评价及提升策略研究[D]. 保定: 河北大学.

李细梦, 2016. 中国检验检测服务业发展水平及协调性评价研究[D]. 长沙: 湖南大学.

杜文婷, 2016. 中国检验检测服务业发展水平及协调性评价研究[D]. 长沙: 湖南大学.

李潇祎, 2017. 华测检测公司竞争力及影响因素分析[D]. 长沙: 湖南大学.

刘霞, 汤万金, 刘俊华, 2010. 国外消费品检测方法标准的运作机制现状及对我国的启示[J]. 沿海企业与科技(8): 36-38.

陆全荣, 2014. 我国进出口工业产品商检制度创新研究[D]. 苏州: 苏州大学.
罗利华, 胡先杰, 汤承双, 2017. 基于指数的我国科技服务业发展水平评价研究[J]. 中国科技资源导刊, 49(6): 10-20.
梁琦, 2018. 中国检验检测认证产业发展创新研究[M]. 北京: 科学出版社.
毛宏宇, 胡卓林, 安邵龙, 2016. 航空装备计量保障存在的主要问题及对策研究[J]. 宇航计测技术, 36(5): 85-88.
蒙航, 2014. 航天用高压电源模块热电耦合仿真及虚拟可靠性评估[D]. 哈尔滨: 哈尔滨工业大学.
邱钟华, 钱仲裘, 2018. 检验检测市场现状及发展方向[J]. 质量与标准化(7): 1-4.
桑彤, 宋宁宁, 陈淑贤, 2017. 省级药品检验机构整合后实验室质量管理的控制点[J]. 标准科学(7): 96-99.
商泰升, 原鹏飞, 张明玉, 2014. 检测认证服务业统计指标体系设计研究[J]. 统计研究, 31(10): 16-20.
史琪琪, 刘震, 刘丽红, 2018. 我国船舶领域军民融合形势下的军品贸易发展及需求分析[J]. 船舶标准化工程师, 51(4): 24-28.
宋谦, 王静, 2017. 我国科技服务业发展水平评价: 基于改进突变级数法[J]. 科技管理研究, 37(6): 51-58.
唐军, 颜才植, 陈伦超, 2015. 美日欧发达国家食品检测机构的特点及其对我国的启示[J]. 食品科学, 36(17): 310-315.
田丰, 徐艳辉, 孙善华, 2004. 浅析检验检疫行业标准国际标准化的重要作用[J]. 食品研究与开发(6): 103-106.
田家林, 蒋平, 韩锋, 2011. 我国区域生产性服务业发展水平评价[J]. 工业技术经济, 30(4): 90-94.
汪传雷, 许冰凌, 2013. 我国检验检测服务业发展现状、问题及对策[J]. 技术与市场, 20(5): 297-300.
王海杰, 陈稳, 2017. 中部六省生产性服务业竞争力评价研究[J]. 区域经济评论(4): 55-62.
王涵, 2009. 我国检验检疫制度发展现状、问题及对策研究[D]. 厦门: 厦门大学.
王腊芳, 李细梦, 何江, 2015. "十三五"时期我国检验检测服务业发展战略研究[J]. 经济纵横(5): 11-15.
王腊芳, 李细梦, 何江, 2016. 中国检验检测服务业市场化的背景、特征与路径[J]. 经济与管理研究(6): 36-43.
谢澄, 2017. 我国检验检测机构发展现状及趋势[J]. 中国计量(8): 29-32.
于建成, 和金生, 隋静, 2006. 基于信息流转的 ISO9001: 2000 质量管理信息系统架构[J]. 工业工程(4): 70-75.
于铁明, 2014. 建立生产性服务业统计指标体系初探[J]. 辽宁经济统计(4): 29-30.
张梅芳, 2011. 第三方检测机构的现状与发展探讨[J]. 现代工业经济和信息化(10): 11-12.
张豪, 张一弛, 张建华, 2017. 中国行业间全要素生产率的溢出效应与增长源泉: 基于 10 大行业的经验研究[J]. 华东经济管理, 31(4): 89-96.
张豪, 董文静, 2022. 合格评定互认与区域贸易发展: 基于准自然实验的经验证据[J]. 开发研究(5): 121-129.

张豪, 张纲, 蒋家东, 等, 2022. 中国制造业产品质量提升策略研究[J]. 中国工程科学, 24(2): 38-47.

张豪, 2021. 质量基础设施服务军民融合的能力研究[J]. 未来与发展, 45(12): 5-13.

张豪, 胡钟骏, 2021. 优质制造与经济增长的理论与实证[J]. 技术经济与管理研究(3): 119-122.

张豪, 蒋家东, 2020. 质量基础设施与经济增长: 理论与实证[J]. 工业工程与管理, 25(2): 195-202.

周贵强, 2007. 航天无损检测质量管理[D]. 重庆: 重庆大学.

周慧妮, 龙子午, 2015. 湖北省科技服务业发展的实证研究[J]. 武汉轻工大学学报, 34(3): 105-110.

周梅华, 徐杰, 王晓珍, 2010. 地区科技服务业竞争力水平综合评价及实证研究: 以江苏省13个城市为例[J]. 科技进步与对策, 27(8): 137-140.

朱品球, 2017. 美国检验机构监管初探[J]. 中国认证认可(2): 33-35.

后　　记

作为国家市场监管总局认可与检验检测监督管理司重点项目的阶段性成果，本书是国家市场监管总局质量基础设施效能研究重点实验室研究人员长期研究积累的成果，部分内容吸收了张豪论文成果以及其他成员有关研究的成果。

国家市场监管总局认可与检验检测监督管理司肖国荣处长对本书的结构、内容提出了建设性的修改意见，编委会委员对本书进行了细致的校对和把关，最后由张豪统一修改、完善并完成本书。值得一提的是，部分成果已经在有关期刊上发表，对相关研究者，我们表示衷心的感谢。同时，本书引用了相关学者的学术观点，在此表示诚挚的敬意和感谢！

谨以此书献给检验检测工作者！

张豪

2024 年 5 月